책머리에

그동안 한국 근대문학 연구에서 일제 말기 문학에 대한 관심은 사뭇 드높았습니다. 여기에는 여러 가지 요인이 작용했습니다. IMF 사태 이후 민족주의와 국민국가에 대한 상대화가 진행되었고 그것의 가장 첨예한 논점 가운데 하나가 '친일' 문제일 수밖에 없었다는 점이 가장 큰 요인이 아닐까 합니다. 또 민족문제연구소의 『친일인명사전』 발간, 친일반민족행위진상규명법의 시행, '친일' 문학자를 둘러싼 논란(문학관 건립, 교과서 수록) 등으로 '친일' 문제가 사회적 이슈가 되기도 했습니다. 이외에도 포스트 콜로니얼리즘의 유행, 새로운 자료의 발굴, 일본어 해독능력을 보유한 연구자의 증가 등이 이러한 현상에 가세했습니다.

일제 말기 문학에 관해 상당한 분량의 연구서와 편 · 역서가 발간되었고, 또 헤아리기 힘들 정도로 많은 학술지 논문이 발표되었습니다. 아직도 언급되지 못한 텍스트나 작가, 주제가 많이 남아있음을 감안하면 이러한 경향은 당분간 지속되지 않을까 합니다. 그러나 사회적 · 학문적 긴장이라는 측면에서 보면 이 분야의 연구는 정점을 넘어선 느낌입니다. '친일'을 옹호한다는 비판, '국문학' 연구가 아니라는 비판을 이젠 쉽게 들을 수 없다는 것이 그러한 긴장의 소멸을 잘 보여줍니다. 그러한 긴장의 소멸은, 한국=근대=문학의 타자에 대한 탐구, 한국 사회를 바라보는 타자적 시선의 복권으로 시작했던 일제 말기 문학 연구가 자동화(타성화)되었음을 의미합니다. 타자성의 소멸이 담론 상에서만 이루어지고 있다는 사실이 안타깝기만 합니다만 그것조차도 학문의 운명이 아닐까 합니다.

제가 이 분야의 공부를 시작한 지 10년이 지났습니다. 일본에 잠시 체류하면서 느꼈던 사회적 타자 의식이 김사량에 대한 공감으로, 그리고 일제 말기 문학에 대한 공부로 이어졌습니다. 국민국가로부터 배제된 자의 시선으로 세상을 바라보기, 그것이 저의 첫 문제의식이었습니다. 일제 말기의 문학이란 한국 근대문학사에서 바로 그러한 시선 하에서 생산된 거의 유일한 것이고, 그 때문에 우리 문학사에서 소중한 위치를 차지하고 있습니다.

이러한 문제의식에서 첫 저서 『식민지 국민문학론』(2006)을 낸 지도 6년이나 지났습니다. 이번 책은 첫 저서 이후 이런저런 기회로 쓴 논문과 글들을 모은 것입니다. 책을 내면서 다시 읽어 보니 과장도 많고 또 쓸 데 없이 앙분되어 있는 목소리도 들려 부끄럽기 짝이 없습니다. 그러나 이것 또한 제 나름대로 학문적 · 사회적 긴장을 유지하고자 한 몸부림이라 생각합니다. 일제 말기 문학의 탈식민적 · 탈근대적 가능성 탐구라는 첫 저서 이래의 문제의식이 제대로 읽힌다면 그러한 부끄러운 몸부림도 의미 없는 것은 아닐 것입니다.

제1부는 총론적인 성격의 글을 모았습니다. 「친일 청산의 의미와 한계」에는 제가 '친일' 문제를 바라보는 기본적인 시각을 담았고, 「1940년대 '국민문학'」은 이 시기 문학을 전체적으로 조감해본 것입니다. 「한국 근대문학 연구의 새 영역」은 제목 그대로 한국 근대문학 연구 분야에서 새롭게 등장한 두 분야를 소개하면서 일제 말기 문학 연구가 가지는 현재적 의미를 고찰한 것입니다. 제2부는 언어 문제, 번역 문

제, 문학교육의 문제를 중심으로 일제 말기 문학을 이야기하려 했고 제3부는 작가들이 식민지 문제에 대응하는 방식을 살펴보려 했습니다. 제4부는 여러 책들에 대한 서평을 모았습니다.

첫 책을 내고 나서 저에게도 여자 아이가 생겼습니다. 평범하고 소박하게 사시다 돌아가신 어머니를 생각하며 '민아(民兒)'라는 이름을 주었습니다. 아비의 바람이 오히려 무거운 짐이 되지 않기를 바라며 이 책을 민아에게 줍니다.

2012년 3월 1일 윤대석

차례

4부_ 대화/소통

1부_ 국민/문학

1940년대 '국민문학'

한국 근대문학 연구의 새 영역

친일 청산의 의미와 한계

서사를 통한 기억의 억압과 기억의 분유

일본과 일본인을 바라보는 분열의 시선, 단일한 시선

1940년대 '국민문학'

1. 친일문학 / 파시즘문학 / 국민문학

일제 말기(1939~1945)의 문학은 현재 진행형이다. 2005년부터 한시적으로 시행된 '반민족친일행위 진상규명법'이나 민족문제연구소의 『친일인명사전』 편찬 작업, 문인 기념 사업에서의 충돌 등으로 이 시기 문학에 대한 연구는 과거의 문제가 아니라 현재와 미래의 문제가 되고 있다. 한국 사회에서 '친일' 청산이 이루어진 적이 없기 때문에 지금 혹은 앞으로 '친일'을 청산해야 한다는 의미에서 그것이 현재적 · 미래적 문제인 것은 아니다. 오히려 일제 말기의 문학을 어떤 시각에서 바라보아야 하며, 그 가운데 어떤 것을 계승하고 어떤 것을 청산할 것인가 하는 것 자체가, 우리가 어떤 사회를 지향해야 하는가 하는 가치와 연결되어 있다는 점에서 현재적 · 미래적인 과제인 것이다. 이 시기의 문학을 바라보는 서로 다른 시각과 입장은 대상을 규정하는 개념에서부터 충돌하고 있다.

우선 '친일문학'이라고 규정하는 입장은 민족주의와 제3세계론에 입각해 각각 '친일 / 반일', '저항 / 협력'의 이분법으로 이 시기 문학을 규정한다. 민족주의적 입장은 90년대 이전의 문학 연구에서 주류의 위치에 있었으며 임종국의 『친일문학론』(1966)으로 대표된다. 이 입장에서 보면 식민지 시기의 문학적 과제는 민족어 · 민족문화 · 민족정신, 그러니까 민족문학의 건설과 수호에 있었고, 그것의 반대편에 서 있던 문학이 일제 말기의 매국 문학인 '친일문학'인 것이다. 이에 대한 고발과 단죄는, 일제 식민지를 지탱하던 조선인 상층부를 그대로 지배 계급으로 하여 성립되고 유지된 대한민국의 민주화를 요구하는 것이기도 했기에 도덕적 정당성마저 띠고 있었다. 그러나 민주화와 경제적 성취를 통해 국제 사회에서 대한민국의 위치가 격상됨에 따라, 90년대 이후에는 '친일문학'을 배제함으로써 순정한 민족문학을 이루려는 민족주의적 입장이 저항으로서의 의미를 잃고 배타적 국수주의로 빠질 위험에 처하게 된다.

민족 담론이 동아시아 담론으로 확장됨으로써 계속 저항 담론일 수 있었던 것과 마찬가지로 '친일문학'론은 민족주의를 확장한 제3세계론에 입각함으로써 저항의 거점을 갱신하고자 했다. 그것을 대표하는 것이 김재용의 '친일파시즘문학'론(『저항과 협력』, 2004)이다. 그가 '친일문학'의 청산을 통해 보호하려고 하는 것은 민족사적 정의가 아니라 세계사적 정의이다. 그렇기 때문에 국민문학의 논리 자체는 긍정함으로써 '친일문학'을 배제하고 민족문학을 수립하려 했던 임종국과는 달리, 그는 제3세계론에 입각해 세계사 속에서 일본의 제국주의 논리를 비판하고 그것에 협력한 식민지인들을 비판할 수 있는 객관적 근거를 마련하고자 했다. 그러나 제3세계론이 그러하듯이 제국주의에 대한 저향은 여전히 민족주의를 주요 동력으로 하여 전개되기 때문에 그것은 임종국의 입장과 크게 다르지 않아 '확장된 민족주의', 혹은 '동일성에 의한 재영토화'로 비판되기도 한다. 임종국에 비해 민족주의적 기준을 훨씬 유연하게 적용하지만 '저항 / 협력'의 이분법과 그 경계 설정에 여전히 집착하는 것도 이 때문이다.

일제 말기 문학에 대한 완전히 새로운 시각은 『문학속의 파시즘』(김철 외, 2001)에 의해 제시된다. 이 입장은 '파시즘문학'론이라고 부를 수 있는데, 그것이 입각하고 있는 것은 탈근대론・탈민족론(포스트 콜로니얼리즘)이다. 이 입장에 따르면 '친일문학'은 그렇게 쉽사리 청산될 수 있는 것이 아니다. '친일문학'은 의식・행위・정신의 문제가 아니라 무의식・구조・신체의 문제이기 때문이다. 이 입장에서는 '친일'보다는 근대와 동전의 양면을 이루는 식민주의가 부각된다. 식민주의는 근대의 앎과 제도가 형성한 것이기에 식민지 주체 또한 거기서 자유롭기 힘들다. 그에 따르면 오히려 해방 이후 대한민국의 앎과 삶의 원리가 되었던 민족주의 자체가 식민주의의 부산물에 불과하다. 따라서 이 입장은 앎과 문학의 명백하고 의식적인, 일본 제국주의와의 근친성(친일)보다 무의식적・구조적 근친성을 더욱 문제 삼는다. 그동안 일제와 다소 먼 거리에 있었다고 여겨졌던 이효석, 김동리, 이태준 등의 무의식이 고발대상이 된다. 이 입장은 90년대 이후의 한국사회가 독재 정권의 폭력적 지배에서 동의・자발에 근거한 관리적 지배로 이행하고 있다는 진단에 근거를 두고 있다. '친일'담론 자체가 그러한 관리 사회의 이데올로기로 전화되고 있기에 그에 대한 명백한 거부를 표하고, 일제 말기의 문학과 담론에서 보아야 할 것도 의식적・폭력적 지배(친일)가 아니라 무의식적・관리적 지배라고 한다. 그 기원이 일제 말기 총력전 체제에 있기 때문이다.

반면 '파시즘문학'론의 이러한 문제 설정은 일제 말기의 담론을 근대 담론으로 환원(근대의 외부는 없다)시키거나 식민지 주체의 담론을 제국주의의 담론으로 환원(주체=종속)시킴으로써 반제국주의적 저항의 가능성을 봉쇄했다는 비판에 직면하지 않을 수 없다. '파시즘문학'론 이후의 일제 말기 문학에 대한 연구는 '친일문학'론이 제기했던 고정된 저항축과 '파시즘문학'론이 제기했던 저항의 불가능성을 모두 비판하고 저항과 협력축의 복수화를 꾀한다. 이 관점을 통칭할 수 있는 명칭은 아직은 없기 때문에 편의상 당시의 명칭인 '국민문학'론이라 부르고자 한다. 이 관점은 민족주의적 저항이라는 이름하에 가려졌던 다양한 계층과 계급에 주목한다. 그 대표적인 것이 젠더와 서발턴(subaltern)의 문제이다. 과연 여성과 하위 계층에게 남성 부르주아의 전유물인 민족주의적 저항이 무슨 의미가 있는가? 또한 일제 말기의 경험을 민족사로 환원시키지 않고 세계사의 관점에서 볼 수 있는 시각을 제3세계론과는 다른 방식으로 제시하려 한다. 식민주의 협력 행위에 대한, 세계사에서 유례가 없는 책임 추궁은 어떻게 가능할 것인가?

이 글은 일제 말기의 문학을 마지막 관점에 입각해 고찰한다. 마지막 관점이라고 해도 연구자마다 제각기 다른 생각을 가지고 있기에 일괄해서 말할 수는 없다. 더군다나 '친일문학'론과 '파시즘문학'론의 입장도 한데 엉켜 복잡한 양상을 보이고 있기에 객관적 입장에 서기가 힘들다. 첨예한 쟁점이 되는 문제에서 객관적 입장에 선다는 진술만큼 허위는 없다.

2. 사상

당대에 이 시기의 문학은 '국민문학' 혹은 '국책문학' 등으로 불렸다. '국책'이라는 좁은 의미의 협력에만 국한되지 않는 광범위한 협력을 표현하기에는 '국민문학'이라는 용어가 더 적당하다고 할 수 있다. 이 시기 문학자들은 '국민'이라는 새로운 주체성을 형성하기 위한 문화적 장치로 '국민문학'을 주장했다. 일방적인 일본적 문화로의 동화가 아니라 일본적 문화와 조선적 문화를 포괄하는 일본 제국의 문학을 '국민문학'이라 불렀던 것이다. 일본 민족주의의 표현에 불과했던 국민문학을 전유한 식민지 조선인의 이러한 '국민문학'을, 식민지 본국의 국민문학과 구별하여 '식민지 국민문학'이라 할 수 있다. '국민문학'의 식민성은 일본 제국이 설정한 임계점을 넘나드는 것이다.

최재서는 「조선문학의 현단계」에서 '국민문학'의 요건을 ① 국체 관념의 명징, ② 국민 의식의 앙양, ③ 국민 사기의 진흥, ④ 국책에의 협력, ⑤ 지도적 문화 이론의 수립, ⑥ 내선 문화의 종합, ⑦ 국민문화의 건설로 설명하고 있다. ①은 민족주의, 사회주의, 개인주의, 자유주의의 배격을 의미할 뿐, '국체'라는 말이 원래 포함하고 있는 황도주의의 주장은 포함되어 있지 않다는 점을 생각하면, ④를 제외하고는 모두 미래형으로 기술되어 있음에 유의할 필요가 있다. 그가 주장하는 '국민' 혹은 '국민문화'가 현재 존재하는 일본 민족, 혹은 일본 민족문화에의 동화가 아님을 이로써 확인할 수 있다. 그것은 오히려 민족주의 · 사회주의 · 개인주의 · 자유주의로 표상되는 근대주의를 뛰어넘어 '국민'을 새롭게 형성하려는 노력이라 할 수 있다. "내선일체의 실질적 내용"은 "내선 문화의 종합과 신문화의 창조"인 것이다. 문화의 일방적 동화가 아니라 새로운 문화의 창조라고 하는 최재서의 주장은 곳곳에서 일본인 문학자에 의해 저지되지만, 조선인 문학자에 의해서는 일정한 공감을 획득하게 된다.

이러한 공감은 일본 제국 내에서의 조선의 위치를 강조하는 담론을 만들어내게 되는데, 그것이 집약적으로 표현된 것은 김종한의 '신지방주의'론이다(「일지의 윤리」). 그의 논리의 핵심은, 일본에서 생산해내는 가치를 그대로 이어받는 존재가 아니라 중앙과는 다른 가치를 생산해내는 주체로 조선 및 조선문학을 위치 짓고자 한 바에 있다. 이처럼 새로운 가치를 생산해내는 조선 및 조선문학을 상상하는 조선 지식인들에게 대동아공영권은 자신을 주체로 세울 수 있는 적극적인 계기로 포착된다. 아직 그 모습을 드러내지 않고 형성중에 있는 일본 제국을, 적극적인 참여를 통해 스스로 만들어낼 수 있다는 생각은 식민지 통치의 대상에서 식민지 지배의 주체로 자신을 변신시키고자 하는 욕망의 표현이기도 하지만, 또 반대로 중심을 해체하고자 하는 욕망이기도 하다. 이들이 상상한 대동아공영권은 중심이 확장된 제국주의적인 것이 아니라, 중심이 없이 권력이 편재(遍在)하는 제국적인 형태였다. "동경이나 경성이나 다 같은 전체에 있어서의 한 공간적 단위에 불과"한 것이다.

식민지 문화인 조선문화까지 존중되는 다문화 · 무중심의 일본 제국을 상상하는 최재서의 '국민문학'론이나 김종한의 '신지방주의'론은 그 뿌리를 평행제휴론에 두고 있다. 일본 제국을 주체 정립의 계기로 받아들인 지식인의 논리는 대체로 평행제휴론과 동화일체론으로 구별될 수 있는데, 후자는 조선문화의 전폐를 주장함에 반해, 전자에는 다양한 내적 편차가 있었다. 즉 동아협동체론, 동아연맹론 등의 이념에 자극받아 조선의 자치를 주장하는 적극적인 입장도 존재했고, 내외지의 일원화를 지지하면서도 문화적 측면에서 조선적인 것을 보존하고자 하는 소극적 입장도 존재했다. 그러나 평행제휴론에 공통적인 것은 조선적인 것의 온존이었다.

3. 언어

신지방주의론 혹은 평행제휴론을 통해 '국민문학'을 바라볼 때 가장 중요한 것은 역시 언어였다. 조선어를 유지하면서도 일본인이 될 수 있는가, 조선어로 쓴 작품이 일본문학이 될 수 있는가 하는 문제로 이것은 나타난다. '국민문학'이 가진 문화 다양성에 대한 주장의 시금석이 언어 문제가 될 터인데, 그런 점에서 언어 문제는, 최재서와는 다른 의미로 "고민의 씨앗"이었다.

결론적으로 '국민문학'의 언어는 일본어, 즉 '국어'였다. 당시 조선어 문학이 다수 존재했음에도 불구하고 '국민문학'은 일본어로 대표되었다. 이것은 '국민문학'이 가진 문화 통합적 주장이 문화 다양성 주장을 억압한 결과라고도 할 수 있는데, 이것이 '국민문학'의 한계였다. 그러나 1942년 5월의 징병제 각의 결정과 이에 수반된 국어 전해운동 이전까지 언어 사용의 문제가 여전히 논란거리였고, 그러한 논란의 타협점이 『국민문학』의 조선어 8, 일본어 4로 드러난 것처럼, 전쟁의 진전으로 인한 통합에 대한 요구가 '국민문학'의 언어 사용에 한계를 제시했다고 할 수 있다.

1942년 5월의 징병제 결정과 '국어 전해 운동' 이전의 언어 사용에 대한 논란은 1939년 중반 무렵에 벌어진 한효, 김용제, 임화의 논쟁에 그 원형이 제시되어 있다. 한효가 조선의 현실은 조선어로만 표현할 수 있다는 민족 본질주의를 주장한 데 반해(①), 김용제는 국가적 보편성의 입장에서 일본어의 우수성을 주장한다(②). 임화는 이 문제를 정치적으로 결정할 것이 아니라("언어는 국경표지가 아니다") 작가에게 가장 사용하기 쉬운 언어를 사용하면 그만이라고 함으로써 간접적으로 조선어 사용을 옹호한다(③). 이 세 갈래의 언어관은, 1942년 무렵 일본어를 사용하지 않을 수 없는 상황이 되면, 붓을 꺾든가(①), 일본어로 내선일체와 전쟁동원을 찬양하는 글을 쓰든가(②), 일본어로 어떻게든 조선의 현실을 재현하고자 하는 글을 쓰는 길(③)로 나뉜다.

이 세 번째 글쓰기를 이중어 글쓰기라고 부를 수 있을 것이다. 이중어 글쓰기란 단순히 일본어와 조선어 양쪽의 글쓰기를 시도하는 것을 가리키지는 않는다. 식민지 본국의 언어로 글을 쓰면서도 식민지의 기억과 현실 및 언어를 글 속에 새겨 넣을 때에야 이중어 글쓰기라 할 수 있을 것이다. 이러한 이중어 글쓰기의 최대치를 보여준 작가는 김사량이었다. 그는 일본어로 조선의 현실을 재현할 경우, 일본어의 감각을 고집하면 조선의 현실이 엑조틱해지기 때문에 "조선의 현실을 충실히 재현하기 위해", "모국어를 생경한 직역으로 옮기"거나 하는 방식으로 일본어를 "죽여서", 그러니까 비틀어서 사용할 수밖에 없다고 한다. 일본어 비틀기가 제국주의 담론의 비틀기로 드러나는 것은 김사량의 「풀속깊이」인데, 이 소설에서 작가는 엉터리 일본어를 구사하는 군수를 통해 제국주의 담론이 비틀리고 조롱당하는 모습을 보여주고 있다.

이 시기 작가들은 조선어식 발음을 일본어와 나란히 병기하거나 일본어 방언을 사용하거나 생경한 조선문화를 작품에 삽입함으로써, 일본문학과는 구별되는, 일본어로 된 조선문학, 혹은 조선적 일본문학, 즉 식민지적 국민문학을 생산했고, 그를 통해서 일본 제국의 문학 질서에 개입하고자 했다.

4. 민족

'국민문학'에서 여전히 문제적인 것은 민족 문제였다. 많은 대립이나 고민과 고투는 민족을 둘러싸고 이루어진다. 그러나 그럴 경우에도 민족을 버릴 것인가, 말 것인가 라는 친일 / 반일의 이분법이 아니라 다양한 스펙트럼으로 민족이 드러난다.

인정식이 "민족의 전향"을 이야기했을 때 그 근거는 대동아공영권 내에서의 조선 민족의 지위 향상이었다. 제국주의에 대한 협력이 민족의 포기가 아니라 민족의 재정립으로 표현되는 것은 그 때문이다. 따라서 "민족의 힘을 욕망한 친일 내셔널리스트"라는 표현은 어느 정도 적절성을 가진다. "내란과 탐관오리에 백색 자본의 착취와 쿠리, 아편" 밖에 없는 중국 민족에게 중국의 땅은 과분하기 때문에 "동아의 장자인 우리 일본 민족"이 그 주인이 되어야 한다는 채만식의 말은 조선인의 일본 국민으로의 동일화가 대동아공영권의 여타 민족을 타자화함으로써만 가능하다는 것을 보여주고 있다. 그것이 문학 속에 집약적으로 표현된 것은 만주를 소재로 한 문학이다.

만주에서 조선인이, 이꿔즈(一鬼子)인 일본인의 뒤를 이어 얼꿔즈(二鬼子)로 불렸다는 것에서도 알 수 있듯이 '만주국 이등 국민 조선인'이라는 설은 일정한 의미를 지닌다. 실질적으로 이등 국민이었는지 여부보다 만주와 만주인을 야만으로 표상함으로써 스스로를 일본 국민으로 주체화한다는 점이 더욱 중요하다. 이기영의 장편소설 『대지의 아들』과 『처녀지』는 만주를 자연으로 표상하고 이에 대비되는 인공과 문명을 조선인의 생산력에서 본다. 이태준의 「농군」은 '만주인의 무지'의 맥락을 고찰하는 데 실패함으로써 '야만 / 문명'의 이분법으로 돌아간다. 이들 작가의 시선이 곧바로, 그리고 오롯이 일본인의 시선과 합치되는 것은 아니지만, 만주에서 조선인이 자기 주장을 하기 위해서는 일본인의 시선을 가지지 않을 수 없다는 것을 잘 보여주고 있다.

일본 국민이 되는 것이 얼마나 지난한 일인가는 내선일체 소설에서 잘 드러난다. 차이가 곧 문화 창조의 동력이라는 신지방주의론을 포기한 최재서가 쓴 「민족의 결혼」은 차이의 소멸이 얼마나 어려운 일인가를 잘 보여주고 있다. 이 소설에서는 차이를 소멸시키려는 그의 노력과, 차이를 온존하여 그것을 차별로 전환시키는 일본인에 대한 격렬한 분노가 교차하고 있다. 차이 소멸의 불가능성과 차이의 차별로의 전환을 가장 극명하게 드러내고, 그에 절망한 작가는 이석훈이다. 그의 소설 「선령」은 이러한 내선일체의 불가능성을 인식한 주인공이 만주로 떠나는 것을 소재로 하고 있는데, 이것은 그의 실제 행적과 일치한다. 만주는 조선인과 일본인이 만주인을 타자화하여 일체가 되는 내선일체의 모범적 공간으로 그려진다.

내선일체를 민족의 소멸이 아니라 민족성의 온존으로 표상하는 것은 김사량의 소설 「빛 속으로」와 「광명」이다. 전자는 내선일체의 혼종성을 혼혈을 통해, 후자는 내선일체 가정을 통해 살펴보았다. 일본 민족의 순혈주의에 저항하여 이효석이 「녹색탑」에서 제시하는 것은 혈액형(과학)의 논리이다. 민족과 민족의 결합을 남녀 문제로 치환한 이효석이 다른 민족 사이에도 같은 피(혈액형)가 존재할 수 있음을 주장함으로써 민족을 가로지르는 문화의 논리('미'와 '과학')를 민족 결합의 원리로 제시하고 있다. 「대륙」에서 오족협화론을 확장한 동아협동체라는 이상을 토대로 피와 문화의 차이를 극복할 수 있음을 보여준 한설야는 그러한 이상의 비현실성을 깨달은 이후 「그림자」와 「피」에서는 내선일체의 불가능성을 내세우고 있다.

이처럼 내선일체를 둘러싼 민족의 문제는 작가에 따라서 다양한 스펙트럼을 가진다. 그러나 공통적으로는 다른 민족을 타자화할 때 조선 민족과 일본 민족의 차이는 줄어들게 되고, 다른 민족을 개입시키지 않을 경우에는 내선일체 속에서 조선 민족의 특권성이 두드러진다.

5. 젠더

'국민문학'이 조선 민족의 특권성을 일본 제국 속에 새겨 넣으려는 시도였다고 한다면, 여성이나 민중은 그것을 이루기 위한 동원 대상에 불과했다. 민중을 소재로 한 소설에서는 노동과 일상에 대한 통제와 계몽으로 일관했고, 여성을 표상할 때에는 흔들림 없는 강한 모성으로 그려냈다.

『조광』 43년 9월호에 실린 꽁트인 이석훈의 「어머니의 고백」, 정인택의 「불초자식」, 정비석의 「어머니의 말」은 모두 전쟁에 나간 아들을 가정에서 든든하게 후원하는 어머니를 그리고 있는데, 그것은 "너희들은 머뭇거리지 말고 전쟁에 가라. 뒤는 내가 맡으마"라는 이석훈의 표현처럼 강한 어머니가 강한 군인을 만든다고 말하고 있다. 이러한 강한 어머니로서의 여성상은 정인택의 「뒤돌아보지 않으리」에서 확대되어 그려지고 있다. 이 소설에서는 여성의 목소리는 아들에 의해 대리 표현되고 있는데, 거기서 작가는 어머니가 개인만을 생각하는 마음을 버리고 국가를 생각해야 한다는 말을 거의 협박에 가깝게 내뱉고 있다. 작가는 모성의 한계 지점인 아들의 죽음마저 거론하며 여성을 침묵 속에서 동원하고자 했다. 아들의 죽음을 앞에 두고도 흔들림이 없는 모성을 남성 작가들이 식민지 여성에게 강요했다고 한다면, 여성 작가들은 제국주의의 담론을 받아들이면서도 그것이 제시한 모성에 균열을 남기고 있다.

모윤숙의 「여성도 전사다」는 여성이 안방에만 있지 말고 바깥으로 나와서 전쟁에 도움이 되는 일을 하자는 주장인데, 1920,30년대의 이상적 여성상이 '현모양처'라는 점을 생각하면, 이를 국민으로의 호명을 통한 여성의 사회 진출과 여성 해방에 대한 목소리로도 읽을 수 있다. 그러나 전쟁 수행 속에서 여성의 역할이 여전히 보조적이고 부차적인 것이고, 그러한 다소의 여성 해방적 요소도 자발적으로 쟁취한 것이 아니라 사회적 필요에 의해 동원된 것이라면, 이것을 진정한 여성 해방 담론으로 보기는 힘들다고 할 수 있다. 그러나 여성 작가들이 완전히 제국주의 담론으로 흡수되었다고 보는 것 또한 힘들다. 그것을 잘 보여주는 것이 최정희의 소설 「야국초」이다.

이 소설에 대한 평가는 엇갈리고 있지만, 여성이 제국주의를 자기 주장의 기회로 전용했음을 보여주기에는 충분하다. 이 소설의 주인공은 승일의 아버지로 나타나는 조선 민족주의를 넘어서는 권력을 제국주의에서 발견하고 그것과 결탁함으로써 여성을 억누르는 남성적 민족주의를 비판하고자 했다. 그러나 이러한 결탁과 협력은 미묘한 흔들림을 동반한다. 아이가 죽을 수도 있는 제국주의를 선택하는 것은 강한 모성을 만들어 줄 수도, 여성 해방을 가져다 줄 수도 있지만, 모성을 파괴할 수도 있는 독이 든 선택이기도 했다. "나에 대한 복수이자 당신에 대한 복수"라는 마지막 구절은 이러한 양가적 감정이 개입된 표현이라고 볼 수 있을 것이다. 이것을 확대 해석하면 제국주의에 편승한 여성 해방은 여성에게 가사와 사회적 억압으로부터 벗어난 길을 제시해 줄 수도 있지만, 여성을 얽어매는 이데올로기로도 작용할 수 있다는 것을 최정희는 이러한 흔들림을 통해서 보여주고 있는 것이다.

6. 서발턴

국민으로 호명된 서발턴(subaltern)은 동원의 대상이었다. 일상과 노동, 그리고 시간의 통제를 통해 새로운 인간형을 만들어내는 것이 '국민문학'이 지향한 국민이었다. 각종 생산 소설, 개척 소설이나 지원병 소설은 이러한 인간 개조를 목표로 한 것이었다고 할 수 있다. '국민문학'이 남성 지식인 문학으로서 가지는 한계는 여기에도 있다.

그렇다면 이러한 근대 식민지 규율 권력이 서발턴을 국민으로 성공적으로 개조해냈을까. 국민 형성의 욕망을 드러낸 소설들과는 달리 서발턴의 자율적 질서를 보여준 소설은 최병일의 「풍경화」이다. 이 소설은 시골 사람들의 정경을 스케치 형식으로 그린 소설이다. 여기에는 여타 '국민문학' 작품들처럼 애국반 활동이 자세하게 묘사되어 있지만, 이것이 너무나 사실적이어서 오히려 생경한 느낌을 자아낸다. 이상화된 애국반, 그러니까 반원들이 일치단결해서 총후의 직역 봉공을 하는 최소 단위로서의 애국반의 모습은 어디에도 없다. 그 대신 시끄러운 시골 장터처럼 여러 사람들의 욕망이 교차되고 섞이는 장으로 애국반이 그려져 있다. 민중(인민)이라는 개념으로도, 국민이라는 개념으로도 묶이기 힘든 서발턴은 명확하게 저항하지도 못하고, 그렇다고 협력할 수 있는 능력을 가진 사람도 아니다. 이 소설에서 묘사되고 있는 사람들은 다른 '국민문학'에서 묘사되고 있는, '국민'으로 묶여져 협력하고 동원되는 존재가 아니다. 그렇다고 해서 민족주의 사학이나, 마르크스주의 사학이 말하는 저항하는 존재(민족, 민중)도 아니다.

그들은 애국 반상회가 지향하는 애국의 길로 한 묶음이 되어서 전진하는 것이 아니라, 애국 반상회에서 제각각 말의 보따리를 풀어놓고, 불평을 토로하고, 안부를 묻는, 제각각 다른 방향을 지향하는 존재들이다. 그들은 애국 반상회라는 형식에 포섭되어 있었고, 그 틀 속에서 활동했다는 점에서 분명히 협력적이다. 그러나 애국 반상회에 완전히 포섭되어 있지 않다는 점에서 저항적이다.

식민지의 하위 계급인 서발턴의 실천은 애국반이라는 구조를 모방하지만, 차이를 두어 모방함으로써 제국적 질서를 전유한다. 엄숙하고 진지해야 할 식민지 본국의 담론, 즉 국민의 각오나 황국신민 서사는 서발턴의 자율적 정치장에서는 이들에 의해 반복되면서 우스꽝스런 모습으로 전락하고 만다. 마치 식민지 본국의 권위의 상징인 가장 신성한 책을 원주민들이 담배 마는 종이로 전유하듯이 조선의 식민지 주민들도 또한 반상회를 비롯한, 식민지 본국이 마련한 국민화의 기제를 자율적 공간으로 전유하는 것이다.

이 소설에서 화자는 이들 서발턴 사이에 전혀 개입하지 않는다. 다른 작가들은 계몽적인 언사를 통해 일정한 방향으로 유도하려고 했을 터이나, 이 소설의 화자는 민중의 카니발적인 담론의 분출을 조용히 지켜보고 있을 따름이다.

한국 근대문학 연구의 새 영역

1. 흔들리는 근대 · 민족 · 문학

2000년대 전반에 한국 근대문학을 연구하는 사람들 사이에서 가장 큰 화두는 역시 '근대문학의 종언'이었다. 일본 비평가 가라타니 고진(柄谷行人)이 던진 이 문제 제기는 비평계뿐만 아니라 문학 연구 분야에서도 큰 반향을 일으켰다. 「근대문학의 종언」(『문학동네』, 2004년 겨울호)은 저자의 개고(改稿)를 거쳐 동명(同名)의 일본어 책(2005년 11월)에 수록되었는데, 이 책의 한국어 번역(2006년 4월)이 이례적으로 빨랐음을 생각하면, 한국의 지식계가 그의 문제 제기에 얼마나 민감하게 반응하고 있는가를 알 수 있다. 그러나 내 실감으로는 이러한 문제 제기는 그 전에도 충분히 있었다. 다만 문학을 밥벌이로 하는 사람들 사이에서는, 그 명제에 반대하든 찬성하든 상관없이, 그것은 감히 말하기가 두려운 어떤 것이었을 따름이었다. 마치 "부자 되세요"라는 광고가 그랬던 것처럼.

최소한 한국에서 문학이란 '근대=문학'을 의미하는 것이었다. 이광수가 「문학이란 何오」(『매일신보』, 1916.11.10~23)에서 문학을, "재래로 사용하던 자와는 상이하"며 "서양인이 사용하는 문학이라는 어의를 취함이니, 서양의 Literatur 혹은 Literature라는 어(語)를 문학이라는 어로 번역"[1]한 것이라고 정의한 것은 지금으로부터 90여 년 전이었다. 이러한 문학의 정의는 다른 글쓰기(ecriture)를 배제하고 "특정한 형식하에 인(人)의 사상과 감정을 발표한 자"[2]로 구성되는 자율적인 글쓰기 체계를 문학으로 상정한 것이라 할 수 있다. 또한 그는 문학은 "조선인의 사상 감정을"[3] 담은 '민족=문학'임을 분명히 했다. 이러한 문학 개념은 90년이 흐른 지금까지 한국 근대문학사의 원형으로 자리 잡고 있다고 할 터인데,[4] 가라타니가 종언했다고 말한 것은 이러한 '근대=민족=문학'이다.

가라타니가 말한 것은, 그렇다고 해서 문학 자체가 없어진다는 이야기는 아니었다. 오락 문학이 남기 때문인데, 이것은 근대문학이 끝장난 이후에도 여전히 남아 있을 뿐만 아니라 오히려 전면화될 것이라고 그는 예언한다. 그러나 이것은 90년 전 이광수가 문학의 영역에서 쫓아냈던 것이었다. 「문학이란 何오」의 소설화라고도 할 수 있는 이광수의 「소년의 비애」(『청춘』, 1917.6)에서는 문학이 시・공간적으로, 성적으로 위계화되어 있다. 미적・정적 문학을 사랑하는 문호("문학은 인간의 감정을 발표")와 지적・선적 문학을 사랑하는 문해("문학은 인간의 사상

1 이광수, 『이광수전집 1』, 삼중당, 1971, 547면. 그는 「문학의 가치」(『대한흥학보』, 1910.3)에서 이미 이 점을 강조해두었고, 「문학이란 何오」는 그것을 좀 더 자세히 설명한 것이다.

2 위의 책, 같은 면.

3 위의 책, 551면.

4 차혜영, 「문학 개념의 논리와 식민지 근대부르주아의 정치학」, 민족문학사연구소 기초학문연구단 엮음, 『탈식민의 역학』, 소명출판, 2006, 79면.

을 발표")가 '근대=민족=문학'을 대표한다면, 문학을 모르는 부모나 국문 소설(신소설, 고전 소설)을 읽을 뿐인 자매들이 '전근대=비문학'을 대표한다고 할 수 있다. 근대 / 전근대, 남자 / 여자라는 시간적 · 성적 위계질서를 공간적인 문학 / 비문학이라는 위계질서로 전환함으로써 근대적 주체를 창출하려는 것으로 이 소설을 읽을 수 있는데, 가라타니가 근대문학의 종언 이후에 전면적으로 펼쳐지리라고 했던 것은 '근대=민족=문학'의 위계질서 속에서 이광수가, 그리고 그 후의 문학 연구자들이 언제나 배제해왔던 '비문학=대중 문학'이다.

가라타니의 '근대문학의 종언'이라는 명제는, 소설을 근대 시민사회의 서사시로 보는 헤겔, 루카치의 연장선상에서 말한, '역사의 종언'의 문학판이라고도 할 수 있다. 그러나 '근대=민족=문학'이 진짜 끝장난 것인지, 적어도 빠른 시일 내에 끝장날 것인지 검증하는 것[5]은 내 능력 밖의 일일 뿐만 아니라 이 글의 범위도 벗어나는 일이다. 다만 '근대=민족=문학'을 비판 · 상대화하며 그것에서 벗어나려는 글쓰기와 연구가 점증하고 있고, 그것들이 점차 사람들의 공감을 얻어가고 있다는 것 정도는 말할 수 있을 것이다. 세계 질서의 재편이라는 아노미 속에서 '근대=민족=문학'의 위계질서 속에서 배제되었던 타자들이 고개를 내밀고 있는 상황이 현재 '한국=근대=문학' 연구의 현상인 것이다. 아이러니하게도 '한국(민족)=근대=문학' 연구는 그 자신의 근거를 하나하나 부정하고 무너뜨림으로써 변태를 시도하고 있는 것이다. 가라타니의 글은 그러한 변태를 명제화한 것에 지나지 않았던 것이다.

---

5 이에 대해서는 여러 평문들이 씌어졌다. 권성우의 「문학을 넘어서는 문학의 길」(『문학수첩』, 2005년 봄호), 황종연의 「문학의 묵시록 이후—가라타니 고진의 '근대문학의 종언'을 읽고」(『현대문학』, 2006.8), 고봉준의 「근대문학의 종언, 그리고 '소설'이라 불리는 대략 난감한 글쓰기들」(『작가와 비평』, 2006년 상반기) 등이 그것이다.

그러나 이러한 변태는 단순히 억압된 것의 권리 회복이라는, 다소 정의감에 찬 의미를 부여하고 끝내기에는, 쉽사리 긍정할 수 없는 여러 가지 문제를 포함하고 있어 여전히 다툼 속에 놓여 있다. '근대=민족=문학'의 부정이, 세계 자본이 지배하는 신자유주의에 의해 조장되고 있다는 점이 그것이다. 이들 연구들의 상당수가 한국연구재단의 기금 지원을 받고 있다는 사실로도 알 수 있듯이, 담론적 측면에서는 모호한 것이 제도적인 측면에서는 어느 정도 명확해진다. 그것을 가장 잘 보여주는 것이 대학 제도의 개편이다.

국어국문학이 국가에 기생해서 연명해온 어용 학문이라는 것은 누구나 다 아는 사실이다. 국가가 강제한 국어 교과서가 없었다면 국어국문학은 시장 질서 속에서 감히 살아남을 수 있었을까. 대학국어작문이라는 헤게모니가 없었다면 국어국문학과가 대학 내에서 지금과 같은 위치를 점할 수나 있었을까. 국가가 자본을 통제하는, 혹은 자본이 국가를 최적의 파트너로 삼았던 짧은 시기에 '근대=민족=문학(국어국문학)'이 그 존재 의의를 가졌다고 한다면, 국가가 자본을 통제하지 못하고 자본이 국가를 통해서가 아니라 직접 개개인을 제어하는 IMF 이후의 신자유주의하에서는 민족주의라는 비효율적 사상, 문학이라는 비효율적 글쓰기는 퇴출 대상이 아닐 것인가. '민족=문학'을 포함한 문화의 기호들을 자본으로 변형시키는 문화콘텐츠론, 스토리텔링이야말로 이 시대의 가장 훌륭한 어용(혹은 누구 말대로 '자용') 학문일 것이다. 뒤에서 살펴볼 문화 연구나 포스트 콜로니얼 연구가 여기에서 완전히 벗어나 있다고 한다면 착각이라고 할 수밖에 없다. 국어국문학이라는 제도 속에서도 문학 연구가, 국가에 온전히 얽매여 있지는 않았지만 결과적으로 국가 속으로 흡수되어갔듯이, 문화 연구나 포스트 콜로니얼 연구도 자칫 잘못하면 그것과 마찬가지가 되리라는 것이다. '근대=

민족=문학(주체)'에 대한 조건부 옹호는, 인문학의 위기를 부르짖는 '의미 없는 시대착오'와는 달리, 이러한 우려를 담은 '의미 있는 시대착오'인 것이다.[6]

거친 비유가 허용된다면, 현재 한국문학을 둘러싼 연구는 이처럼 '의미 없는 시대착오', '의미 있는 시대착오', '자본에 흡수되는 변태', '자본에 흡수되지 않으려는 변태'로 나눌 수 있다. 이 가운데 두 번째와 네 번째의 연구 경향은 두 차례의 학술 대회를 통해 서로 의견을 나눌 기회가 있었다. 상허학회가 주최한 「한국 근대문학 연구의 역사적 전환과 창조적 모색」(이화여대, 2006.11.4)과 민족문학사연구소 주최의 「탈근대문학담론 비판」(동국대, 2006.12.15)이 그것이었다. 이 글은 두 학술 대회를 중심으로 하여 한국문학(화) 연구의 새로운 경향과 쟁점을 점검하고자 한다.

2. 문화 연구

새로운 한국=근대=문학 연구의 한 축은 '문학'의 폐기와 문화 연구로의 전환에서 비롯되었다. 앞에서 이광수 소설을 분석한 대목에서 보았듯이, '문학'은 그 자체가 자명한 것이 아니라 권력 의지에 의해 자명한 것처럼 되어온 '정상성 규범'의 효과이다. 영국에서 '문학'은 19세기 이래 종교를 대신하여 부르주아의 이데올로기로서 기능했으며, 이것

6 여기에서는 문화 연구와 포스트 콜로니얼 연구가 미국 대학 제도를 장악하고 있다는 글로벌 스탠더드에 대한 반감도 작동하고 있다.

은 새로이 세력을 이루고 있는 프롤레타리아 계급, 여성, 식민지인을 순화하는 역할을 부여받았다.[7] '문학'이야말로 교양 있는 백인·서양·부르주아·남성이 타자를 식민화하는 장치였다고 할 수 있다. 매슈 아놀드의 『교양과 무정부주의』에서, 그리고 맥콜레이의 1835년 영문학 각서에서 그것을 잘 볼 수 있다.[8] 그 점에서 포스트 콜로니얼 연구(식민지라는 타자)와 문화 연구(대중이라는 타자), 그리고 페미니즘 문학 연구(여성이라는 타자)는 '문학' 개념의 자명성에 대해 의심하고, '문학' 개념 형성 과정에서 드러난 권력 의지를 계보학적으로 밝히는 데 공동 전선을 형성하고 있는데, 그 가운데 '문학' 개념 해체의 선두에 선 것은 문화 연구이다.

문화 연구는 문화 제도사 연구와 문화사(풍속사) 연구로 대별해 볼 수 있다. 초기에는 이 둘의 분화가 뚜렷하지 않았지만, 최근에 와서는 그 차이점도 조금씩 드러나고 있다. 문화 연구는 우선 문학(화) 제도사 연구에서 시작되었다. 그것은 문화 연구가 국어국문학이라는 대학 제도 속에서 살아남는 한 방식이었다. 거칠게 말하면 박사 논문을 제도 속에서 인정받기 위한 한 방법으로 최소한 문학과의 관련을 확보하는 것이 필요했던 것이다. 이 연구의 중요한 성과들이 박사논문[9]과 그 부산물이라는 사실을 보면, 그 사정을 짐작할 수 있다.

---

7 테리 이글턴, 김명환 외 옮김, 「영문학연구의 발흥」, 『문학이론입문』, 창작과비평사, 1986 참조.

8 매슈 아놀드에 대해서는 존 스토리, 박모 옮김, 「문화와 문명의 전통」, 『문화연구와 문화이론』(현실문화연구, 1994), 맥콜레이에 대해서는 릴라 간디, 이영욱 옮김, 「포스트식민 문학」, 『포스트식민주의란 무엇인가』(현실문화연구, 2000) 참조.

9 이 분야의 주요한 박사논문은 다음과 같다. 김동식, 「한국의 근대적 문학 개념 형성과정 연구」, 서울대 박사논문, 1999; 권보드래, 「한국 근대의 '소설' 범주 형성에 관한 연구」, 서울대 박사논문, 2000; 천정환, 「한국 근대소설 독자와 소설 수용 양상에 대한 연구」, 서울대 박사논문, 2002; 차혜영, 「1920년대 한국소설의 형성과정 연구」, 한양대 박사논문, 2002.

초기에 문학 개념의 형성에 초점이 맞추어진 문화 제도사 연구는 지금은 그 범위를 넓혀 다양한 사회 제도(문화 정책, 매체)와의 관련성을 문제 삼고 있다. 여기서 '문학'은 그 자체가 자명하고 특권적인 글쓰기가 아니라, 시장과 제도 속에서 형성된 하나의 현상, 혹은 또 다른 제도가 된다. 미적 자율성의 신화가 근대문학을 지탱하는 주요한 주춧돌 가운데 하나였다고 한다면, 이러한 시도는 문학에 대한 근대적 인식을 해체하며 '문학'을 새롭게 바라보려는 시도라 할 수 있다.

> 연구진의 문제의식은 '문학은 독자적인 그 무엇이다'라는 오래된 관습적 사유를 '일단' 포기하자는 것에서 시작되었다. 우리들은 그러한 생각이 문학 이론의 역사를 통해서, 그리고 학문 제도의 오래된 권위에 의해 강화된 것이라는 공통된 판단을 가지고 있다. 문학적 언어가 특수한 것은 분명하지만, 문학이 역사 속에서 수행한 다양한 형태의 역할과 기능은 자기 독자성의 영역에서보다 사회 전체의 지적, 문화적, 사상적, 교육적 영역과의 교섭과 협력 속에서 이루어진 것이다. 우리는 그것을 그 자체로 해석하고 연구하는 것이 중요하다고 생각한다. 이것은 말하자면 문학의 역사적 의미를 그것이 존재했던 당대의 시공간 속으로 '하방'시키는 작업이라 하겠다.[10]

'문학'에 대한 참조점을 문화 정책, 매체, 출판, 독자, 지식 제도 등으로 다양하게 늘려나감으로써 궁극적으로 문학 자율성의 신화를 해체하는 것이 이 연구 경향의 목표라 할 수 있다. 문화 정책 연구는 박헌호, 한기형 등의 검열 연구가 대표적인데,[11] 여기서는 검열 주체(제국)

---

10 한기형 외, 『근대어 · 근대매체 · 근대문학』, 성균관대 출판부, 2006, 5~6면.

11 검열 연구의 현황에 대해서는 한기형, 「근대문학과 근대문화제도 – 그 상관성에 대한 시론적 탐색」, 『상허학회 심포지엄 자료집』 참조.

와 검열 객체(식민지)라는 일방적 관점이 아니라 검열의 상호성이라는 관점에서 문학 생산의 장을 해명하고 있다. 자발적 검열과 검열의 흔적 남기기 등은 그러한 상호성의 사례에 해당한다.[12] 매체에 대한 연구는 신문, 잡지 등의 '문학'을 대중에게 전달하는 도구가 '문학'을 형성하는 장으로 기능했다는 것을 전제로, 매체가 어떻게 '문학'이라는 독특한 언어 질서를 구성하는가를 밝히는 데 초점이 놓여 있다. 『소년』, 『청춘』에 대한 한기형의 연구,[13] 『학지광』에 대한 이경훈의 연구,[14] 『개벽』에 대한 최수일,[15] 한기형,[16] 『조선문단』에 대한 이봉범의 연구,[17] 『동아일보』 학예란에 대한 이혜령의 연구[18] 등 이 분야에 대한 연구는 실로 다채롭다. 이러한 매체와 '문학'의 관계를 밝히려는 연구는 동인지나 등단 제도 같은 문학 제도에 대한 연구[19]로 이어지기도 하고, 문학 자체가 하나의 제도임을 밝히는 것[20]으로 이어지기도 한다.

다양한 문화 제도사 연구를 하나로 묶어서 설명하기는 어렵지만, 앞의 인용문으로 이 입장은 대변될 수 있을 듯하다. 그러니까 '문학'은,

---

12 한기형, 「문화정치기 검열정책과 식민지 미디어」, 윤해동 외 엮음, 『근대를 다시 읽는다』 2, 역사비평사, 2006.

13 한기형, 「근대잡지와 근대문학 형성의 제도적 연관」, 한기영 외, 앞의 책; 한기형, 「최남선의 잡지 발간과 초기 근대문학의 재편」, 같은 책.

14 이경훈, 「『학지광』과 그 주변」 및 「청년과 민족-『학지광』의 담론적 특성」, 위의 책.

15 최수일, 「1920년대 문학과 『개벽』의 위상」, 성균관대 박사논문, 2001; 최수일, 「근대문학의 재상산 회로와 검열-『개벽』을 중심으로」, 『대동문화연구』, 2006.

16 한기형, 「『개벽』의 종교적 이상주의와 근대문학의 사상화」, 『상허학보』, 2006; 한기형, 「식민지 겸열정책과 사회주의 관련 잡지의 정치역학-『개벽』과 『조선지광』의 역사적 위상 분석과 관련하여」, 『한국문화연구』, 2006.

17 이봉범, 「1920년대 부르주아 문학의 제도적 정착과 『조선문단』」, 민족문학사연구소 기초학문연구단 엮음, 앞의 책.

18 이혜령, 「1920년대 동아일보 학예면의 형성과정과 문학의 위치」, 『대동문화연구』, 2005.

19 박헌호, 「동인지에서 신춘문예로-등단제도의 권력적 변환」, 『대동문화연구』, 2006.

20 박헌호, 「매체로서의 근대소설과 내면의 서사」 및 「식민지 시기 '자기의 서사'의 성격과 위상」, 한기형 외, 앞의 책.

혹은 지금과 같은 형태의 '근대문학'은 애초부터 있었던 것이 아니라 형성된 것이라는 것이다. 문화 제도사 연구가 근대 초기, 근대문학 형성기에 집중되어 있는 것은 그런 이유 때문이다. 이 연구가 궁극적으로 지향하는 것은 '근대'와 '문학'을 새롭게 바라봄으로써 그 속에 아로새겨져 있는 부르주아의 정치학을 해체하는 것이다.

그렇기 때문에 오히려 '근대문학의 종언'이 운위되고 있는 현시점에서 이 연구는 과거의 적을 상대하고 있는 게 아닌가 하는 비판이 있을 수 있다. 그럼으로써 현재 새롭게 생성되고 있는 지식과 글쓰기의 장에서 멀어져 학문적 유희로 전락할 수 있는 가능성이 상존하고 있는 것이다. 또한 젠더의 관점이나 탈식민의 관점이 적거나 거의 없는 것도 이 연구의 문제점으로 지적될 수 있다.

문화 제도사 연구가 여전히 문학 언저리에 머물면서 '근대'와 '문학'을 해체하는 작업을 하고 있다면, 문화사(풍속사) 연구는 이러한 반정립을 뚜렷이 내세우지 않는다. 물론 천정환, 이경훈, 김동식, 권보드래 등이 기존의 문학 연구와 대비되는, 혹은 그것을 부정하고 해체하는 문화사 연구의 방법론을 밝힌 바 있다.[21] 권보드래는 문화사 연구가 텍스트의 미시적 측면에 대한 실증적 재구성, 사회·문화사적 주제의 탐색과 텍스트 외부의 적극 참조, 텍스트 사이 경계나 문학 내부의 위계에 대한 무관심 등으로 특징지어질 수 있다고 말한 바 있다. 그러나 그들의 실제 연구에서는 이러한 것들은 일종의 효과에 지나지 않아 잘 드러나지 않는다.[22] 오히려 그들이 목표로 하는 것은 '문학=근대' 너머,

21 천정환, 「새로운 글쓰기와 문학연구에 대한 시론」, 민족문학사학회, 『민족문학사연구』, 2004.11; 이경훈, 「오딧세우스의 변명」, 한국현대소설학회, 『현대소설연구』, 2005; 권보드래, 「'풍속사'와 문학의 질서」, 『현대소설연구』, 2005; 김동식, 「풍속·문화·문학사」, 동국대 한국문화연구소 편, 『거울과 미로』, 천년의시작, 2006.

22 천정환, 『근대의 책읽기』, 푸른역사, 2003; 이경훈, 『오빠의 탄생-근대 한국문학의 풍속사』,

혹은 그 속에 내장된 타자성의 정치학이다. 그러니까 '근대'와 '문학' 개념의 해체에 동의하면서도, 그렇기 때문에 현재도 상존하고 있는 국어국문학이라는 학문 제도와 위계질서로서의 '문학' 개념에 대한 비판을 수행하면서도, 동시에 그것을 포함하여 새롭게 재편되고 있는 현재의 글쓰기 지형에 계급적 · 젠더적 관점을 가지고 참여하려 하는 것이다.

> 사실 필자가 생각하는 '풍속'은 문학 작품이나 역사 자료 또는 담론, 표상, 기호라는 별개의 분야와 자율적 '차원'에 독자적이고 추상적으로 존재하지 않는다. '풍속'은 각각의 사회적 체계와 범주에 이미 매개되어 있는 필연적인 타자를 의미 있게 포착하고 활발히 운동시키는 텍스트적 실천을 통해 발생한다. (…중략…) 풍속은 대상이나 결론이기보다는 과정이자 실천이다.[23]

그러나 그것은 뚜렷한 이데올로기적 지향이 없어 여러 가지 오해와 억척을 낳는 것도 사실이다. 예를 들면 "연애나 성 풍속, 대중문화, 금광 열풍, 취미 오락 등에 대한 논저들이 쏟아져 나오고 있지만, 이 연구들은 그것을 자본주의화 과정의 자연스러운 산물로 설명하는 데 그"쳐, "현재 '고급' 상업 문화의 일부가 되었음을, 즉 시장의 시스템에 자발적으로 편입"[24]되었음을 지적하는 하정일의 분석이 그것이다. 또한 『해방 전후사의 재인식』(박지향 외, 책세상, 2006)에서처럼 이 분야의 연구가 우파 국가주의 · 문명주의에 흡수되어 정치적 기능을 수행할 수

문학과지성사, 2003; 권보드래, 『연애의 시대 – 1920년대 초반의 문화와 유행』, 현실문화연구, 2003.

23 이경훈, 「오딧세우스의 변명」.

24 하정일, 「탈근대 담론 – 해체 혹은 폐허」, 『민족문학사연구소 심포지엄 자료집』.

있는 가능성을 무시할 수도 없다. 물론 근대=문학의 개념을 해체하고 문화(대중의 감각 표상)를 연구 대상으로 한다고 해서 곧장 해방적인 의미를 띤다고 말할 수 없다는 것은 당연하다. 그러나 "사회적 체계와 범주에 이미 매개되어 있는 필연적인 타자"(이경훈)를 통해, 이미 근대=문학의 손에서 떠나버린 후기 자본주의의 문화에 개입하는 것은 충분히 가능하고 필요한 일이다.

그때 타자란 대중인데 대중은 "브라운 운동을 하는 아메바이며 신비한 카오스 그 자체", 그리고 "현대의 불가사의"이고 "그 고원이면서 동시에 심연인, 언제나 결핍이면서 언제나 과잉인"[25] 존재이다. 여기에다 대고 "개인을 평균화시키고 균질화시킴으로써" "몰개성과 획일화"[26]가 발생한다고 말하는 것은 지식인의 입장에서, 그리고 근대적 주체의 입장에서 바라본 것에 지나지 않는다. 또한 최종적 준거 지점을 삭제하려는 급진적 타자성에다 대고 "서구 형이상학의 존립 논리와 같은 방식"[27]을 읽어내는 것도 적당하지 않다. 오히려 대중을, 혹은 문화를 최종 준거로 삼아 근대=문학을 비판하는 것이야말로 후기 자본주의의 문화 논리나 혹은 그에 대한 비판 논리로서 훌륭하게 제 역할을 하는 것이라 할 수 있다. 지금 문화사(풍속사) 연구가 자칫하면 빠질 수 있는, 그리고 일부는 이미 포섭되어버린 가능성과 함정이 모두 거기에 있다.

25 천정환, 앞의 책, 10면.

26 하정일, 앞의 글.

27 차혜영, 「'풍속—문화론 연구'에 대한 질문」, 『민족문학사연구소 심포지엄 자료집』.

3. 포스트 콜로니얼 연구

한국=근대=문학 연구에서 포스트 콜로니얼 연구는 문화 연구처럼 '근대=문학'에 초점을 맞추지 않고, '한국(민족)=근대'에 초점을 맞춘다. 물론 포스트 콜로니얼 연구도 문화 연구와 마찬가지로 문학주의에 얽매여 있지는 않다. 이는 포스트 콜로니얼 연구와 문화 연구가 모두 공감하는 지점이라고 할 수 있지만, 포스트 콜로니얼 연구는 이것을 전면화하지는 않는다. 오히려 어떤 측면에서는 문학 해석의 다양한 준거점의 하나로 포스트 콜로니얼 이론을 하나의 외래 이론으로 사용하는 경향마저 보인다. 권명아가 말했듯이 이러한 새로운 이론들이 문학 해석론으로 치환되는 것은 연구자들의 손쉬운 선택과 새로운 패러다임을 제시하려는 성급함과도 관련된다.[28] 포스트 콜로니얼 연구가 문학 담론과 다른 담론들의 위계를 설정하지는 않지만, '문학' 중심주의의 상대화를, 문화 연구 방법론과의 결합을 통해 실천해야 할 필요성은 충분히 있다고 할 수 있다.

포스트 콜로니얼 연구는 내셔널리즘 비판과 파시즘 연구를 거쳐 '식민지 근대'의 연구로 이어졌다. 이 가운데 파시즘 연구를 대표하는 것은 『문학속의 파시즘』(김철 외, 삼인, 2001)이다. 파시즘 연구에는 내셔널리즘 비판이 밑바닥에 깔려 있다. '내셔널리즘'은 파시즘의 특별한 방식 중에서도 주요하고도 대표적인 방식[29]이기 때문이다. 이 책에서 차승기는 민족문학사 속에서 전체주의적인 사상적·정신적 동원과의

28 권명아, 『역사적 파시즘』, 책세상, 2006, 142면.
29 김철 외, 『문학속의 파시즘』, 삼인, 2001, 19면.

친연성을 읽어내고, 김현주는 이광수의 민족주의론과 문학 담론에서 파시즘적 계기를 읽어낸다. 이러한 논리는 조관자에 의해 '친일 내셔널리스트'라는 명명을 얻게 되는데,[30] 이 속에서 내셔널리즘은 식민주의에 대한 저항이라기보다 오히려 제국주의와의 공범 관계하에서 식민주의를 내면화하고 확대 재생산하는 주범으로 지목받는다. 또한 신형기는 내셔널리즘을 통로로 한 파시즘이 제국주의를 복제하여 해방 이후 남북한이라는 두 국민국가로 이어지고 있음을 지적함으로써 파시즘 연구의 새로운 차원을 개척했다.[31]

뿐만 아니라 내셔널리즘과 제국주의의 공범 관계는 해방 이후 저항의 역할을 담당한 민족-민중 문학에서도 예외가 아니며,[32] 제국주의에 대한 강렬한 저항이라고 생각된 친일문학 연구에서도 그 흔적이 발견된다. "파시즘은 하나의 완결된 이데올로기가 아니라, 다른 것과 결합하여 자신을 실현하는 유동적·매개적 존재"[33]이기 때문이다.

> 이 세계의 바깥은 없으며 중요한 것은 우리가 그 안에 있다는 것을 아는 것이다. 습속의 차원으로까지 내려앉은 파시즘의 욕망은 수많은 우회와 굴절의 경로를 거쳐 가장 역설적인 장소, 즉 파시즘에 대한 강력한 반대와 저항의 지점에서마저 자신의 얼굴을 드러낸다. 우리가 이 안에 있다는 것을 진실로 알게 되는 것은 파시즘의 이러한 얼굴이 드러날 때이다. 그리고 알면 '바깥'을 꿈꿀 수 있다.[34]

---

30 조관자, 「'민족의 힘'을 욕망한 '친일 내셔널리스트'」, 박지향 외, 『해방 전후사의 재인식』 1, 책세상, 2006.

31 신형기, 『민족이야기를 넘어서』, 삼인, 2003.

32 김철, 「민족-민중 문학과 파시즘」, 『'국민'이라는 노예』, 삼인, 2005.

33 김철 외, 『문학속의 파시즘』, 삼인, 2001, 19면.

34 위의 책, 7면.

수난과 저항의 역사와 그 기록으로 읽혀왔던 식민지의 역사와 문학을 새롭게 이해하는 관점을 파시즘 연구가 제공해주었다는 것은 틀림없는 사실이다. 파시즘 연구와는 다소 다르지만, 여기에서 촉발 받은 식민지 연구는 파시즘 연구와 더불어 포스트 콜로니얼 연구의 주류를 이루고 있다.

우선 식민주의의 내면화와 확대 재생산에 대한 착목은 문학 연구자 사이에서 만주연구 붐을 일으켰다. 그 선구는 역시 『문학속의 파시즘』에 수록된 이경훈의 논문 「하르빈의 푸른 하늘—「벽공무한」과 대동아공영권」이다. 이 속에서 만주는 제국주의의 논리를 내면화한 식민지인이 자신에게 향해진 문명의 시선을 재투사하는 곳이 된다. 또한 만주는 민족적인 자부심과 제국주의의 논리가 자연스럽게 접점을 형성하는 곳이기도 하다. 여기서는 민족주의자이면서 식민주의자일 수가 있다. 이러한 관점은 이후에 고모리 요이치(小森陽一)의 개념인 '식민주의적 무의식'[35]과 결합함으로써 더욱 확산된다.

이태준의 「농군」 해석을 둘러싸고 김철과 김재용이 대립하는 것도 이 지점이다.[36] 김재용은 「농군」을, 애수를 넘어서는 현실 타개의 의지가 개인주의 비판의 시대적 흐름과 결부되어 집단적 주체에 대한 모색으로 이어진 것이라고 보는 데 반해, 김철은 이 소설을 '만주 경영'이라는 제국주의의 "새로운 시대적 흐름"에 편승한, 다시 말해 당대의 '국책'에 적극적으로 부응한 소설이라고 한다. 만주 문제로 촉발된 이러한 대립은 전통주의를 둘러싸고, 마찬가지로 이태준 소설 해석에서 김예림과 홍기돈의 대리전을 낳는다.[37]

---

35 고모리 요이치, 송태욱 옮김, 『포스트 콜로니얼』, 삼인, 2002.

36 김재용, 「친일문학의 성격 규명을 위한 시론」, 『실천문학』, 2002년 봄호; 김철, 「몰락하는 신생—'만주'의 꿈과 「농군」의 오독」, 『'국민'이라는 노예』, 삼인, 2005.

식민주의의 내면화와 확대 재생산의 문제는 내부 식민지 문제를 낳기도 했다. 제국주의를 복사(모방)한 식민지 부르주아가 그 시선을 내부로 돌릴 때 내부 식민지가 발생하는 것이다. 이를 젠더의 측면에서 바라본 것이 이혜령의 「남성적 질서의 승인과 파시즘의 내면화」(『한국현대소설연구』, 2002. 6)이며 계급적인 측면에서 바라본 것이 윤대석의 「'국민문학'의 양가성」(『트랜스토리아』, 2003년 상반기)이다. 식민지 본국 남성 · 부르주아는 식민지 민중 · 여성과의 차별화를 통해서 식민지 본국인과의 차이를 무화시키려고 하고, 이 과정에서 제국주의 시선을 내면화 · 확대 재생산한다는 것이다.

파시즘 연구와 이에서 촉발된 식민지 연구는 이처럼 다채로운 성과를 낳았음에도 불구하고 심각한 비판에 직면하게 되었다. 이것은 저항과 주체, 그리고 구조와 관련되어 제기된다.

> 탈근대 담론의 가장 중요한 목표는 '주체의 해체'라고 생각된다. 탈근대 담론은 근대성의 핵심에 '주체'의 문제가 놓여 있다고 보는 듯하다. 그 주체가 인간이든 남성이든 부르주아든 백인이든 근대의 주체 중심주의는 주체에 속하지 않는 타자들을 배제하고 억압해왔다고 탈근대 담론은 비판한다. 근대의 계몽 기획이 주체를 세우고 확장하기 위한 노력이었다는 점에서 탈근대 담론의 비판은 정곡을 찌르는 바 있다. 하지만 주체 해체가 초래한 주체의 부재 상태는 '누가' 근대 극복을 실천할 것인가라는 상식적인 질문 앞에서 탈근대 담론을 곤혹스럽게 만든다. 근자에 유행하고 있는 해체론적 탈식민론의 경우도 그러한 곤경에서 자유롭지 못하다.[38]

37 김예림, 『1930년대 후반 근대인식의 틀과 미의식』, 소명출판, 2004; 홍기돈, 「식민지 말기 이태준의 소설과 백산 안희제」, 민족문학연구소, 『탈식민주의를 넘어서』, 소명출판, 2006.
38 하정일, 앞의 글, 3면.

> 파시즘 담론은, 심지어 '대중 독재론'으로 발전한 이후에도, 과거의 '지배와 저항의 이분법'에 대한 비판에 치중한 나머지, 저항에 대해서는 거의 고려하지 않고 있는 것이다. 물론 대중 독재론에 오면, 동의의 양상을 충분히 규명하여야만 그 가운데에서도 전개되는 저항의 양상에 대해서 더욱 잘 해명할 수 있다고 밝히고 있으나 아직은 저항의 양상에 대해 해명하려는 의지를 보이지 않고 있으며, 이는 단지 의지나 연구의 양적 축적의 미비에서 오는 것이 아니라 이들이 '헤게모니 지배와 동의'의 패러다임에 치중함으로써, 요컨대 지배와 동의의 이분법에 매몰됨으로써 그때그때 구체적으로 이루어지는 저항 행위 내에서 미세하게 작동하는 계급 역관계의 양상이나 그것의 시간적 변화 양상에 대해서는 몰각하기 쉽기 때문으로 보인다.[39]

파시즘론은 '탈식민'을 주권의 이행에서 해방시켜 식민주의의 다양한 층위를 보여주었지만, 동시에 저항의 가능성, 탈식민·탈근대의 가능성마저 봉쇄했다. 식민지 주체가 식민 담론에 의해 구성되고 생산된다면, 이것을 거부하거나 이것으로부터 벗어나는 것은 어떻게 가능한가에 대한 질문을 그들은 하지 않고 있는 것이다. 주체가 탈중심화함으로써 주체가 기성 체제에 대해 행동을 취하거나 그것에 도전할 수 있는 가능성마저 부정될 수밖에 없는 것이다. 앞에서 말한 '의미 있는 시대착오'가 등장할 수 있는 가능성은 여기에서 온다. '작은 문학주의'나 '작은 주체'의 등장이 그것이다.

이러한 딜레마에 빠진 포스트 콜로니얼 연구에게 매력적인 주제는 '식민지 근대'이다. 식민지와 식민지 본국(제국주의)은 후자가 전자를 억압하고 전자가 후자에 저항하거나, 전자가 후자를 모방하고 반복하

39 신두원, 「파시즘 담론 비판」, 『민족문학사연구소 심포지엄 자료집』.

는 일방적인 관계가 아니라 상호적(대리보충) 관계에 있다. 그렇기 때문에 '작은 주체'든 '큰 주체'든 근대적 주체로 회귀하지 않고서도 행위주체(agent)가 저항 / 협력할 공간이 발생하는 것이다. 권명아는 이것을 '난센스'를 통해서 살펴보고 있다. 그는 파시즘이 일상 · 사적 영역을 정치적으로 전유하기도 하고 그러지 못하기도 하는 틈새 공간을 '난센스'에서 발견한다.

> 전시 동원 체제하에서 일상과 정치, 생활과 국책, 그리고 이에 대한 대응, 경험의 방식은 저항과 협력이라는 기존의 행위 방식에 대한 평가 규정으로도, 또 반사상이나 동의의 만연이라는 구도로도 설명되지 않는 역사적인 복합성을 지니고 있다.[40]

투명하고 순결한 존재로서 주체성을 설정하는 것이 아니라, 이러한 역사적 복합성 속에, 또 요동 속에 주체를 놓아두는 것은 앞에서 살펴본 문화 연구에서 '타자'나 '대중'을 문제 삼는 것과 비슷하다고 할 수 있다. 그것은 주체가 고정된 어떤 것이 아니라 정체성의 정치학 속에서 형성되는 것임을 말하는 것이기도 하다. 여기에다 대고 '그것은 무엇인가'라는 본질주의적 질문을 한다면, 다시 소통 불능의 상태에 빠지고 말 것이다.

40 권명아, 앞의 책, 113면.

4. 생산적인 문학(화) 연구를 위해

한국 근대문학 연구에서 새롭게 발생하고 있는 연구 영역을 문화 연구와 포스트 콜로니얼 연구로 대별하여 살펴보았다. 한국 근대문학 연구에서 이 두 영역은 아직 확실하게 자리 잡지 못하고 있고, 그런 만큼 어디로 나아갈 것인가 예측하기도 어려우며, 어디로 나아가야 할 것인가 하는 당위적인 이야기도 구체적으로 하기 힘들다. 고정적 정체성을 거부하는 연구인만큼 더욱 그러하다. 그러나 단기적인 전망과 과제는 어느 정도 말할 수 있지 않을까 한다.

당분간 한국 근대문학 연구에서 탈근대・탈문학・탈민족의 흐름은 가속화될 것이다. 그러나 문화 연구에는 지금까지 두 개의 장벽이 존재했는데, 하나는 연구 대상의 시기가 근대 형성기를 넘어서지 않은 것이고, 또 하나는 그것이 문학을 문학이게끔 하는 장치들에 대한 연구로서 문학과의 연결 고리를 놓지 않고 있었다는 점이다. 해방 이후로 연구 대상을 넓히면 근대 비판이라는 문제의식 자체는 다소 희미해지겠지만, 실천적인 의미는 더욱 뚜렷해질 것이다. 또한 이미 물꼬가 트인 학제간 연구, 공동 연구가 더욱 활발해짐으로써 학문의 경계는 더욱 모호해질 것이다. 근대적 심성・표상 연구로 나아간다면 인문학 분과 학문들의 독자성은 현저하게 줄어들게 된다. 포스트 콜로니얼 연구에 대해서도 똑같이 말할 수 있다. 식민지 시기에 집중된 연구 대상을 해방 이후로까지 넓히려는 작업은 포스트 콜로니얼 연구에도 반드시 필요하고, 문학 연구를 넘어 문화 연구나 페미니즘 연구와 결합하는 것도 이 연구 영역을 더욱 풍성하고 실천적으로 만드는 방법이다.

문화 연구와 포스트 콜로니얼 연구는 시대착오적인 과거와 대면하고 있을 뿐만 아니라 사태추종적인 현재와도 대면하고 있다. 그 양자와의 긴장의 끈 가운데 하나라도 놓았을 때, 현실 긍정적 풍속사 연구가 되어버리거나, 근대 자체를 강화하는 관조적인 근대학이 되고 말 것이다. 그런 점에서 "지금, 문학(연구)이 내셔널리즘을 붙잡고 치고 박고 하는 것은 마치 싸울 의지가 없는 한 놈을 붙잡고 그 놈이 자진 실토할 때까지 팬다는 정말로 희극적인 상황을 연출할지도 모른다"[41]는 공임순의 말은 의미가 있다. 물론 네이션이 '세계'로 흡수되고 말아 내셔널리즘 비판이 현실의 안락을 위협하지 않는다는 그의 말은 과장이겠지만, 내셔널리즘이 새로운 변형을 시작했다는 현실에 대한 인식이 없으면, 그러니까 유희와 상품의 일종으로 작동하는 현재의 내셔널리즘을 시야에 넣지 않고 과거의 내셔널리즘만 문제 삼는다면, 포스트 콜로니얼 연구도 그 비판성을 잃어버릴 뿐만 아니라 오히려 내셔널리즘 자체를 강화할 수 있는 것이다. 또한 이 점은 문화 연구에도 적용될 수 있다. 식민지 근대화론과 결부되어, 객체화된 자연 풍경처럼 식민지 시대를 흥밋거리로 구성하고 소비함으로써 오히려 근대성을 강화하는 양태들은 속류 풍속사 연구에서 흔히 볼 수 있다. 결국 문화 연구나 포스트 콜로니얼 연구가 현실 속에서 어떻게 작동하고 또 이에 어떻게 실천적으로 개입할 수 있는가를 끊임없이 고민해야 하는 것이다.

---

41 공임순, 「한국(근대)문학의 세 가지 테제에 대한 비판적 재검토」, 『상허학회 심포지엄 자료집』.

친일 청산의 의미와 한계

2006년 12월 '친일반민족 행위 진상규명 위원회'는 한일병합을 전후로 한 시기를 대상으로 두 권의 두꺼운 보고서를 발간했다. 이 보고서는, 1949년 '반민족행위특별조사위원회'의 해체 이후 거의 60년 만에 처음으로 대한민국 정부 차원에서 식민지 체제에 협력한 조선인에 대해 조사한 결과물이다. 그런데 재미있는 것은, 이러한 발표를 환영하는 사람이건 그에 반감을 가진 사람이건 아주 민감하게 반응해야 마땅한 국가 차원의 '친일파' 확정 작업이 예상외로 커다란 화제가 되지 못했다는 점이다. 위원회의 발족에서 일어난 뜨거운 반응과는 다른 이러한 의외의 냉담함은 한미 FTA라는 커다란 국가적 의제에 이 사안이 묻힌 탓이기도 하지만, 또 다른 측면에서는 그만큼 이해 당사자가 적고 이에 대해서는 '국민'적 합의가 어느 정도 진행되었음을 보여주는 것이기도 하다.

그러나 식민지 문제를 공부하고 있는 사람으로서는 이번 조사 보고서에 대해서 감회가 없을 수 없다. 1940년대 초반의 '친일' 문제가 대개는 전쟁 협력의 문제라면, 그렇기 때문에 직·간접적으로 인간을 학살하는 데 관여한 행위를 문제 삼는 것이라면, 이번 조사 보고의 대상이 된, '한일병합'을 전후한 시기의 '친일' 문제는 식민지를 어떻게 해석하고 평가할 것인가의 문제와 직결되기 때문이다.

근대는 식민지와 떼려야 뗄 수 없는 관계에 있다. 근대 자체가 식민지를 만들면서 형성되었다고 말할 수 있을 정도이다. 18,9세기는 산업혁명의 시대, 시민혁명의 시대이면서 동시에 국민국가 형성의 시대, 제국주의의 시대였다. 20세기 초반에 이르면 세계는 정확하게 식민지 종주국과 식민지 피지배 지역으로 양분된다. 아시아에서는 일본과 샴(지금의 태국)을 제외한 모든 지역이 식민지 혹은 반식민지가 되었다. 근대 시민혁명의 이념이 자유·평등·박애로 표현된다면, 세계의 식민지화는 이러한 이념이 식민지인에게는 적용되지 않았음을 보여준다. 시민혁명의 이념은 유럽 정신에 불과했고, 인본주의(humanism)는 비유럽 지역에서는 통용되지 않았다. 비유럽 지역의 주민들은 '인'본주의에서 말하는 '인(人, human)'이 아니었던 것이다.

유럽인들은 식민지를 만들거나 불평등 조약을 맺는 것에 대해 아무런 죄의식도 느끼지 못했고, 지금도 다소 그러하다. 그것은 비유럽 지역으로 진출하여 식민지를 만드는 행위가 '문명의 사명(mission of civilization)'에 의해 뒷받침되고 있었기 때문이었다. 식민지 통치는 착취가 아니라 근대화·문명화라는, 신 혹은 황제의 '은총'을 주는 행위였기 때문이다.

일본은 비유럽 가운데 유일하게 이러한 근대적·유럽적·만국공법적 질서에 편입한 국가였다. 일본이 19세기 후반에 유럽 국가와 맺은 불평등 조약을 파기하기 위해서 지나칠 정도로 서구화에 몰두했다는 사실은 잘 알려져 있다. 일본은 '근대화=제국주의화'라는 서양적 근대의 노선을 충실하게 따랐다. 후쿠자와 유키치(福澤諭吉)의 '탈아입구(脫

亞入歐)'론은 일본이 대안적 근대(흔히 말하는 '동양적 근대')를 만들어내지 못하고 서구적 근대의 노선을 충실하게 밟아 '문명의 사명'을 띠고 동아시아를 식민지화=근대화하기 시작하는 초입에 위치한다. 그렇기 때문에 일본은 유럽의 국가들과 마찬가지로 조선을 비롯한 아시아를 식민지로 삼은 것에 대한 죄의식이 없었고 지금도 대체로 그러하다. 그들이 반성하는 것은 전쟁을 일으켰다는 것, 그것도 서양에 대해 전쟁을 일으켰다는 것에 있고, 제2차 대전이 끝난 이후에 국제적인 심판을 받은 것도 이 부분에 관한 것이었다.

제2차 세계대전은 많은 식민지의 해방을 가져왔지만, 그것은 식민주의에 대한 비판이나 반성과는 거리가 먼 것이었다. 2차 대전 이후 프랑스가 알제리와 베트남의 탈식민화 운동에 대해 얼마나 폭력적으로 대응했는가는 잘 알려져 있다. 나치가 심판을 받은 것은 인류에 대한 범죄라기보다는 유럽인에 대한 범죄 때문이었다고 할 수 있다. 홀로코스트보다 더 큰 인류적 범죄로 볼 수도 있는 아프리카인의 노예화나 비유럽의 식민지화에 대해서는 아무런 심판도 내려지지 않았던 것이다. 그들 나라가 전승국이었기 때문이었다. 역사는 승리한 자가 쓰는 것이다.

이런 점에서 보면 이번 보고서는 세계적으로 유례가 없는 것이다. 어느 편에 서느냐에 따라 선·악이 갈리는 전쟁 협력이 아니라, 어느 편에 서건 인류에 대한 범죄가 되는 식민지화에 협력한 자들을 단죄하는 것이기 때문이다. 그만큼 '친일반민족 행위 진상규명 위원회'의 활동은 중요한 것이다. 근대화·문명화라는 면죄부를 받으며 정당화되어 왔던 식민주의에 대해 역사적 철퇴를 가할 계기가 여기에 있는 것이다. 자국의 식민지 경영에 대해서는 둔감하면서도 나치와 그 협력자에 대해서는 치졸할 정도로 단호했던, 그렇기 때문에 '친일파' 청산을 부르짖는 사람들이 곧잘 모델로 삼는 프랑스도 하지 못했던 정말 용감한 행위라 하지 않을 수 없다.

그러나 이 위원회뿐만 아니라, 지금 우리 사회의 담론은 이 문제를 세계사적인 식민주의의 문제가 아니라 특수한 민족적 문제로 부단히 축소하고 있다. '친일반민족 행위'라는 위원회의 명칭과 '일제하 반민족 행위 진상규명에 관한 특별법'이라는 법률 명칭에서 그것이 확연히 드러날 뿐만 아니라, 이번에 발표된 보고서의 내용에서도 그것은 잘 드러나고 있다.

1904년에서 1919년까지를 그 대상으로 하고 있는 이번 조사 보고서는, 결국 사람에, 그러니까 인적 청산에 집중한다. '친일' 행위를 한 사람이 '친일'파가 아니라, '친일'파의 행위가 곧 '친일' 행위가 되는 것이다. 이렇게 개인적 범위로 '친일'이 축소됨으로써, 근대 초기 대한제국인 및 식민지 조선인 일부에게 공통적으로 있었던 사상(이데올로기)은 시야에서 사라지고 만다. 포상이나 작위 같은 대가가 한 인간을 움직인다는 것은 틀림없는 사실이지만, 그에 못지않게 인간은 사상적 동물이기도 한 것이다. 사실 우리가 문제 삼아야 하는 것은 물질적 대가가 아니라 사상이다. 물질적 대가를 바라고 체제에 협력하는 인간은 어떤 수단을 쓰더라도 역사에서 근절시킬 수 없다. 우리가 되돌아보고 극복해야 할 것은 식민주의를 내면화하고 그것을 유포하게 하는 사상적 확신이다. '친일'파가 무서운 것은 그들이 파렴치한이기 때문이 아니라, 그들이 당시의 세계사적인 시각 하에 식민주의를 정당화한 이데올로그이고 그들의 행위가 어느 한 측면에서 정당성을 확보하고 있기 때문이다.

따라서 여기서 문제 삼아야 할 것은 '친일' 행위가 아니라, '친일' 행위를 낳은 '근대주의=식민주의'라는 사상이다. 그러나 '친일' 청산을 주장하는 사람들은 근대주의와 식민주의를 분리할 수 있다고 생각하거나, 혹은 식민주의조차도 반성의 대상에 넣지 않고, 오로지 우리 민족의 식민지화만 문제 삼고자 한다. 여기에서 '친일파' 청산을 둘러싸고 벌어지고 있는 대립을 넘어서는, 우리 사회가 가진 묵계가 성립한다. 그것은 '민족'과 '근대'를 당연한 것으로 받아들이는 암묵적인, 그러나 비열하기 짝이 없는 '우리들'끼리의 약속이다.

'친일파' 청산에 반대하는 사람들이 곧잘 그 근거로 내세우는 것은 식민주의의 또 다른 얼굴인 근대화이다. 이를 식민지 근대화론이라고 부를 수 있다. 2006년에 나온 『해방 전후사의 재인식』이라는 책이 이를 대표한다. 그들은 일본의 식민지 체제가 한국의 근대화에 초석을 놓았다는 점을 적극적으로 평가하고 '친일파'도 그 연장선상에 놓는다. 그러나 식민지 근대화론도 민족을 부정하지는 않는다. 반민족 행위는 밉지만 근대화에 대한 공로는 인정해야하지 않는가 하는 것이 이들의 논리인 것이다. 이들과 정면으로 대립하고 있는, '친일'파 청산을 강력하게 요구하는 사람들이 내세우는 것은 '민족'이다. 이를 식민지 수탈론이라고 부를 수 있다. 이 논리에서 보면 식민지는 근대를 낳지 못하거나 왜곡된 근대만을 낳는다. 근대란 민족의 자력에 의해서만 이루어지는 것이기 때문이다. 그러나 이 논리도 근대화의 주체만 다를 뿐이지 '근대화' 자체는 긍정하고 있다. 이처럼 식민지 근대화론과 식민지 수탈론, 그러니까 '친일파' 청산론과 '친일파' 정상 참작론은 서로 강조점은 다르지만 '민족'과 '근대'를 긍정하는 데에는 암묵적인 합의를 하고 있는 것이다.

나는 민족주의나 근대주의(개발주의)를 긍정하는 한, 식민주의의 청산은 불가능하다고 생각한다. 근대주의는 식민지와 더불어 생겨났고 식민지를 거울로 해서 자신을 형성하였다. 민족 근대화의 끝이 제국주의가 되리라는 것은, 다른 나라의 예를 들 것도 없이 아직 세계 10위권에도 못 드는 이 나라가 외국인 노동자를 어떻게 취급하고 있는가를 보면 금방 알 수 있다. 식민지 해방 전쟁인 베트남 전쟁을 제국주의의 입장에서 개입한 전범들에 대한 단죄가 없는 국가에서 '친일파' 청산은 언어도단에 불과하다. '친일반민족 행위 진상규명에 관한 특별법'이 설정하고 있는 '민족 정기의 회복'이라는 법익은 그 법의 또 다른 목표인 '사회 정의의 실현'과는 거리가 먼 것이다. 외국인 노동자들은 '민족 정기의 회복'이라는 말을 어떻게 받아들일까. 일본의 거리에서 심심찮게 만날 수 있는, 검은 자동차 위에서 군복차림으로 연설하는 우익의 연설에서 내가 느꼈던 섬뜩함, 그것이 아닐까 하고 생각한다. 그것이 과연 사회 정의일까. 사회 정의라면 누구의 사회 정의일까. '식민주의' 청산이 아니라 '친일' 청산이 될 때, 인류에 대한 범죄가 아니라 민족에 대한 범죄라고 할 때, 사회 정의는 우리들만의 잔치, 타자를 배제하고 억압하는 죽음의 잔치가 되고 말 것이다. 그것은 단순한 수사의 문제가 아니라 우리가 어떤 사회를 만들어나갈 것인가 하는 미래의 문제에 속한다.

서사를 통한 기억의 억압과 기억의 분유

1. 기억과 역사

'역사'라는 말의 울림이 예전 같지 않다. 얼마 전까지만 해도 효력이 있었던 "역사가 심판하리라"라든가, "역사 앞에서"와 같은 수사들이 더 이상 고유의 무게를 가지지 못하게 되었다. 개인적 경험의 영역을 뛰어넘어, 진보라는 자율적 질서 속에서 계급・민족・국가라는 거대 주체가 그려내는 시간으로서의 역사, 그러니까 "다른 어떤 것에도 구속되지 않고 스스로의 동력으로 움직여 가는 실체, 스스로를 심판하는 법정"[1]으로서의 역사라는 근대적 역사 개념은 그 유효성을 의심받고 있다. 심하게 말하면 역사는 기껏해야 서점 한 가운데를 차지하고 있

1 Reinhart Koselleck, "Geschichte, Historie", *Geschichtliche Grundgegriffe*, vol.2(Stuttgart, 1992), 593면; 전진성, 『역사가 기억을 말하다』, 휴머니스트, 2005, 41면에서 재인용.

는 각종 풍속사 · 생활사 서적이나 TV 사극, 영화, 그리고 잘 가꿔진 사적(史蹟)을 통해서 소비되고 있을 뿐이다.

'역사'를 대신해 등장하고 있는 것이 기억이라는 개념[2]이다. 역사학에서 역사를 대신해 기억이 등장하게 된 배경에는 파편화된 개인적 체험이라는 현대적 삶의 조건과 더불어 보편적 서양 이성에 대한 반성이 있다. 그러니까 범박하게 말하자면 서구 · 남성 · 엘리트의 자기실현으로서의 '역사'에 저항하는 담론으로서 타자들의 기억 담론이 등장하게 된 것이다. 종래의 역사가 자민족 중심주의, 엘리트주의, 남성 중심주의에 기반하고 있었다면, 기억은 그 속에서 배제되었던 타자의 경험을, 혹은 타자적 경험을 드러낸다.

변증법적 과정으로서의 역사도 이러한 타자의 경험을 내화하려 했지만, 그 한계가 지금 드러나고 있다. 풍속사나 생활사의 경우, 처음에는 타자적 기억의 문제로 등장했지만, 지금은 그 자체가 자동화 / 자율화되어 정보들의 집적물로 내려앉아 버렸다. 그것들은 각각의 역사 정보가 연관성 없이 나열되어 있는 카탈로그식 역사 서술[3]이라 할 수 있다. 반면에 최근의 과거사 청산 문제는 억압된 기억을 내세우지만 여전히 자민족 중심주의에 매몰되어 있으면서 역사의 주도권을 누가 쥘 것인가(엘리트인가 민중인가)하는 문제가 되어 버렸다. 이러한 과거의 양극화, 그러니까 파편화된 정보와 추상화된 역사 인식 사이를 매개해줄 수 있는 것은 사회적 관계 속에서 형성되는 '기억'이다. 기억은 동일자 내로 흡수되지 않는 타자의 체험을 분유(分有)하면서 공동체의 과거 인

---

2 기억과 역사에 관해서는 전진성의 위의 책과 오카 마리의 『기억 / 이야기』(岩波書店, 2000)를 참조했다.

3 현대의 문화를 '카탈로그식 문화'로 규정 · 분석한 것은 와타나베 히로시(윤대석 옮김, 『청중의 탄생』, 강, 2006, 126면)였는데, '카탈로그식 역사 서술'이라는 말은 여기에서 따온 것이다.

식을 새롭게 재구성하는 데 핵심적이기 때문이다. 또한 기억은 이야기를 통해 드러난다.

근대 사회에서 신의 퇴조와 소설의 부흥은 동전의 양면과 같으며, 신이 없는 세계, 인간 중심의 세계에서 사회를 조감하고 인간이 구성하는 다양한 공동체를 초월하여 사회를 객관적으로 파악할 수 있는 시점은 바로 국민국가의 시점, 혹은 역사의 시점이고, 그 시점으로 개인적 체험을 가공해내는 것이 소설이다.[4] 소설을 개인적 체험의 주절거림이 아니라, 소설이게끔 해주는 것은 역사 인식이며, 역사 인식을 보증해주는 것은 국민국가나 민족이라는 주체이다. 그런 점에서 본다면 소설은 일종의 민족 이야기에 지나지 않는다.

그러나 반면에 소설의 잡스러움은 역사 연구와 소설을 구분해주면서 소설 속에 타자의 체험을 아로새겨 넣는다. 역사와 소설이 모두 과거를 재구성함으로써 현재의 정체성을 구성하는 이야기 양식의 다른 모습이지만, 소설은 역사학이 스스로를 부정하지 않으면 얻을 수 없는 일회성(사건성)을 포함하고 있다는 점에서 타자의 체험, 혹은 타자적 체험을 분유할 수 있는 가능성을 남겨두고 있는 것이다.

이 글은 위와 같은 문제의식을 가지고, 해방 직후의 소설을 검토함으로써 소설이라는 이야기 양식이 과거를 어떻게 기억하는가, 타자의 체험, 혹은 타자적 체험을 어떻게 처리하고 있는가를 살펴보는 것을 목적으로 하고 있다.

4 오카 마리, 앞의 책, 13~14면.

2. 기억과 망각

1945년 8월 15일에 대한 집단 기억으로서의 역사(국사 교과서)를 고찰한 논문[5]에 따르면, 광복절로 상징되는 8·15에 대한 기억은 각 개인이 처한 상황과 지역에 따라, 그리고 시기에 따라 달랐지만, 국민국가의 역사 서술은 그 기억을 억압하고 망각하면서 시기에 따라 조금씩 다른 집단 기억을 만들어왔다고 한다. 개인적 기억조차 집단 기억과의 관계 하에서 만들어지기도 하고 조정되기도 한다는 점을 생각하면 그것은 집단 기억의 영역을 벗어나지 못하지만, 어떤 부분에서는 개인적 기억이 집단 기억으로서의 공식 역사와 어긋나는 부분도 있다. 8·15에 대해 어긋나는 가장 큰 부분은 해방의 예측 불가능성(우연성)이라는 개인적 체험과 독립 운동의 필연적 결과라는 공식 역사 사이의 틈이다. 이 틈은 미체험자에게는 상당히 이해되기 어려운 부분인데, 그렇기 때문에 이러한 개인적 체험을 미숙성으로 표상하여 억압하고 망각한다.

한편 개인적 기억과 공식 역사 간의 이러한 간극을 해결하기 위해 체험자들은 일제 말기의 체험을 기억 속으로 불러내어 그 가운데 일제가 패전할 징조나 예감을 과장해서 서술한다. 그렇다고 해서 이러한 예감이나 징조가 일제 말기에 개인적 체험 속에 없었다는 말은 아니다. 다만 행동으로 드러나지 않은 예감이나 징조가 8·15 이후에는, 일제 말기의 개인의 행동을 규제했던 사고에 대한 기억을 억압하고 망각시킨다는 점을 지적하고 싶을 뿐이다.

5 신주백, 「한국 교과서에 기억된 8·15, 망각된 8·15」, 아시아평화와 역사교육연대 엮음, 『한·중·일 3국의 8·15 기억』, 역사비평사, 2005.

오히려 개인의 체험 영역 속에서 국내 대부분의 문학자들에게 해방은 도적같이 왔다. 이러한 우연성은 개인의 정체성에 혼란을 가져왔다. 채만식의 「민족의 죄인」이나 김팔봉의 회고록 등에서는 해방이라고 하면 곧 그 이후의 사회적 혼란이 예기된다고 했지만,[6] 사실 더욱 심각한 것은 개인적 정체성의 혼란이었다. 이러한 정체성 혼란을 해결하기 위해서 필요한 것이 이야기, 곧 서사였다. 일본 국민[7]에서 새로운 국민으로의 정체성 전환은 일본 국민으로서의 기억들을 억압하고 망각함으로써만 가능했고 그 망각과 기억의 양식이 서사였던 것이다. 프로이트는 기억으로부터 탈락되는 사소한 체험의 망각과 구별되는 좀 더 구성적인 망각을 상흔(Trauma)과 억압이라는 개념을 통해 이론화했다.[8] 그에 따르면 고통스러운 체험에 대한 기억은 무의식 속으로 억압되지만 완전히 사라지는 것이 아니라 상흔으로 남는다는 것이다. 이러한 상흔은 무의식적 행위로 표출되는데, 이것을 순화하고 올바로 재생시키기 위해서는 인위적인 구성 작업, 곧 기억 작업이 요구된다. 이렇게 순화된 과거는 망각을 통해서, 곧 새로운 기억을 통해서 정체성을 구성하는 일부가 되는 것이다.

그렇다면 무엇이 망각되었는가. 그 망각된 것을 들추는 것은 또 무슨 의미인가. 망각된 것 같지만, 무의식 속에 상흔으로 남아서 때때로 우리를 괴롭히는 그것은, 최인훈의 표현(「총독의 소리」)으로 보자면 "충용한 제국 신민 여러분"이라는 말이 가진 매력이다. 일본 제국에 편승해서 제국 신민으로서 아시아에 군림하고자 했던 욕망, 그것이 억압되

6 김팔봉, 『김팔봉전집』, 문학과지성사, 1988, 111면.

7 물론 일제 말기의 문학자들이 일본 국민으로서의 정체성을 확고하게 가지고 있었던 것은 아니다. 오히려 일본 국민이면서도 식민지인인 분열되고 요동하는 정체성을 가지고 있었다고 하는 편이 정확할 것이다.

8 프로이트의 망각 개념에 대해서는 전진성, 앞의 책, 69~74면 참조.

고 망각된 것이라 할 수 있다. 이러한 욕망은 말로나 글로나 행동으로 표시되기는 어려웠지만, 해방 직후에는 그러한 감각의 편린이 존재하고 있었던 것이다.

> 자기비판이라는 것은 우리가 생각던 것보다 더 깊고 근본적인 문제일 것 같습니다. 새로운 조선문학의 정신적 출발점의 하나로서 자기비판의 문제는 제기되어야 한다고 생각합니다. 그런데 자기비판의 근거를 어디에 두어야 하겠느냐 할 때 나는 이렇게 생각합니다. 물론 그럴 리도 없고 사실 그렇지도 않았지만 이것은 단순히 예를 들어 말하는 것인데 가령 이번 태평양 전쟁에 만일 일본이 지지 않고 승리를 한다, 이렇게 생각해 볼 순간에 우리는 무엇을 생각했고 어떻게 살아가려고 생각했느냐고. 나는 이것이 자기비판의 근원이 되어야 한다고 생각합니다. 이 때 만일 '내'가 일개의 초부로 평생을 두메에 묻혀 끝막자는 것이 한 줄기 양심이 있었다면, 이 순간에 '내' 마음속 어느 한 귀퉁이에 강잉히 숨어있는 생명욕이 승리한 일본과 타협하고 싶지는 않았던가? 이것은 '내' 스스로도 느끼기 두려웠던 것이기 때문에 물론 입 밖에 내어 말로나 글로나 행동으로 표시되었을 리 만무할 것이고 남이 알 리도 없을 것이나 그러나 '나'만은 이것을 덮어 두고 넘어갈 수 없는 이것이 자기비판의 양심이 아닌가 하고 생각합니다. 이럼에도 불구하고 이 결정적인 한 점을 덮어 둔 자기비판이란 하나의 허위상 가식이라고 생각합니다.[9]

정도의 차이는 있지만, 제국에 대한 매력과 반감[10]은 일제 말기 문

9 「문학자의 자기비판」(『인민예술』, 1946.10)에서의 임화의 발언.

10 이러한 시각은 "일제에 종속된 위치에 분노하면서, 동시에 처음 맞부딪힌 근대성에 환희를 느낀 식민지기를 산 우리 선조들의 복잡한 심사"를 헤아린다는 『해방 전후사의 재인식』(책

학자들에게 동시에 존재하는 것이었다. 일제 말기에는 매력 쪽이 언표화되고 반감이 행간에 드러났다면, 해방 이후에는 그 관계가 역전되거나 매력 쪽이 무의식 속으로 억압되어야 했다. 그러나 임화의 말대로 그러한 매력과 정면으로 대결하지 않으면 그것을 극복할 수 없다. 과거 자체는 청산의 대상이 아니라 끊임없이 교차하는 기억과 망각의 대상으로서 극복될 수 있을 뿐이다. 과거를 극복한다 함은 과거가 우리에게 큰 부담으로 다가올 때 그것을 회피하지 않고 끊임없이 대면함으로써 그것이 더 이상 우리를 억누르지 않고 오히려 한층 고양시킬 수 있도록 자리매김하는 것이다.[11] 1945년 8·15 이후 공식 역사에 의해 억압되었던 '제국에 대한 매력'을 언표화하지 않으면 그것은 끊임없이 우리의 무의식속에서 작동하면서 언젠가 부활될 날만을 기다릴 것이다. '친일'의 문제가 현재 의미가 있다면 그러한 점 때문일 것이다. 그렇다면 서사, 곧 이야기는 이 문제를 어떻게 처리했던가.

3. 타자 체험을 망각 / 억압하는 서사

채만식의 「역로」(『신문학』, 1946.6), 「낙조」(『잘난 사람들』, 1948), 「민족

세상, 2006, 15~16면)의 편자들의 인식과는 공통되는 점도 있고, 그렇지 않은 점도 있다. 『재인식』의 편자들은 복잡한 심사를 이야기하지만 실제로는 근대성의 환희에 주목하는 식민지 근대화론에 기대고 있다면, 이 글의 시각은 근대성을 지배로 보아 그에 대한 성찰이 필요하다는 입장이다. 매력이라고 표현한 것은 타자 지배의 욕망에 대한 매력을 의미하고, 그에 대한 반성과 비판이 곧 친일 극복의 핵심이라는 것이다.

11 전진성, 앞의 책, 159~161면.

의 죄인」(『백민』, 1948.10~11)은 작가의 친일 부역 문제를 정면으로 다룬 소설이다. 그러나 "친일의 전력 때문에 괴로워하다가 마침내는 민족적 자기 비판론이라는 괴논리로 과거 행적을 합리화하기에 이"[12]른다. 이러한 자기 합리화는 기억의 억압에 기초해 있고, 다음과 같은 몇 가지 경로를 가지고 있다.

첫째는 개인적 양심의 문제에서 출발하여 민족의 문제로 비약한다는 점이다. 개인의 양심은 계량화될 수 있는 것이 아니다. 채만식도 이 점은 잘 알고 있다. 「민족의 죄인」에서 아내가 한 말처럼 "형벌이 죌 속량해 주는 건 아니"[13]고 "아무리 정강이께서 도피하여 나왔다고 하더라도, 한번 살에 묻은 대일협력의 불결한 진흙은 나의 두 다리에 신겨진 불멸의 고무장화"이며 "씻어도 깎아도 지워지지 않는 영원한 '죄의 표지'"[14]라고 할 수 있다. 그러나 이렇게 절대화된 양심은 다른 사회 구성원과의 관계 속에서 상대화되어 간다. 집안에 재산이 있는 덕분에 양심을 지킬 수 있었던 윤, 호구를 위해 신문사에 남아 신문을 만드는 대일협력을 한 김과의 관계 속에서 자신의 대일 협력 정도가 측정되는 것이다. 나아가서는 벼를 공출한 농민, 식민지 경제를 지탱한 은행원의 대일 협력과 비교되고 결국에는 민족 전체로 비교 대상이 확장된다.

그러나 여기서 문제점은 "그럼 친일파나 민족 반역잔 한 놈두 없"[15]는 '죄인의 민족'을 만들어 자기 책임을 회피하자는 것에 있지 않다. 거꾸로 '죄인의 민족'을 만들지 않기 위해서 양심을 계량화하여 등급을 분류하는 것, 그러니까 양심의 상대화에 있다. 그럼으로써 자신을 "군

---

12 김윤식 · 정호웅, 『한국소설사』, 개정증보판; 문학동네, 2000, 345면.

13 채만식, 「민족의 죄인」, 『채만식 전집』 8, 창작과비평사, 1989, 455면. 『백민』에 실린 원문과 대조하여 인용하였다.

14 위의 책, 441면.

15 위의 책, 451면.

소급의 죄인"[16] 혹은 "삼천만 가운데 장정의 태반"에 포함시킴으로써 "처단에 경중"[17]을 두어 양심의 문제로부터 벗어나고자 하는 욕망에 문제가 있다.

그러나 민족을 유지시키기 위해서는 개인의 양심 속에 들어있던 대일 협력의 기억을 외화시켜서 특정한 인물에게 집중시킬 필요가 생긴다. 자기 내면 속에 '죄의 표지'처럼 숨겨져 있던 악의 징조들을 표상하는 특정한 외부적 존재를 만들어내는 것, 이것은 서구적 이성이 행해온 배제의 논리라 할 수 있다. 서구 이성은 서구의 타자를 악의 표징으로 삼음으로써 자기 내부의 분열을 봉합하고자 한다. 여기에는 논리적 비약이 있기는 하지만, 이것이 주체가 확장될 때 일반적으로 일어나는 일이라는 점을 생각하면 개인의 양심이 민족으로 확장되면서 발생하는 문제를 지적하는 것도 무의미하지는 않을 것이다. 그러니까 해방 이후 대일 협력의 문제가 해결의 실마리를 보이지 않는 큰 이유 가운데 하나는 이것을 외화 시키려는 욕망 때문이다.

이 문제는 두 번째의 경로, 즉 일제 말기의 과거에 대한 기억 / 망각과도 관련되어 있다. 「민족의 죄인」에서 한 번의 '중일전쟁' 표기 이후에 계속 등장하는 '일중전쟁'이라는 표기에서 알 수 있듯이(오기이건 오식이건 간에 그것을 그다지 문제 삼지 않았다는 점에서), 해방 이전의 감각들이 어떤 면에서는 유지되고 있었다고 할 수 있다. 그러한 감각들을 제어하여 새로운 주체(정체성)를 만들어내기 위해 과거는 새롭게 기억 / 망각된다. 이 소설에서 화자는 "대일 협력이라는 주권의 이윤이 어떠하다는 것"[18]을 알고 "내 발로 걸어 나갔다"[19]고 하면서 자발성을 인정하

---

16 채만식, 「역로」, 위의 책, 275면.
17 채만식, 「민족의 죄인」, 위의 책, 452면.
18 위의 책, 433면.

고 있다. 그러나 화자 스스로 인정하고 있는 자발성은 '제국에 대한 매력'에 이끌린 것이 아니라, 공포와 폭력에 의해 어쩔 수 없이 한 것으로 기억 / 망각된다. 자신의 친일 행적보다 더욱 길게 서술되어 있는 독서회 사건은 그것을 잘 보여준다. 이 점은 이태준의 「해방 전후」에서도 마찬가지인데, 이 소설에서도 일제의 폭력은 자신의 행위를 정당화시켜주는 구실을 한다.

그러나 공포와 폭력에 의해 강요되어 한 행위는 죄가 되지 못한다. 더 풍요로운 삶을 위한 것이 아니라, 최소한의 생존을 보장받기 위해 한 것으로 자신의 행위를 축소시키는 것은 앞에서 말한 죄인의 등급을 나누는 것과 연관되어 있다. "피의 댓가론",[20] 즉 이번 전쟁에서 조선 민족이 전쟁에 공헌을 해야 그만큼 권리가 생김을 주장하는 "내선일체주의자라는 이름으로 불리는 극단파", 공포에 못 이겨 어쩔 수 없이 대일 협력을 한 무리로 나누어 후자에 대한 면죄부를 주자는 것으로 이어진다. "벌이라는 건 그 범죄가 끼친 영향을 참작하구 범죄자의 정상을 참작하구, 그리구 범죄 이후의 심리와 행동을 참작하구, 그래 가지구 처단에 경중이 있어야 하는 법"[21]이라는 말은 그것을 가리킨다.[22]

그러나 이러한 기억은 다음과 같은 과거를 망각한 데서 비롯된다.

> 인류는 지금 시대를 바꾸며 있다.
>
> 자본주의니 자유주의니 개인주의니 등의 말은 어느덧 역사어로 화하고

19 위의 책, 422면.

20 위의 책, 438면.

21 위의 책, 451~452면.

22 이 점은 백철이 『조선신문학사조사』(백양당, 1949)에서 '암흑기 문학'이라는 항목 하에서 시대적인 압박에 초점을 두어 적극적 · 자발적 친일, 외압에 의한 수동적 동조, 저항으로 당시 문학자를 삼분하는 것과 연동된다. 이것도 또한 소수에게 자기 내부에 있는 욕망의 일부를 전가시키는 것이라 할 수 있다.

세계는 바야흐로 신질서라는 명칭 아래서 자본주의나 자유주의나 개인주의 아닌, 그러나 역사상으로는 전대인 자본주의나 자유주의며 개인주의랄지 전전대인 봉건주의랄지와 동등한 세대적 자격을 가진, 그러하되 봉건주의며 자본주의나 자유주의며 개인주의보다 한 걸음 나아간 한 새로운 시대를 창조하고 있는 중이다.[23]

이 글은 「민족의 죄인」에서 화자가 기억하고 있는 "대일 협력의 첫 걸음이라고도 할 만한" "1943년 2월 황해도로 강연을 간 것"보다 2년이나 이르다. 물론 위의 인용과 같은 추상적인 역사 감각이 드러난 글을 가지고, 자신의 대일 협력이 공포와 폭력에 의한 비자발적 행위였음을 주장하는 화자를 추궁할 생각은 아니다. 이 글은 그 당시에 관례적으로 쓰였던 표현을 고스란히 쓰고 있다는 점에서 상투적인, 따라서 개인의 의지가 거의 들어있지 않은 글이라고도 할 수 있다. 단지 새로운 시대에 대한 막연한 기대감조차 없이 상투적인 표현을 쓰는 것도 쉽지는 않을 것이라는 말은 할 수 있다. 그러한 막연한 기대감은 다음과 같은 문장에 잘 드러난다.

나는 8 · 15의 그런 편안한 해방을 우리가 횡재할 것은 전혀 생각지 못하였다. (…중략…) 오직 한 가지 일본이 패전을 하는 그날 그 순간부터 그동안까지의 치안과 사회질서는 완전히 무능한 것이 되는 동시에 세상은 걷잡을 수 없는 혼란과 무질서의 구렁이 되고 말리라는 것 이것만은 확실한 것으로 나는 믿고 있었다.[24]

---

23 채만식, 「시대를 배경하는 문학」, 『매일신보』, 1941.1.10.
24 채만식, 「민족의 죄인」, 앞의 책, 418면.

이것이 일본의 질서에 대한 매력을 드러내준다고 하면 무리가 있을 것이다. 질서와 무질서의 대비는 어떻게 보면 이데올로기적 의미를 전혀 지니고 있지 않은 것이라고도 할 수 있다. 그러나 이 인용문은, 동학란이나 의병 때문에 혼란했던 대한제국 시기보다 질서가 잡힌 일제 치하가 훨씬 낫다는 「태평천하」의 윤직원을 조롱했던 채만식이 일제 말기를 거치면서 어떻게 달라졌는지를 보여주기에는 충분할 것이다. 이전과는 달리 채만식은 어떻게 해서 '질서'를 선호하게 되었을까. 이 질문은 과연 채만식에게 일제 말기가 어떻게 경험되었을까를 묻는 것이다. 그의 서술대로 억압과 폭력에 의해 반자발적으로 대일 협력을 할 수밖에 없었던 것일까. 아니면 국가의 힘과 그것이 보장하는 질서에 은근한 매력을 느끼고 그것이 사라지는 것을 두려워했을까. 「민족의 죄인」에서 망각되는 것은 이러한 제국의 질서에 대한 매력이다.

세 번째 경로는 화자가 아니라 수신자에게 있다. 「민족의 죄인」이라는 서사의 수신자는 분명 해방된 조선인에 국한되어 있다. '친일'이라는 말을 쓰지 않고 '대일 협력'이라는 말을 쓰면서도 그 죄는 아시아 민중이나 인류에 대한 죄가 아니라 민족에 대한 죄로 축소시키고 있기 때문이다. 이 소설의 제목이, 그리고 내포독자가 그것을 잘 보여준다. 여기에는 또 하나의 망각이 존재한다. 그것은 일제 말기에 그가 쓴 다음과 같은 글과의 비교에서 잘 드러난다.

> 어떤 한 우수한 민족이 다른 어떤 우수치 못한 민족에 비하여 보다 높은 지위가 요구되는 것은 마치 성인이 소아에게 비하여 보다 많은 식량이 요구되는 것과 조금도 다를 바 없이 지극히 자연한 현상인 것이다.
>
> 동시에 그 우수한 민족이 우수치 못한 다른 민족을 사회적으로 영도를 하게 되는 것도 또한 당연한 현상인 것이다.

(…중략…)

내란과 군벌과 탐관오리에 백색 자본의 착취와 그리고 쿠리와 아편 이것 밖에는 없던 과거의 지나 민족……

(…중략…)

지나라고 하는 국토는 지나 민족에게 대하여 확실히 과분한 덩치다.

(…중략…)

우리 일본 민족에 의한 지나 대륙의 경륜은 한 우수한 민족으로서의 정당한 권리요, 따라서 하나의 세계사적 필연인 것이다.[25]

이 글도 또한 앞에서 인용한 「시대를 배경하는 문학」처럼 당시의 상투어들로 가득 차 있어 채만식의 망각을 상기시키기에는 충분하지 못하다. 이 글은 신체제론와 더불어 당시 담론의 헤게모니를 장악하고 있던 동아신질서론이라는 점에서 그러하다. 잡지에 글을 쓰자면, 이러한 표현을 쓰지 않으면 안 되는 사정이 분명히 있었을 것으로 추측할 수 있다. 그러한 사정을 구구하게 나열한 것이 바로 「민족의 죄인」이라 할 수 있다. 그러나 최소한 채만식의 논리에 따른다 하더라도, 살기 위해서 어쩔 수 없이 위해를 가할 수밖에 없었던 조선 민족에 대한 사죄와 반성은 있었지만, 마찬가지 이유로 위와 같은 글을 써서 본의와는 상관없이 대륙 침략을 정당화했던, 그 수신자인 중국인에 대한 사죄와 반성은 없었다는 것은 명백하다. 이것은 해방과 동시에 민족적 타자를 망각함으로써, 그러니까 오로지 일본=가해자, 조선=피해자라는 관계를 통해서 조선의 정체성을 재구성하려는 욕망에 의해 지탱되고 있다고 할 수 있다. 그렇기 때문에 '제국에 대한 매력'은 강한 민족

25 채만식, 「대륙 경륜의 장도, 그 세계사적 의의」, 『매일신보』, 1940.11.22.

에 대한 열망으로 재편성될 수 있었던 것이다. 그러니까 일본 제국에 협력함으로써 민족적 타자에게 끼친 위해가 망각됨으로써 그것이 무의식(구조) 속에 남아있게 된 것이다. 이 점은 이후의 역사 소재 소설, 즉 「아시아의 운명」(『야담』, 1955.10, 1948년 유고), 「역사」(『신천지』, 1949. 2~3) 등으로 이어진다.

「민족의 죄인」은 이처럼 일본 제국의 힘에 대한 선망, 그리고 중국 민족에 대한 배타적 의식이라는 타자 체험을 억압 / 망각함으로써 채만식 개인의 정체성을 새롭게 재구성하고, 그를 통해 조선이라는 민족의 정체성을 재구성하는 서사라고 할 수 있을 것이다. 이것을 기억의 정치학이라 부를 수 있다.

4. 타자의 체험을 분유하는 서사

앞에서 소설이란 정체성 이야기 혹은 민족 이야기라고 했다. 또 그것은 타자 체험을 억압 / 망각함으로써 가능하다는 것을 말했다. 그렇다면 타자 체험을 억압 / 망각하지 않고 공동체의 집단 기억을 말할 수 있을까. 이 질문은 거대 주체를 상정하지 않고 어떻게 집단 기억을 이야기할 수 있을 것인가로 바꾸어도 상관없을 것이다. 과연 공동체의 타자들의 기억마저 껴안으면서도 주체의 기억을 특권화하지 않는 집단 기억이나 서사가 가능할 것인가. 이 문제는 타자의 체험을 어떻게 분유(分有)[26]하는가에 관건이 놓여 있다.

일제 말기는 한국인에게 다양하게 체험되었다. 이러한 다양한 체험들을 전유 / 횡령하여 저항 / 협력의 역사로 기록하는 것이 국가 / 민족의 역사이다. 그러나 개인적 체험들이 모두 국가 / 민족의 역사로 통합되지는 않는다. 일제 말기 부친이 공직에 있었다는 사실을 자랑스럽게 떠올리는 기억도 적지 않다. 또는 종군 위안부의 기억, 혹은 원폭 피해자의 기억은 국가 / 민족의 역사에 통합될 수 있을까. 종군 위안부 혹은 원폭 피해자의 체험은 타자와 공유 불가능한 체험이 아닐까. 역사 / 서사는 언제나 과거형으로 씌어진다. 역사는, 도저히 의미 부여조차 불가능한 사건성으로서의 체험에 의미를 덧씌워 과거화함으로써 그러한 체험을 순치(馴致)한다.[27] 그러나 신체를 통해 끊임없이 현재로 회귀해오는 체험은 과거화하기 / 이야기하기 / 역사화하기 불가능하다. 이야기될 수 없는, 따라서 의미화도 불가능한 체험을 어떻게 다른 사람, 그리고 공동체와 분유할 수 있을 것인가. 그러니까 체험의 개별성, 일회성, 사건성을 그대로 지니면서도 그것을 다른 사람과 나눌(분유) 수 있을 것인가. 그러한 기억을 민족 / 국가의 역사로 덧씌워 일방적으로 의미화하지 않고 공동체의 집단 기억에 통합시킬 수 있는 가능성은 없는 것일까. 개별성과 보편성을 모두 가지고 있는 소설이라는 이야기는 그러한 가능성을 가지고 있다고 할 수 없을까. 안회남의 「불」(『문학』, 1946.7)은 그러한 가능성의 일단을 보여주고 있다.

이 소설은 징용 귀환자의 이야기를 다룬 소설이다. 화자인 '나'의 마을에 사는 이서방은 보국대로 징용되어 남양에 갔다 온 사람이다. '나'

---

26 분유(partage)란 프랑스 철학자 낭시의 개념이다. 개별 존재의 죽음은 당사자의 유한성만을 드러내는 것이 아니라 그것을 바라보는 사람의 유한성도 드러내는데, 이러한 유한성이 한 사람 한사람의 존재를 결정적으로 분리함과 동시에 무매개적으로 결합시키기도 한다. 이러한 관계 혹은 사건을 분유라고 부른다(Jean-Luc Nancy, *La conmmunauté desoeuvree*, 니시타니 오사무 역,『無爲の共同體』, 東京: 以文社, 2001, 286면).

27 오카 마리, 앞의 책, 8면.

나 이 서방의 매부는 일본으로 징용 갔기에 빨리 돌아올 수 있었지만, 남양으로 징용 간 이서방은 그 거리 때문에 늦게 돌아온다. 게다가 그가 징용에서 돌아와 보니 여섯 살 먹은 아들은 천연두로 죽고, 아내는 다른 남자와 살림을 차리고 있었다. 이서방의 징용 체험은 화자의 입을 통해 다음과 같이 서술된다.

> 트라크(이서방이 징용되어 간 남양군도 가운데 한 섬―인용자)가 폭격을 당할 당시의 일은, 이루 말로 형용해서 이야기할 수 없고, 그냥 불바다였었다 한다. '연기군'에서 간 사람이 사십팔 명이었는데, 살아 돌아온 사람이 불과 일곱 명이다. 물론 그 중에는 병으로 죽은 사람, 또 굶어 죽은 사람, 반은 미치다시피되어 목을 매 자살한 사람들도 끼어있으나, 대부분은 폭격과 함포 사격에 희생된 것이니, 얼마나 무섭고 놀라운 사상률이냐.[28]

이서방의 체험은 여러 가지 통계로 제시되지만, 결국은 "이루 말로 형용해서 이야기할 수 없"는 것이다. 그것은 "그냥 불바다였"다. 이서방에게 전쟁 체험은 일종의 재난이었다. 개인의 의지와는 무관하기 때문에 그것은 자신으로는 어떻게 해볼 수도 없고, 이해할 수도 없는, 따라서 의미 부여는 꿈도 꾸지 못하는 것이었다. 국가는 일제 말기에는 '보국대'라는 말로, 해방 이후에는 '일제의 잔학상'으로 이러한 체험을 의미화하지만, 개인적인 차원에서 볼 때는 그러한 의미화가 자신의 체험을 설명해줄 수 있는 것은 아니다. 그것은 통곡으로만 표현할 수 있는 그런 체험이었던 것이다.

28 안회남, 「불」, 『문학』, 1946.7, 41면.

한참 모자가 울더니, 조금 후에는 새파란 젊은 여자의 목소리가 끼었다. 물론 달려온 그의 누이였으리라(이런 비창한 통곡소리를 어떻게 붓으로 그려낼 수 없을까!). 나는 그를 좀 방문해 볼까 하고, 그의 집으로 향하여 시적시적 가다가도, 그때의 그 폐부를 찌르고, 창자를 어이는 듯한 통곡소리를 연상하고는, 다시 발길을 돌리고 돌리고 하였다.[29]

안회남 자신이 일제 말기에 규슈 탄광으로 징용을 다녀왔던 것을 생각하면, 그에게도 징용의 체험은 어느 정도 공유되어 있을 것이다. 그러나 화자는, 국가・민족의 역사처럼 이서방의 체험을 모두 다 이해한 것으로 재현 / 대표하지 않는다. 통곡소리는 곧 화자의 재현 / 표현 불가능성을 나타내는 것이라 할 수 있다. 이는 이서방의 체험이 가진 개별성과 사건성을 나눠 가지기 때문에 그러하다. 통곡 소리는 우리가 아무리 그 체험을 의미화하더라도 여전히 남는 잉여가 있다는 것을 보여주는 것이다.

그러면 이서방의 체험은 어떻게 그 개별성을 유지하면서도 공통 기억 속으로 통합될 수 있는가. 그것은 '불'이라는 매개를 통해 가능해진다. 이 소설에는 세 가지 불이 등장한다. 첫 번째는 이서방이 징용지에서 본 '불'이고 두 번째는 대보름의 '불'이며, 세 번째는 이서방이 자기 집에 놓는 '불'이다. 첫 번째의 불은 이서방의 체험이 가진 개별성, 공약불가능성을 나타낸다면, 두 번째의 불은 공동체에서 의미화된 불, 즉 "불을 놓아 태우는 것은, 불노리도 불노리려니와, 온갖 해충을 죽이고, 겸하여 풀잎이 탄 재로써 자연히 비료가 되게 해서, 새봄의 새싹이 잘 돋아나오게"[30] 하는 불이다. 세 번째의 불은 이서방이 징용지에서

29 위의 책, 38면.
30 위의 책, 43면.

의 체험을 현실로 되불러오는, 아니 체험 자체가 이서방에게 사건성으로 현현하는[31] 그러한 불이면서도,[32] 동시에 과거의 체험들을 밑거름으로 현재를 새롭게 살게 하는 의미화된 불이기도 하다. 여기서 개인적 체험은 사회적 문화 속으로 통합될 길을 찾는다.

> 전쟁이 끝난 후에도, 나는 그 섬 속에서, 몇 달 동안이나 먹는 것 없이 살았습니다. 나는 정말은 섬 속에서 불에 타죽었든지, 굶어죽었든지, 왜총에게 맞어 죽었든지, 태평양 바닷물 속에 빠져 죽었든지, 내 손으로 목을 졸라매 죽었든지 했을 겁니다. 내가 이렇게 고향에 돌아와 있는 것은 죽었다가, 다시 살아온 것입니다. 그런데 여기 와서도 다시 살지 않고 옛날처럼 살라니 됩니까. 나는 새루 살아야겠습니다. …… 한분 어머님은 매부에게 매꼈습니다. 나는 인저 부모두, 처자두, 집두, 살림두 다 없습니다. 새로 새 세상을 찾아가겠습니다.[33]

이서방 개인으로 보면 이러한 과정은 체험을 과거화하는 과정이기도 하다. 그러나 그러한 과거화는 그것을 객관화시키는 것과는 다르고, 오히려 체험을 기억하는 것, 즉 체험으로부터 자유로워진다는 것과 체험의 상실을 새로운 정체성을 구성하는 계기로 자리매김하는 것[34]을 의미한다. 동시에 그것은 공동체로 보면 개인적 체험의 개별성을 유지한 채 그것을 분유하여 공동체의 문화적 기억으로 통합하는 과

---

31 오카 마리는 '나'가 체험들을 기억 속으로 불러오는 것이 아니라, 개별화된 사건성으로의 체험이 '나'의 의사와는 관계없이 돌연 도래하기 때문에 '나'는 그 기억에 대해 철저하게 무력하며 수동적이라고 한다(앞의 책, 5면).

32 이서방은 보름의 불노리를 보면서 "나에게 다가오더니, 그렇지만 트라크도에서 자기가 본 불에다 대면 이런 것은 불이 아니라는 말을"(43면) 한다.

33 안회남, 앞의 글, 47면.

34 전진성, 앞의 책, 177면.

정이기도 한 것이다. 안회남의 「불」은 개인적 체험을 과도하게 의미화 하지 않음으로써 그러한 분유가 가능한 서사라 할 수 있을 것이다.

5. 맺으며

8·15를 해방이 아니라 "황량한 폐허"[35]이자 새로운 종속의 시작으로 본 것은 허준이었다. 이 때 종속이란 외세에 대한 종속을 의미하는 것이 아니라, 혁명이나 민족과 같은 추상적 도그마에 대한 종속을 의미했다. 식민지적 폭력의 종말을 의미하는 해방은 곧 또 다른 폭력의 시작을 의미했던 것이다. 그 주체만 바뀌었을 뿐, 증오와 배제의 논리를 작동시키는 것은 동일하다고 그는 보았다. 이러한 폭력의 연쇄 고리를 끊는 방법은 없을까. 작가는, 자신의 유일한 희망이었던 아들을 잃었음에도 불구하고 귀환하는 일본인들에게 따뜻한 연민을 보여주는 노파의 모습에서 그 가능성을 보고 있었다.

> 경이보다도 그것은 인간희망의 넓고 아름다운 시야를 거쳐서만 거둬들일 수 있는 하염없는 너그러운 슬픔 같은 곳에 나를 연하여 주었다.[36]

폭력에 대해 폭력으로써 되갚기보다 연민과 동정을 통해 원한(ressentiment)을 극복하는 것이야말로 "인간 희망"이라고 작가는 말하고

---

35 허준, 「잔등」, 『잔등』, 을유문화사, 1946, 104면.
36 위의 책, 90면.

있다. 노예는 주인과 맞서 싸워 이김으로써 스스로 주인이 되지만 주인과 노예라는 권력 관계는 조금도 변하지 않고 남아 있다. 허준은, 원한을 극복하고 타자와 연대함으로써 이러한 권력 관계 자체를 없애고 모두가 주인이 되는 세상을 노파에게서 발견하고 있는 것이다. 그것이야말로 민족이나 국가와 같은 절대적 타자에 기대어 거기에 종속(subject)됨으로써만 주체(Subject)가 되는 것이 아니라 "한 점 그 먼 불 그늘"처럼 미약하기는 하지만, "제 힘뿐을 빌어 퍼덕"[37]일 수 있는 방법이기도 한 것이다.

해방 이후의 한국 사회는 허준의 바람과는 반대로 진행되어 왔다. 일본인은 물론, 중국이라는 타자, 그리고 내부의 타자의 기억들을 철저하게 억압 / 망각하고 그것을 민족 / 국가의 이야기 / 역사 속으로 통합 / 배제함으로써 스스로의 정체성을 구성해온 것이다. 소설이라는 서사는 그러한 민족 이야기의 한 방편이기도 했고, 반대로 그것의 잉여를 보여주는 방편이기도 했다.

37 위의 책, 같은 면.

일본과 일본인을 바라보는 분열의 시선, 단일한 시선

한국문학 속에는 일본이 없다. 일본인이 성격(character)으로 등장하는 소설은 손에 꼽을 정도로 적다. 일본인이 등장하더라도 정형(stereotype)화되어 있다. 「질소비료공장」(이북명)의 일본인 공장 감독이나, 『상록수』(심훈)의 순사, 『토지』(박경리)의 조선 거주 일본인 등이 대표적이다. 그들은 모두 식민지 및 식민지 이후의 억압 체제가 인물로 형상화된, 과도하게 추상화된 존재라 할 수 있다. 그러한 정형은 일반적인 사회적 통념과 일치한다. 문학이 단순한 사회적 통념에 머물지 않고 표상 아래에 잠재한 인간 성격의 분석에까지 나아간다는 점에 특징이 있다면 이러한 현상은 비문학적이라 할 수 있다. 따라서 한국문학 속에 나타난 일본인 상을 논하기 위해서는 왜 일본인이 소설 속에 등장하지 않는가, 등장하더라도 왜 추상화되어 있는가를 묻는 것이 선행되어야 한다.

우선 생각할 수 있는 것은 실제적 공간의 분할이다. 일제는 한일병합과 동시에 동화 정책을 표방했지만, 사실은 차별 정책(Apartheid)으로 일관했다. 박완서는 「내 소설에 나타난 일본인 그리고 식민지시대」에서 일본인을 볼 기회가 드물었다고 했는데 이것은 서울을 제외하고는 일반적이었다고 할 수 있다. 지금의 서울인 경성에서도 이러한 공간 분할은 다소 철저하게 이루어졌다. 청계천을 경계로 한 남촌(남산 및 명동 일대의 일본인 동네)과 북촌(종로를 중심으로 한 조선인 동네) 사이의 심리적 거리는 이러한 공간 분할을 상징하는 것이라 할 수 있다. 고현학을 표방한 박태원의 소설 『소설가 구보씨의 일일』에서도 주인공 구보는 결코 이 경계를 허물지 않는다. 그는 명치정(지금의 명동) 초입인 조선은행(지금의 한국은행)에서 전차를 내려서도 명치정으로 향하지 않고 장곡천정(지금의 소공동) 쪽을 향한다. 현실 속에서 이미 일본인의 공간은 추상화되어 있거나 삭제되어 있기 때문이다. 그것은 지도 위에서만 표시할 수 있고 현실적으로 체험되지 않는 추상적 공간인 것이다. 마찬가지로 일본인도 현실적으로 체험되지 않는 추상적 인간이었던 것이다. 이러한 식민지인과 식민지 본국인의 분할을 가로지르기 위해서는 현실적 뒷받침이 필요했다. 1940년대의 '내선일체'가 그것이었다.

일본인이 우리 근대문학에 맨 처음 등장하는 것은 이인직의 『혈의 누』이다. 주인공 옥련이를 구해주고 일본으로 데려가 공부를 시켜주는 정상(井上) 군의관과 옥련이를 구박하고 못살게 구는 정상 부인이 그들이다. 이인직은 의도하지 않았겠지만, 이 지점에서 일본인에 대한 이중적 시선이 그대로 드러난다. 하나는 근대적 문명을 체현하고 있으면서 조선인을 구해주는 일본인 상이고, 또 다른 하나는 조선인을 억압하고 지배하려는 일본인 상이다. 각각 정상 군의관과 정상 부인으로 표상되는 두 유형(근대 문명인 / 억압자)은 그 이후 한국문학에서는 물론 일반적 의식에서도 그대로 반복된다. 정대균이 『한국인에게 일본은 무엇인가』에서 보여준 선인과 악인의 공존으로서의 일본인 상이 그것을 잘 말해준다. 사실 이인직은 이 두 유형을 각각의 인물로 분산시켰지만, 근대 문명 자체가 지배와 연관되어 있다는 점을 생각하면, 이것은 이인직의 무의식 속에 있는, 일본과 일본인에 대한 매력과 반감이 동시에 표출된 것이라 할 수 있다.

식민지 본국에 대한 매력과 반감은 식민지인이 가지는 일반적인 심리라고 할 수 있는데, 이러한 논제는 호미 바바로 대표되는 포스트 콜로니얼리즘 이론의 관심사 가운데 하나이다. 이에 따르면 식민지인은 식민지 본국의 담론을 모방하고 반복하지만, 똑같이 모방할 수 없기 때문에 차이를 빚을 수밖에 없고 이러한 차이가 식민지 본국에 대한 매력과 반감을 동시에 드러낸다고 한다. 사실 일본인과 같은 근대인이 되고자 하지 않는다면, 그러니까 일본과 일본인을 모방하지 않는다면, 그러한 근대화를 방해하는 일본에 대한 반감도 드러내지 않을 것이다. 일본인을 바라보는 이러한 분열된 시선을 잘 보여주는 것이 염상섭의 「만세전」이다.

「만세전」의 주인공 이인화는 일본에 있을 때는 일본인을 타자로서 바라보지 못한다. 대상화가 불가능한 존재로서의 일본인은 곧 자기 자신이기도 했던 것이다. 그러나 그가 조선으로 돌아오는 순간 그는 조선인이 된다. 시모노세키 부두에서 그를 조선인으로 만든 것은, 기존의 연구가 말하듯이 조선인의 비참한 현실이 아니라(그는 그 조선인에 자신을 일치시키지 못한다), 그를 조선인으로 호명하는 일본 국가(일본 순사)이다. 이 지점에서 그는 의식적으로는 일본인이면서도 현실적으로는 조선인인, 분열된 자기 자신의 존재를 발견한다. 이에 따라 이인화가 일본인을 바라보는 시선도 분열된다. 일본 순사가 이인화를 조선인으로 호명함으로써 이인화는 일본인을 대상화시켜 바라볼 수 있게 되고, 따라서 일본 및 일본인이 가진 억압성을 인식하게 되지만, 그가 조선을 바라볼 때는 다시 일본인(문명인)의 시선으로 돌아가게 되는 것이다. 그가 보기에 일본인은 조선에서 근대적 개혁의 추진자(총독부의 공동묘지 정책)이면서도 조선 농민을 팔아먹는 파렴치한 지배자이다. 이 소설이 가진 원환적 구조는 이를 상징한다. 덧붙여 말하자면 이기영의 『고향』에서 사용되는 귀향 모티프처럼 직선적인 구조는 이러한 분열에서 멀어져 있다.

앞에서 본 공간적 분할은 이러한 정신 분열을 막는 장치 가운데 하나이다. 조선인이 명치정에 한 발이라도 들여놓는다면 곧 정신 분열을 초래하지 않을 수 없는 것이다. 이러한 정신 분열을 잘 보여주고 있는 소설이 김사량의 「천마」이다. 「천마」의 주인공 현룡은 일본인이 되고자 하는 사람이다. 그에게 일본인은 오로지 근대적 문명인일 뿐이다. 모든 가치를 체현한 존재로서의 일본인이 그가 되고자 하는 목표이다. 그렇기 때문에 현룡은 조선인으로서의 자신의 존재를 지워내려 한다. 겐노가미 류노스케로의 창씨개명이라든가 내선일체의 선전, 조선어 말살의 주장 등은 그의 모방 행위가 극에 달했음을 보여주고 있다. 그러나 현룡이 머릿속에서 그리고 있는 일본인과는 달리 현실적인 일본인은 파렴치한 지배자일 뿐이다. 내선일체를 말하면서도 조선인을 야만시하고 스스로와 차별된 존재로 위치시켜 이용해먹고자 하는 존재들인 것이다. 그렇기 때문에 그들은 일본인이 되고자 하는 현룡의 노력을 헛되게 한다. 현룡이 그토록 혐오한 조선인으로 현룡을 명명함으로써 그것은 간단하게 이루어진다. 현룡은 일본인이 되고자 함과 될 수 없음 사이에서 찢겨진 존재가 되어 정신 분열을 일으킨다. 그는 명치정에는 한 발도 들여놓지 못하고, 일본인 공간의 최하위에 놓여 있는 신마치에 머물 수밖에 없었다. 요보(일본인이 조선인을 비하하여 부르는 말)라는 환청에 시달리며 일본인 겐노가미 류노스케를 인정해달라고 울부짖으면서.

한국인에게 일본인은 양가적인 존재이다. 이러한 양가성은 조선인의 정신 분열을 초래했다. 정신 분열을 상상적으로 극복하기 위해 총독부와 마찬가지로 한국 작가들은 문학의 공간을 분할했다. 그러한 분할을 통해서 일본인을 문학의 공간에서 쫓아내고 스스로의 정체성을 지킬 수 있었던 것이다. 혹은 추상화된 존재로 고정시킴으로써 흔들리는 자신의 존재를 고정할 수 있었던 것이다. 한국인이 일제에 저항하기 위해서는 일본인이 개혁의 추진자가 되어서는 안 되고 오로지 악랄한 지배자가 되어야 했다. 그러나 그렇게 추상화시키더라도 여전히 남는 분열의 징후가 존재한다.

심훈의 『상록수』는 일본인에 대한 시각이 고정되어 있다. 주인공 영신의 농촌계몽사업을 방해하는 일본인 순사의 존재가 그것이다. 그들은 오로지 영신이 조선인들을 계몽하고 교육하는 것(근대화시키는 것)을 방해하는 존재이다. 교과서에도 실린 바 있지만, 금을 긋고 아이들을 밖으로 쫓아내는 장면이 이 소설의 하이라이트라고 할 수 있다. 그러나 자세히 살펴보면 이 장면에서 일본인 순사는 지배자·억압자에만 머물고 있지 않다. 그들이 영신의 사업을 방해하는 방법을 보면 그것을 잘 알 수 있다. 그들이 영신에게 제동을 거는 것은 두 가지 이유이다. 첫째는 시설이 낙후하니 80명 이상의 학생들을 받지 말라는 것이고, 둘째는 기부금을 너무 강제적으로 걷지 말라는 것이다. 이 두 가지 요구는 아주 부당하지만, 아주 합법적이고 근대적이다. 건축법이라는 근대적 법률의 측면에서 보면 시설의 인원 제한은 아주 당연한 것이고, 기부금에 관해서도 마찬가지이다. 그러나 그들의 의도가 조선인의 계몽(근대화)을 가로막는 데 있다는 점에서 억압적이다. 조선의 식민지 통치자로서 일본인은 이 모순과 분열을 한 몸에 가지고 있었다. 그러나 심훈은 일본인을 추상화함으로써 한 면만을 부각시킨다. 그를 통해 자신의 단일한 정체성(저항)을 만들어내는 것이다.

타자를 고정시키는 것은 곧 자기를 고정시키는 것이기도 하다. 타자가 일종의 거울이기 때문에 그러하다. 거울이 흔들려서는 자신의 모습을 고정시켜서 볼 수 없다. 한국문학은 자신의 정체성을 만들어내기 위해 타자를 고정시키거나 괄호 속에 묶어 두었다. 괄호 속에 묶어 두었다는 말은 일본과 일본인이 등장하지 않는 문학이라도 억압자로서의 일본과 일본인이 전제되어 있다는 말이다. 이러한 타자 인식은 일본문학도 마찬가지이다. 일본문학은 한국인 / 조선인을 야만으로 표상함으로써 스스로를 문명으로 파악할 수 있었다. 일본문학 속에서 천편일률적인 조선인 상이 등장하는 것은, 혹은 아예 등장하지 않은 것은 그 때문이라 할 수 있다. 그런 점에서 도덕성의 우열은 존재하지만, 한국문학은 일본문학과 타자 배제라는 측면에서 공모하고 있다고 할 수 있다.

반면에 일본인을 고정된 정체성으로 표상하지 않는 예로 허준의 「잔등」을 들 수 있다. 해방 이후 조선인과 일본인의 관계 역전 속에서 일본인 사냥을 하는 소년과 대비하여 작가가 등장시키는 것은 일제에 의해 자식을 잃고도 귀환하는 일본인을 돌봐주는 노파이다. 그녀에게 일본과 일본인은 억압자였다. 그러나 그와 동시에 일본인은 죽은 아들과 같이 투쟁하던 가도라는 사람의 후예이기도 했다. 타자와 공존할 수 있는 것은 바로 이렇게 타자의 다양성을 인정함으로써 가능하다. 일본과 일본인의 억압성에는 저항하지만, 그들이 가진 해방적 의미는 받아들이는 것이 허준이 말하는 "인간 희망의 넓고 아름다운 시야"일 것이다. 그래야만 자기 자신이 가진, 혹은 한국인이 가진 억압성에도 눈을 돌릴 수 있을 것이다.

2부_ 언어/번역

조선어의 '마지막 수업'

1930년대 말 임화의 언어론

1940년대 한국문학에서의 번역

경성의 공간 분할과 정신 분열

친일문학과 문학교육

조선어의 '마지막 수업'

1. 제3차 조선교육령이 의미하는 것

일제 말기는 일본이 소위 '내선일체'라는 명분하에 조선어 및 조선 문화의 말살과 조선인의 일본 문화로의 동화를 기도하던 시기이다. 중일전쟁(1937) 이전 일본은 일본 본토, 홋카이도, 오키나와 등의 소위 '내지'와 더불어, 식민지로서 '외지'로 표상되던 조선・대만, 그리고 괴뢰 국가인 만주국이라는 '중심－반주변－주변'을 포괄하고 있었다.[1] 일본은 제국의 반주변이었던 조선, 대만에 대해서는, '일시동인(一視同仁)'이라는 동화 정책을 표방하긴 했지만, 동일화와 차별화의 이중 전략을 구사했다.

1 본국과 식민지라는 제국 체제를 '중심－반주변－주변'의 논리로 구획한 논의로는 고마고메 다케시(駒込武)의 『식민지 제국 일본의 문화통치』(岩波書店, 1996)가 있다.

그러나 1930년 말 일본 제국의 범위가 중국 및 동남아시아로 차차 넓어짐에 따라 제국의 질서가 재편되지 않으면 안 되기에 이르렀다. 이러한 질서 재편의 논리는, 중국을 포함하는 '동아신질서론', 동남아시아를 포함하는 '대동아공영권론'으로 점차 변화해갔다. 이러한 가운데 일본 제국에서의 조선의 위치에도 변화가 생겼다. 일본 제국의 판도가 넓어짐에 따라 조선 및 대만을 점차 중심에 편입시켜야 할 필요성이 생긴 것이다. 그것은 판도의 확장과 확장된 영역의 관리에 참여할 더 많은, 국가에 충성스러운 주체가 필요해졌다는 말이 된다. 따라서 일제는 명분에서만이 아니라 실질적으로도 조선인을 일본 국민, 즉 황민으로 호명해야 할 필요가 생겼다. 이것이 '내선일체'를 추진하는 일본 제국의 논리였고 그 최대치가 일본 천황에게 목숨마저 바치는 병사(황군)라는 위치였다.

또한 조선인은 일본의 영역이 넓어짐에 따라 식민지 피지배자의 입장에서 준(準) 식민지 지배자의 위치로 바뀌었다. 이러한 의사(擬似) 주체라는 위치는, 식민지인으로서 차별에 시달려온 일부 조선 지식인에게는 매력적인 것이었다. 민족주의자의 일본주의자로의 전향은 이러한 의사 주체에 대한 갈망에서 비롯된다.[2] 더군다나 동아신질서론은 탈근대주의, 탈서양중심주의, 탈자본주의, 탈자유주의, 탈개인주의, 탈민주주의를 내포하고 있었고, 이러한 점은 사회주의에서 전향한 조선인에게도 매력적인 것으로 비쳐졌다. 당시 소련이 국제주의를 포기하고 일국 사회주의, 혹은 국가사회주의로 변화한 것도 사회주의자의 전향을 정당화하는 역할을 했다. 이렇게 일본에 의한, 제국 주체로의

---

2 이광수를 이러한 관점에서 바라본 것은 이경훈의 『이광수의 친일문학 연구』(태학사, 1998) 및 조관자의 「'민족의 힘'을 욕망한 '친일 내셔널리스트'」(『해방 전후사의 재인식』 1, 책세상, 2006)이다.

호명과 그에 대한 식민지 조선인의 호응(부분적 동의)에 의해 내선일체는 추진되었다고 할 수 있다.[3]

내선일체는 조선과 일본의 제도 및 문화를 일치시키는 것을 목표로 하고 있었다. 그 일치의 방법에 대해서는 엇갈린 반응들이 나왔지만, 결과적으로 추진된 정책들은 일본의 제도 및 문화에 조선인을 동화시키는 것이었다. 거기에는 그동안 조선총독부가 실시해온 각종 제도의 변경이 수반된다. 그 점에서 1938년 4월 신학기의 시작과 더불어 시행된 제3차 조선교육령과 1940년 2월부터 시행된 제3차 조선민사령, 1942년 5월 일본 내각에서 결정된 징병제가 중요하게 된다. '국민 만들기'라는 관점에서 보면, 그것을 전후한 각종 지원병제나 국가총동원법의 적용 등은 전쟁에 따른 응급조치에 불과했다. 이 가운데 문학과 관련하여 가장 중요한 조치는 제3차 조선교육령이었다. 그것이 중요한 이유는 언어에 관한 사항을 포함하고 있었기 때문이다.

육군특별지원병제와 더불어 1938년 4월 1일을 기해 시행에 들어간 '제3차 조선교육령'은, 미나미 지로(南次郎) 총독이, 부임(1936)과 동시에 시정방침으로 내세운 내선일체 운동의 일환이었다. 그것이 초래한 교육상의 변화는 ① 일본·조선 학제의 일치와, ② 조선어의 수의(隨意) 과목화였다. 그 두 가지 가운데 우선하는 것은 학제의 일치였다. 내선일체가 조선과 일본의 제도적 일치를 향해 있었기 때문이다.[4] 학제 일

3 이 시기 사상전향에 관해 최근에 주목해볼 논문으로는 차승기의 「추상과 과잉」(『思想』, 岩波書店, 2008.1)이 있다.

4 '내선일체'가 조선어 및 조선문화의 말살과 곧장 연결되는 것은 아니다. '내선일체'는 제도의 일원화라는 효율성의 측면에 중점이 놓여 있었다. 제도의 표준이 일본의 것이었기 때문에 그에 맞지 않는 조선적인 것이 말살되는 것이었다. 이 점을 이해하지 않으면 조선민사령 개정에 따른 창씨개명(1940월 2월~10월)에서 신청서를 제출하지 않은 20%의 조선인이 이해되지 않는다. 창씨개명은 신청서를 제출하지 않아도 자동적으로 창씨개명이 되는 것이었기 때문에 제도의 측면에서 보면 실제로 100% 창씨개명한 것이 된다(미야타 세쓰코 외 『창씨개

치에 의해 조선인 학교의 명칭(보통학교→소학교, 고등보통학교→중학교)과 이수 연한이 변화되었고, 그에 따라 일본인과 조선인의 공학이 가능해졌다. 거꾸로 말하면 학제 일치의 최종 목표는 일본인과 조선인의 공학(共學)에 놓여 있었다. 조선어 수의 과목화는 이러한 공학과 깊은 관계를 가지고 있었다.

일본인과 조선인의 공학 가능성이 제기되자 일본인에게까지 조선어를 필수로 가르칠 필요가 없다 하여 조선어의 수의 과목화가 그에 연동하여 결정되었다. 조선교육령 개정 과정에서 조선의 언론은 공학이 결과적으로 조선어 폐지를 가지고 올 것이라 하여 공학에 반대하였는데[5] 이는 학제 일치와 조선어 수의 과목화 혹은 폐지의 논리적 연결고리가 공학임을 명확히 인식하고 있었기 때문이었다. 그러한 여론의 반발에 부닥쳐 조선 총독부는 공학과 조선어 폐지는 별개의 문제라고 강변했다.[6] 조선어 수의 과목화는 공학을 관철시키면서도 조선어 폐지라는 반발에서 벗어나려는 총독부의 고육지책이었다. 그렇기 때문에 제도의 명목상의 취지와 실행 내용은 서로 다를 수밖에 없었다.

결국 조선어 수의 과목화는 명목이 수의 과목화이지 그것의 폐지나 다름없었다. 제도 운용에서 자의가 개입할 여지가 많았기 때문이다. 개정 교육령의 학과 규정에는 "조선어는 此를 수의 과목으로 함을 得함"[7]이라고 하여 학생의 선택을 보장하는 듯했다. 그러나 학교 단위로

명』, 明石書店, 1992). 이 점은 조선교육령 개정에서도 마찬가지였다. 그러나 실제로 창씨개명 정책에는 제도의 일치라는 목표와는 다소 어긋나는 문화의 불일치를 인정하거나 조장하는 장치도 있었다(미즈노 나오키, 『창씨개명』, 岩波新書, 2008).

5 『동아일보』는 사설을 통해 "학교명칭 통일이 공학의 준비이며 공학의 실현이 교과목 통일을 위하여 조선어과의 폐지를 결과한다면, 이 공학과 조선어과 폐지에는 찬동할 수 없다."(「다시 학제 개혁에 대하야」, 1937.11.10)라고 하여 조선어과 폐지가 공학의 논리적 결과임을 간취하고 공학을 반대했다.

6 『동아일보』, 1937.11.28.

교장의 재량에 의해 수의과목으로 할 수도 있었고 하지 않을 수도 있었기 때문에 학생의 선택은 불가능했다. 학교 단위에서 수의과목으로 조선어를 선택하지 않는 한 학생이 조선어를 배울 수 있는 기회는 원천적으로 박탈되었던 것이다. 수의 과목화 자체를 의무로 한 것이 아니라, 그것을 도(道)와 학교당국의 선택에 맡겨둔 규정 때문이었다.

또한 명목상으로 존재하는 학교 단위의 선택도 실질적으로는 불가능했다. 제도의 범위 안에서 제도를 남용하는 행위들이 연달아 일어났다. 각 도 당국은 공립학교 교장회의는 물론 사립학교 교장 회의에서도 각급 학교에 조선어를 제외할 것을 요구했던 것이다.[8] 조선의 언론은 이러한 제도를 남용한 조선어 폐지 움직임에 대해 "위정 당국의 의사와 방침이 이러함(조선어의 폐지가 아닌 수의과목화—인용자)에도 불구하고 하급 교무에 당한 교직자 중에는 피교육자가 교육을 받음으로 국민생활상 편익을 얻게 하는 교육의 근본 정신을 몰각하고 조선어과를 폐지하는 것으로써 자기의 교육상 공적을 나타내는 것으로 곡해한다며는 안 될 일이다"[9]라고 하여 비판을 가했다.

이처럼 명목은 수의 과목화이지만 실질은 조선어 교수의 폐지였던 제3차 조선교육령은 문학자들에게도 큰 충격을 주었다. 그것은 조선어 교수의 폐지에 따라 조선어 독자가 차츰 없어질 것이라는, 장래에 대한 위기감에서 오기도 했지만, 그러한 조선어 교수의 폐지가 조선어 창작의 금지로 곧장 이어질 것이라는 위구심에서 오기도 했다. 제도적으로는 조선어 창작 금지가 시행된 적은 한 번도 없었지만, 소위 국어(일본어) 전해 운동, 일본어 문학상 등을 통해 일본어 사용을 반강제적

---

7 『조선일보』, 1938.3.16, 호외.

8 『조선일보』, 1938.4.1.

9 『조선일보』, 1938.10.3.

으로 권장하는 방법을 통해 조선어 창작을 위축시켰다. 이 문제에 대해 가장 민감하게 반응한 작가 가운데 하나가 바로 김사량이었다. 조선어 폐지에 따른 문단에서의 위기감을 다룬 것이 「천마」(『문예춘추』, 1940.6)였다면, 교육에서의 위기감을 다룬 것은 「풀 속 깊이」(『文藝』, 1940.7)였다.

2. 조선어 교수 폐지와 알퐁스 도데의 '마지막 수업'

1938년 4월 1일, 새 학기와 동시에 실시된 제3차 조선교육령이 조선어를 수의과목으로 할 수 있음을 규정하고 있었지만 실제로는 조선어 교수 폐지와 마찬가지 의미를 가지고 있었음을 이제까지 말해왔다. 각급 학교는, 학교마다 시기의 차이는 있지만 이로써 조선어 수업을 폐지하기에 이른다. 마지막 조선어 수업의 광경을 국어학자 이기문은 다음과 같이 기억하고 있다.

> 소학교에 입학하면서 나는 거의 완전한 이중 교육을 받았다. 일제 시대의 우리 민족의 고민을 잘 나타낸 것이었다. 가정에선 민족 교육을 받고 학교에 가서는 일본 교육을 받았으니, 어린 마음에 큰 부담이 아닐 수 없었다. 소학교 4학년 때 '조선어'가 없어지던 마지막 날의 광경은 지금도 내 머리 속에 똑똑히 새겨져 있다.
>
> 그때 우리 담임 선생은 선친의 심우의 한 사람으로 매우 엄격한 분이었는데, 그날은 숙제를 해오지 않은 것도 책망을 하지 않고 두어 시간 남짓

우리말로 편지 쓰는 법을 자세히 가르치고 시조도 몇 수 가르치시더니, 이것으로 조선어는 마지막이라고 하시는 것이었다. 나직하게 떨리는 목소리와 함께 선생의 눈에 눈물이 번쩍이는 것을 보았을 때, 우리 교실은 한동안 울음바다가 되었었다. 내게 소설가의 소질이 조금이라도 있었더라면 아마 알퐁스 도데의 「마지막 수업」보다도 훨씬 감동적인 작품을 쓸 수가 있었을 것이다.[10]

교과서에 수록되어 모두가 알고 있는 도데의 「마지막 수업」의 줄거리는 다음과 같이 요약할 수 있다. 프랑스의 패전과 더불어 알자스 로렌 지방에서는 프랑스어 수업이 금지되어, 프랑스어 교사 아멜 선생님은 그 지역을 떠나야 했다. 선생님은 "프랑스어는 세계에서 가장 아름다운, 가장 또렷하고 가장 강한 말입니다"라고 말하고 마지막에는 "프랑스 만세!"라는 글을 칠판에 남기고 떠나갔다.

이 소설은 『월요 이야기』라는 단편집에 묶여 있는데, 이 단편집은 프랑스가 보불전쟁에 패배하여 알자스 로렌 지방을 잃은 해(1871년)부터 1873년까지 도데가 매주 월요일 파리 신문에 연재한 단편을 모은 것으로 그 주제는 프랑스가 상실한 알자스의 풍광에 대한 안타까운 감정이다. 「마지막 수업」은 그 단편집 맨 앞에 실린 단편 소설인데, 이 소설이 보여준 모(국)어의 상실에 대한 안타까운 감정이 초등학생 이기문의 머릿속에 강렬하게 박혀 있었던 모양이다. 지금도 그러하듯이 조선어가 말살의 위기에 처했던 일제 말기를 이 소설과 겹쳐 읽는 것은 자연스러운 일이다. 그렇다면 이기문이 처음 이 소설을 읽은 것은 언제, 어떤 경로를 통해서일까?

---

10 이기문, 「문학서 남독시대」, 『신동아』, 1980.1, 220~221면.

한글로 「마지막 수업」이 「최후의 수업」이라는 제목으로 박인희에 의해 번역된 것은 해방 이후인 1948년 3월 『조선 교육』에서이다. 그 이후 「마지막 수업」으로 제목이 바뀌어 몇몇 세계 문학 전집에, 또 건국기 및 제1차 교육 과정 교과서에 수록된다. 『월요 이야기』가 모두 번역되는 것은 1972년이다. 재미있는 사실은 이 이후부터 이 소설이 수록되는 작품집의 제목은 원래의 제목인 '월요 이야기'를 제치고 '마지막 수업'이 압도적으로 많으며 작품집의 숫자 자체도 폭발적으로 늘어난다는 사실이다. 여기서 중요한 것은 1930년생인 이기문이 한글로 이 소설을 처음 읽었을 개연성은 적다는 것이다. 「마지막 수업」이 초등학교 고학년, 중등학교 저학년용 도서, 그러니까 소위 말하는 소년소녀 문학이기 때문이다.

그렇다면 이기문이 읽은 「마지막 수업」은 일본어 번역일 가능성이 높다. 그러니까 성인이 된 이후에 「마지막 수업」을 읽고 그것을 조선어 마지막 수업의 기억에 대입한 것이 아니라, 「마지막 수업」을 읽은 경험과 조선어 마지막 수업의 경험이 거의 동시기에 이루어졌을 가능성이 많다. 「문학서 남독시대」라는 글에서는 「마지막 수업」을 읽은 시기를 기록하고 있지 않기 때문에 이것은 추측에 불과하겠지만, 이 추측은 당시 일본어 「마지막 수업」이 유통되는 사정과 일치한다. 30년대 후반 일본의 「마지막 수업」 붐이 그것을 말해준다.

「마지막 수업」이 '最後の授業'란 제목으로 일본어로 처음 번역된 것은 1936년이었다(櫻田佐譯, 岩波文庫). 그 후 1939년 같은 역자에 의해 '마지막 수업'을 표제로 단 단행본이 발행된다(富山房).[11] 그리고 시마자키 도손(島崎藤村)이 편집한 『신일본소년소녀문고』 15권에 수록되는 것은

11 다나카 가쓰히코(田中克彦), 『언어와 국가』, 岩波新書, 1981, 122~123면.

1940년이었다. 1970년대 한국사회에서 「마지막 수업」이 번역 · 유통되는 맥락과 1930년대 후반 이 소설이 번역 · 유통되는 맥락이 거의 유사하다. 즉 당시 일본의 군국주의적 맥락이 바로 그것이다.

> 기묘하게도 「마지막 수업」은 바로 일본의 아시아 침략 한 가운데서 '국어 사랑'의 앙양에 가장 적합한 교재로서 사용되었다. 그러한 국어 사랑의 선양자들은 예를 들면 조선인의 '국어 사랑'에 대해서는 관심을 두지 않았다. 그러나 이 기묘함은 언어적 배경인 알자스에 조선을, 프랑스에 일본을 넣으면 한꺼번에 사라질 것이다. 일본의 아멜 선생에게 조선인은 황민이었기 때문에. 이렇게 생각을 진전시키면 「마지막 수업」의 모국어 사랑이 어떠한 성질의 것이었는지가 확연히 모습을 드러낼 것이다.[12]

전쟁 동원이라는 군국주의적 맥락에서 국어 사랑, 나라 사랑의 의미로 「마지막 수업」이 1930년대 후반에 일본에서 번역 · 유통되었음을 위의 인용에서 알 수 있는데, 이 소설은 스스로를 피해자로 위치시킴으로써 조국애를 합리화하는 내셔널리즘의 내러티브 구조에 적합한 것이었다. 그러한 내셔널리즘의 내러티브는 「마지막 수업」의 창작 과정에도 잠복해 있었다.

다나카 가쓰히코에 따르면 알자스 로렌 지방은 그 이전에도 그 이후에도 프랑스어 사용권이 아니라 독일어 내지 독일어 방언 사용권이라는 것이다. 보불전쟁 시점의 통계는 없지만 1910년의 통계를 보면 독일어 사용자가 주민의 94.6%를 차지한다는 것, 등장인물의 이름 자체가 Frantz(프란츠), Hamel(아멜이 아닌 하멜), Hauser(외저가 아닌 하우저)와

12 위의 책, 127면.

같이 독일식 이름이라는 것 등을 들어 「마지막 수업」이란 국어 사랑을 드러내는 것이 아니라 국어라는 이름의 폭력을 타민족에게 강요하고 언어적 지배의 독선을 드러내는 작품이라고 그는 말한다. 또한 「마지막 수업」을 일본에 번역하고 대대적으로 유포한 맥락도 마찬가지라고 한다. 이기문이 일본어 「마지막 수업」을 읽는 지배적인 사회적 맥락은 이러한 것이었다. 그러나 이러한 사회적 맥락 하에서 조선인이 이것을 읽는 방식은 달랐다고 할 수 있다. 이기문의 글은 그것을 드러내는 것이라 할 수 있다.

그렇다면 당시 조선인에게 「마지막 수업」은 어떠한 의미를 띠고 있었을까. 위 인용문에서 본 이기문의 경우도 그러했지만 조선인들은, 일본의 국어(일본어) 사랑을 고양하는 도구를 조선어 사랑으로 전유하여 이해했다. 1921년생인 작가 이병주는 보통학교 6학년 때 일본인 교장 부인의 권고로 「마지막 수업」을 읽었다고 하는데,[13] 그가 이해한 맥락은 이러하다.

> 어린아이에게도 나름대로의 의식은 있다. 열두 살의 소년인 나는 그 소설에서 받은 충격으로 그때까지 전혀 해보지도 않은 생각에 차례차례로 말려들었다. 첫째 생각한 것은 알사스와 로렌이 어쩌면 우리나라와 비슷한 처지에 놓여 있는 곳이 아닐까 하는 것이었다. 우리 나라도 알사스와 로렌처럼 슬픈 곳이 아닐까 하는 생각이 뒤따랐다. (…중략…)
>
> 가을 학기가 시작한 바로 그날의 방과 후 나는 교장 부인을 찾았다. (…중략…)
>
> "그럼 한때 청국의 속국이었다가 지금 일본 땅이 되어버린 조선 반도와

13 이것은 일본어 번역본과 연대가 맞지 않지만(그가 읽은 소년소녀문학전집에 수록된 것은 1940년), 이 글의 논지에서는 그것은 별로 중요하지 않다.

사정이 같은 나라네요" 하고 부인의 얼굴을 쳐다봤다. 보통학교 6학년이면 그만한 역사 지식은 있었던 것이다. 그때 부인의 그 당황하는 표정을 나는 지금도 잊을 수가 없다.[14]

이병주가 읽은 「마지막 수업」도 또한 일역본이었다. 일본인인 교장 부인의 당황은 국어 사랑, 나라 사랑 속에 타민족어 및 타민족에 대한 억압이 포함되어 있다는 사실의 자각에서 온다. 아마 교장 부인은 조선어=프랑스어, 일본어=독일어라는 것은 생각하지도 못했을 것이다. 그녀가 국어라는 동일성의 회로에 갇혀 있었기 때문이다. 국어(일본어), 국가(일본어) 속에 이미 그것에 의해 억압을 받는 타자가 포함되어 있음을 충격한 것은 조선인 어린이 이병주였고, 그 어린이는 소수자의 입장에서 다수자의 논리가 가진 폭력을 다수자의 언어 속에서 읽어냈던 것이다. 교장 부인이 「마지막 수업」에서 읽어낸 것은 국어 사랑, 나라 사랑이라는 감동과 그 표현으로서의 '문학'이었다면,[15] 어린이 이병주가 거기서 읽어낸 것은 소수 언어를 억압하는 다수 언어의 횡포라는 '정치'였다. 들뢰즈·가타리는 소수자가 쓰는 문학은 항상 정치적이라고 하는데,[16] 그 말을 다르게 말하면 소수자가 문학을 읽는 독법 또한 정치적이라 할 수 있다.

어린이 이병주, 어린이 이기문이 소수자였기 때문에 그러한 다수 언어의 횡포와 폭력을 읽어낼 수 있었다고 한다면, 조선어·한국어가 다수 언어가 되는 해방 이후의 국어 사랑이란 어떠한 것일까? 우리는 여

---

14 이병주, 『동서양고전탐사(1)』, 생각의나무, 2002, 16~18면.

15 교장 부인은 어린이 이병주에게 다음과 같이 말한다. "그것이 문학이란 거다. 훌륭한 문학은 그처럼 읽는 사람에게 감동을 주는 거다. 이 군도 장차 그런 감동적인 소설을 쓰는 문학자가 돼보렴"(위의 책, 17면)이라고.

16 들뢰즈·가타리, 이진경 옮김, 『카프카』, 동문선, 2001.

전히 어린이 이병주, 어린이 이기문이 될 수 있는 것일까? 혹은 우리가 혹시 그 교장 부인이 되어 있는 것은 아닐까? 혹은 성인 이병주, 성인 이기문이 자신의 어린 시절의 기억을 잊고 그 교장 부인이 되어 있는 것은 아닐까?

3. 또 하나의 '마지막 수업'

한글로 된 「마지막 수업」의 유통이 동일성을 강화하는 방향으로 진행되었다는 것은 해방 이후 우리가 받아온 국어 교육 속에 이 작품이 어떻게 위치 지어져 왔는지를 생각해보면 금방 알 수 있을 것이다. 일본어로 된 「마지막 수업」에서는 소수자인 조선인이 다수 언어의 폭력을 읽어냈다면, 한글로 된 「마지막 수업」은 다수자 한국인이 다수 언어인 한국어의 폭력을 지우기 위해 존재했다고 할 수 있다.

만약 조선인이 일본어로 쓴 「마지막 수업」이 있다면 이는 과연 어떠할까. 앞에서 이기문이 자신에게 소설가의 소질이 조금이라도 있었다면 알퐁스 도데의 「마지막 수업」보다 더욱 감동적인 「마지막 수업」을 쓸 수 있었을 거라고 했음을 보았다. 그러나 "프랑스 만세!"라고 쓸 수 있을 정도로 소수 언어의 소멸이 그렇게 장렬하고 따라서 감동적일 수 있을까? 그러한 장렬함과 감동은 다수 언어의 위장이 아닐까? 오히려 소수 언어의 마지막은 비참하고 따라서 비애를 느끼게 하는 것이 아닐까? 강력한 다수 언어인 일본어의 존재를 벽처럼 마주한다면 그에 의해 무지막지하게 파괴되고 있는 조선어의 현실은 오히려 답답하고 구차하고 그렇게 때문에 더욱더 비애를 느끼게 하는 것은 아닐까? 김사량의 「풀 속 깊이」가, 일본어로 쓴 조선인의 「마지막 수업」이라고 주장하고 싶은 것은 그런 이유 때문이다.

「풀 속 깊이」(『文藝』, 1940.7)는 1938년의 제3차 조선교육령과 1930년대 중후반의 색의 장려 운동을 그 배경으로 하고 있다. 또한 이 소설이 발표된 1940년 7월은 조선민사령 개정에 의해 창씨개명 신청(1940.2~8)을 받고 있던 시점이다. 조선어, 조선문화가 말살되고 있는 현장 가운데 던져진 일본어 소설 「풀속 깊이」 속에서 조선어는 어떻게 그려지고 있는가?

> 코풀이 선생은 그들에게 조선어 독본을 가르쳤다. 그러나 원래 조선어 선생이라고 하면 가장 한심한 존재였다. 그래서 학교의 늙은 소사까지도 시골 향리에 돌아와서 술이라도 한 잔 입에 들어가면 자신이 조선어 선생이라고 떠벌린다는 소문조차 있었다. 코풀이 선생은 그야말로 한심한 선생의 표본을 몸으로 보여 주려고나 하듯이 언제나 아침이면 제일 먼저 등교해서는 어두워져서야 비로소 돌아가곤 했는데, 수업 시간에 교단 위에 섰을 때나 또는 직원실에서 웅크리듯 앉아 일하고 있을 때나 하루 종일 얼굴이 새빨개서는 코만 킁킁 풀어댔다.[17]

그러한 코풀이 선생은 그 후 일자리를 잃고 숙부인 군수의 통역으로 들어가 색의 장려 운동을 추진하다 화전민 지역에서 실종되는 것(백백교 일당에게 살해당한 것으로 추정된다)으로 일생을 맺는다. '조선어 선생 → 일

---

17 인용에는 번역본(오근영 옮김, 『빛 속으로』, 소담출판사, 2001, 126~127면)을 사용하였다. 번역본은 오역도 있고 원본에 있는 것을 완전히 누락시킨 것도 있다. 따라서 이 논문에서는 원본(「草深し」, 『文藝』, 1940.7)과의 대조를 거쳐 인용하였다.

본어 통역 → 사망'으로 이어지는 코풀이 선생의 운명은 조선어의 운명을 보는 듯 더욱더 애처로움을 불러일으킨다. 일본어로의 통역 혹은 번역을 통해서만 존재할 수 있는, 스스로가 재현의 매개가 될 수 없는 지방어로서의 조선어의 존재, 일본어의 틈 사이에 존재하는 언어로서의 조선어의 존재가 '일본어 통역' 코풀이 선생으로 상징적으로 묘사된다.

이 소설에서 언어의 히에라르키는 그대로 계층적 히에라르키를 형성하고 있다. 일본어 상용자(내무주임)가 권력자라면, 일본어와 조선어를 동시에 말하는 이중어 사용자는 권력을 매개하는 위치에 있고, 조선어만 상용하는 화전민은 피지배층이 된다. 또한 중학교 선생들 사이에서도 조선어 선생은 가장 낮은 위치에 있는 인물이었다.

> 원래가 자격이 없는 선생이라 15년 동안 모교인 이 중학교에서 조선어를 가르치고 있었지만 관등도 가장 낮아, 지겹도록 판임관 7급으로 있었다. 그에 비해 내지인 선생은 아무리 젊은 나이에 건너왔어도 봉직만 하면 3,4년 안에 임관을 했고, 판임급으로 있는 시기라고 해도 가봉을 포함하면 코풀이 선생보다 급료에서 거의 두 배를 받았다. 그래서인지 모두들 코풀이 선생을 노복 정도로밖에 생각하지 않았다.[18]

선생 가운데서도 가장 천대받는 인물인 코풀이 선생은 아멜 선생님처럼 그러한 차별에 대항해 당당하지 못하다. 그런 만큼 장렬하지 못하고, 오히려 졸렬하고 구차하기까지 하다. 다른 선생들의 심부름을 해서라도 자기 직을 연명하고자 하는 것이 그것이다. 그러나 그는 그러한 자기 처지에 대해서 모르고 있지는 않다. 어느 날이었다. 학생들이 칠

18 위의 책, 127면.

판에 조선어로 "우리는 XX(노예? 죄수?—인용자)가 아니다"라고 썼더니, 코풀이 선생이 그것을 서둘러 지우고 나서는 수업을 진행하려 하다가 실수로 학생들이 쓴 "XX"를 칠판에 적는 것이었다. 그가 무의식 속에서 그 말에 얼마나 구애되고 있는지를 보여주고 있는 장면이라 할 수 있다. 자신의 위치를 자각하면서도 겉으로는 철저하게 굴욕적인 모습을 보인다. 그것이 극에 달하는 것은 학생들의 동맹 파업에서였다. 동맹 파업을 하고 있는 학생들 사이로 코풀이 선생이 비집고 들어왔다.

> 놀라 올려다보니 콧물을 잔뜩 흘리며 눈물로 애원하는 얼굴의 코풀이 선생이었다.
>
> "나도 쫓아내, 나도 쫓아내."
>
> 그는 목이 꽉 잠겨 더듬더듬하는 목소리로 웅얼거렸다.
>
> "어, 어떻게 할 생각입니까?"
>
> 그러더니 목에 매달리면서 갑자기 크게 소리 내어 울음을 터뜨렸다.
>
> "나한테 무슨 원망이 있습니까. 원망이 있다면 나를 때려 주십시오! 우리 집에는 아이들이 우글우글 많이 있습니다. 용서해 주십시오!"
>
> 인식의 동급생들은 바보 취급을 받고 괴롭힘을 당하는 비굴한 동족인 선생을 하루도 참을 수 없었다. 그래서 이참에 노회한 교장과 그 외 한두 명의 선생과 더불어 그를 배척하기로 했다.[19]

이후 김사량은, 구차하게 살면서도 밟히고 밟혀도 죽지 않은 조선인 상을 「지기미」(『삼천리』, 1941.4)에서 그려냈다.[20] 일본인 선생들의 노복

19 위의 책, 128~129면.

20 이에 대해서는 윤대석, 「변경에서 바라본 문학과 역사」, 『20세기 한국소설—김사량·허준 외』, 창비, 2005 참조.

으로 취급받으면서도 살아가고자 하는 의지가 코풀이 선생과 지기미를 겹쳐 보게 한다. 코풀이 선생은 조선어와 더불어 장렬하게 전사하지 못하고 일본어 통역으로 연명한다. 코풀이 선생의 마지막 조선어 수업은 "조선 만세!"나 "조선어 만세!"가 아니라 "우리 집에는 아이들이 우글우글 많이 있습니다. 용서해주십시오"였다. 이것이 "조선의 현실을 충실히 그리고 싶다"던 김사량이 본 '마지막 수업'이었다.

4. 내선일체 속의 조선어

그렇다면 1938년 조선어 교수의 실질적 폐지 이후 조선어는 사망했는가? 그렇지 않다. "중국 한학의 완명(頑冥) 하에 있던 몇 세기 동안도 나름대로 우리들은 지금까지 여전히 흰 옷과 자기 언어를 지켜왔다."[21] 하물며 백 년도 안 되는 일제 식민 치하에서랴. 그 이유는 간단하다. 조선어야말로 민중의 언어이기 때문이다. 김사량은 그렇게 보았다.

> 그것은 오히려 본능이었다. 게다가 거의 우리들은 문맹이었고 문화 참여자라는 것이 정치 기구 내에 있는 극히 소수 사람들에게 한정되어 있었기 때문에 민중에게는 큰 영향을 주지 못했던 것이다.[22]

두세 시간만 하면 배울 수 있는 한글을 두고 일본어를 강요한다고

---

21 金史良, 「朝鮮文學風月錄」, 『金史良全集(4)』, 河出書房新社, 1973, 9면.
22 위의 책, 같은 면.

해서 될 수도 없다는 것이 김사량의 생각이었다. 민중들은 가장 필요하고 도움이 되는 것을 항상 바라기 때문이다. 인용에서 본 '본능'이라는 것은 환원 불가능한, 그래서 선천적인 어떤 것을 지칭하는 것이 아니라 이처럼 "가장 필요하고 도움이 되는 것", 즉 민중 언어로서의 조선어에 대한 지향을 가리킨다. 이는 임화가 "언어는 국경표지"가 아니기 때문에 가장 쓰기에 간편한 언어를 쓰면 그만이라고 하여 조선어를 옹호한 논리와 유사하다.[23] 민중은 어떠한 압박이 있어도 간편한 언어인 조선어와 한글을 쓰기 마련이다. 조선어 교수를 폐지해도 마찬가지다. 수백 년 동안 러시아와 독일의 지배 하에 있었던 폴란드의 언어나 잉글랜드의 철저한 영향 하에 있던 아일랜드 슬랭이 여전히 민중어로서 신장하고 있음을 보아도 그러하다. 위의 소설 「풀 속 깊이」에서 보면 조선어 교수는 굴욕적으로 사라졌지만, 화전민처럼 조선어에 매달릴 수밖에 없는 민중들은 여전히 존재하고 있다.

이러한 민중들이 존재하는 한, 그러니까 "이천만 조선인이 살아 있는 동안은 역시 그들을 상대로 그들이 읽을 수 있는 글을 써야 하는 것은 당연한 일이 아닌가?"[24] 그렇기 때문에 "조선문학이 조선어로 씌어져야 하는 것은 엄연한 진리일 것이다."[25] 이러한 언어관을 민중적 언어관이라 부를 수 있다면, 이것은 조선과 조선어를 일치시키는 이태준의 민족적 언어관과는 구별되는 것이다. 김사량에게 조선어나 조선문화는 이태준처럼 그 자체가 중요한 것은 아니다. 그것이 민중의 자기표현일 경우에만 존중받을 수 있는 것이었다. 민중이 조선어를 버리고 모두 일본어로 쓴다면 그것은 그것대로 존중할 수밖에 없는 것이다.

23 다음 논문 「1930년대 말 임화의 언어론」 참조.
24 金史良, 앞의 책, 15면.
25 金史良, 「朝鮮文學と言語問題」, 『삼천리』, 1941.6, 87면.

다만 현실적으로 그것이 불가능하다는 것일 뿐이다. 그러한 한 조선어를 지켜야 한다는 것이 김사량의 논리였다.

이 점은 지식인에게도 적용된다. 임화는 현재의 작가에게 가장 편리한 언어로서 조선어를 들었다. 마찬가지로 김사량도 "조선 작가에게 불가능한 요구를 하며 일본어로 쓰라고 하는 것은 부당하다"[26]라고 말한다.

> 극단적으로 말하면 우리들은 조선인의 감각이나 감정으로 즐거움을 알고 슬픔을 느낄 뿐만 아니라 그 표현은 그 자체와 불가분적으로 연결된 조선어에 의하지 않으면 다가오지 않는다. (…중략…)
>
> 내지어(일본어－인용자)로 쓰려고 하는 많은 작가들은 작가가 의식하고 있든 아니든 상관없이 일본적인 감각과 감정으로 옮겨 가버리는 위험을 느낀다. 나아가서는 자신의 것임에도 불구하고, 엑조틱한 것에 눈이 현혹되기 쉽다. 이러한 일을 나는 실지로 조선어 창작과 일본어 창작을 함께 시도하면서 통감하는 사람 가운데 하나이다.[27]

그렇다면 일본어로 반드시 써야 할 경우에는 어떻게 하는가? 조선어를 쓸 수 없는 상황이라면? 조선어 선생에서 해직된 코풀이 선생은? 김사량이나 코풀이 선생은 아멜 선생님처럼 "프랑스 만세"를 쓰고 조국으로 돌아가지 않았다. 그들에겐 돌아가야 할 조국이 없었던 것이다. 그렇다면 그에게 남겨진 길은 세 가지가 있었다. 아예 글을 쓰지 않는 길(작가로서의 자결)이 첫째였다. 둘째는 완전히 일본인이 되어 완벽한 일본어(일본의 담론)를 구사(모방)하는 것이다. 셋째는 일본어로 쓰면서도 구질구질하게 조선어의 흔적을 남기는 것이다. 이들은 세 번째

26 金史良, 「朝鮮文學風月錄」, 15면.
27 金史良, 「朝鮮文學と言語問題」, 87면.

길을 선택했다. 대부분의 조선인 작가들도 의식적・무의식적으로 이 길을 선택했다.[28]

그것은 코풀이 선생에게는 일본어 통역으로 연명하는 것으로 드러난다. 이때 조선어는 아무런 가치도 생산해내지 못하고 가치의 언어인 일본어를 매개하는 언어에 불과하게 된다. 그러나 이러한 매개 행위가 투명한, 그러니까 일본어가 발하는 권력의 언어를 그대로 민중에게 전달하는 역할을 하는 것은 아니다. 코풀이 선생의 과잉 모방, 그러니까 아내의 하나밖에 없는 치마에까지 먹칠을 하거나 당국에서는 시키지도 않은 흰옷에 먹칠하기 등을 통해 제국 언어의 폭력성을 드러냄으로써 제국의 담론에 상처를 입힌다.

또한 조선어는 거꾸로 일본어 속으로 끼어들어 그것을 교란시키기도 한다. 군수의 일본어가 그것을 잘 보여준다. 아주 엄숙해야 할 제국의 담론을 엉터리 일본어로, 그러니까 조선어 발음이 섞인 일본어로 발화함으로써 그것을 조롱거리로 만든다. 이를 두고 이중어라고 부를 수 있다. 이중어에는 다수 언어와 그 속에 포함된 소수 언어가 혼재하는데, 일본어 속에 흔적으로 남은 조선어가 다수 언어인 일본어의 폭력성을 드러냄과 동시에 그것을 내부로부터 균열시켜 나가는 활동을 지속적으로 한다. "조선어 만세!"를 외치고 언어적・문학적 자결을 감행함으로써 민중을 방기하는 길을 선택하지 않고, 코풀이 선생처럼 구질구질하게 살아남아 일본어로라도 조선의 현실을 그려내기 위해 일본어에 상처를 입히는 길, 그것이 김사량이 선택한 길이었다.[29]

---

28 윤대석, 『식민지 국민문학론』, 역락, 2006 참조.

29 "조선의 현실을 충실히 그리고 싶다. 어느 정도 정확하게 파악할 수 있을까. 힘껏 노력해보는 수밖에. (…중략…) 써 나가면서 가장 약한 것은 언어이다. 오히려 글에서 일본어를 죽여 버릴까 하고도 생각해본다."(金史良, 「잡음」, 『金史良全集』 4, 河出書房新社, 1973, 53면)

1930년대 말 임화의 언어론

1. 공학과 조선 문단

1938년 4월 1일부터 실시된 제3차 조선교육령은 '내선 공학'을 목표로 하였고, 그 수단은 일본 · 조선의 학제 일치와 조선어의 수의 과목화였다. 전자는 일본인 학교와 조선인 학교로 분리 운영되던 초 · 중등 교육 체계에서 학교 명칭 및 이수 연한 등을 일치시켜 공학의 기초를 놓은 법적 행위였다. 후자, 즉 조선어의 수의 과목화는 겉보기에는 공학과 직접적인 연관이 없는 듯이 보이지만, 그것도 마찬가지로 공학을 염두에 둔 조치였다. 그러니까 공학이 될 경우 일본인에게까지 조선어를 필수로 가르칠 필요가 없다는 이유에서 학교장의 재량에 따라 조선어를 선택할 수도, 선택하지 않을 수도 있게 한 것, 그러니까 말 그대로 조선인 학생에게 필수 과목이던 조선어를 모든 학생에게 수의(선택) 과목으로 만든 것이었다.

조선인이 일본군(황군)이 될 수 있는 길을 열어 두었다는 점에서 징병제로 가는 길목에 해당되는 육군특별지원병령도 같은 날 실시되었다. '내선일체'가 일본과 조선의 법률, 제도, 관습, 문화를 일치시키는 것이었다면, 동시에 실시된 제3차 조선교육령과 육군특별지원병령은 '내선일체'의 중요한 법제적 조치였다. 그것은 국민국가의 주요한 국민화 장치인 교육과 병역에 관한 법률로서, 가족 제도의 일치를 꾀하는, 소위 '창씨개명'으로 불리는 제3차 조선민사령(1940.2.10)과 세트를 이루는 것이었다.

제3차 조선교육령 가운데 조선어의 수의 과목화는 제도상으로는 수의 과목화였지만, 그 때문에 총독부 당국이 조선어의 수의 과목화가 조선어의 폐지를 전제하지 않는다고 강변할 수 있었지만, 실제적으로는 조선어 폐지를 의미했다.[1] 이론적으로는 조선어를 선택할 수 있었지만, 실제적으로는 학생들의 과목 선택권이 원천적으로 봉쇄되어 있었고, 더군다나 개별 학교의 형식적 재량권도 총독부와 도 당국의 지시・감독에 의해 제한받지 않을 수 없었던 것이다. 총독부 관리가 직접 참석한 가운데 열린 각급 단위의 교장단 회의에서 조선어를 선택하지 않을 것을 결의하기도 했다. 이러한 이유 때문에 조선어의 수의 과목화를 포함하는 '내선공학'이 조선어 폐지로 가는 길목이거나 곧바로 조선어 폐지를 의미한다고 조선인들은 보았다. 공학 논란이 일 때마다 가장 큰 쟁점은 조선어 문제에 모아졌다.

그것은 1935년 가을의 공학 논란에서도 마찬가지였다. 1935년 가을, 공학 논란에 대해 『조선일보』가 다음과 같은 반대 사설을 게재한 것도 그러한 맥락이었다.

---

1 이에 관해서는 이 책에 수록된 「조선어의 '마지막 수업'」을 참조할 것.

> 그런데 만일 당국에서 기도하는 것과 같이 조선인 학생과 일본 내지인 학생과를 공학케 한다 할 것 같으면 자연 조선인의 특유한 문화인 조선어, 조선어에 의한 한문, 조선역사, 조선문학 등은 제외될지니 진정한 교육이라 할 수 없다. 현재에도 조선어한문과가 극히 경시되어서 중등 학생으로서 조선문의 편지 한 장을 쓰는 것이나 조선문화 제도를 이해하는 점에 있어서 거의 외국인과 같이 생소한 점이 많음은 실로 한심한 일인데 만일 공학으로써 전연 이것이 제외된다면 어떤 결과를 낼 것이냐.[2]

「폐지 운명에 걸린 조선어한문과목, 공학제 반대론의 중요한 조건」(『조선일보』, 1935.10.6), 「조선 본위 교육 필요, 초등 교육엔 조선어 사용 당연」(한용운, 『조선일보』, 1935.10.8), 「공학 제도가 실시되면 조선말은 없어진다, 조선어학회 이극로 담」(『조선일보』, 1935.10.9) 등의 기사와 기고문도 공학이 조선어 과목의 폐지와 조선어의 폐지를 의미함을 지적한 것이었다.

그러나 1935년 가을의 공학 논란은 해프닝으로 끝나고 말았는데, 이 사건을 배경으로 하여 임화는 다음 해 「조선어의 위기하의 조선문학」(『조선중앙일보』, 1936.3.8~24)을 썼다. "거년 교육 행정상 공학제가 성히 논의될 때 소감을 적은 데 불과한 것이므로 한 개 시사적 의미밖에 갖지 않는 것"[3]이라는 단서를 달긴 했지만 이 글에서 그는 "연전 조선어학회와 조선어학연구회와의 '철자법'을 중심으로 한 분쟁에 집단적으로 그 일방의 성명서에 서명한, 백에 가까운 문학자 제현들에게 이 일

---

2 「공학제도문제」, 『조선일보』, 1935.10.10. 참고로 이 당시에도 각급 학교, 특히 공립학교에서는 학생들의 취업이나 상급학교 진학을 위해 규정된 수업시간보다 적게 조선어 수업을 배정했다. 조선어 경시는 식민지 상황 하에서는 현실적 선택이었다.

3 임화, 「조선어의 위기하의 조선문학」, 『조선중앙일보』, 1936.3.24.

문을 드리면서, 지금 모든 교육자, 언어학자들이 최대의 흥분을 가지고 절규하는 '공학제'에 대하여 무엇을 하고 있는가를 반문하고 싶다"[4] 라고 목소리를 높이고 "의심할 것도 없이 문학의 개성은 언어의 개성이고, 언어의 운명은 문학 그것의 운명이며, 궁극적으로는 문학의 운명은 그 언어가 속하는 민족의 생활적인 운명의 표현"[5]이라고 단정지었다. 공학 논란에 대한 문학자의 반응이라는 점에서 이 글은 의미를 가진다.

그러나 중일전쟁의 발발(1937.7.7)이라는 정치적 사건은 공학이나 또 그것에 이어지는 조선어의 수의과목화, 혹은 공학을 뒷받침하는 논리인 '내선일체'에 대한 반대 발언을 어렵게 만들었다. 이것은 물리적 탄압에 의한 것이긴 하지만, 그것만은 아니었고, 그것까지 포함하여 담론 지형이 바뀌었기 때문이다. "조선에 있어 국어 없이는 하루도 존재할 수 없는 것은 우리들이 일본 없이는 하루도 존재할 수 없기 때문이다. 언젠가 조선인은 완전히 일본 민족이 될 운명에 있다"[6]라는 주장(동화일체론)이 한 축을 이루고, 일본이라는 제국 속에서 독자성을 추구하여 조선어·조선문화를 보존하자는 주장(평행제휴론)이 또 다른 담론 축이 되어 의제 설정권을 장악한다. 이러한 담론을 생산하는 코드와 그 범위를 넘었을 경우 가해지는 물리적 폭력이 협력하여, 제한된 담론 공간을 만들어냈던 것이다. 어떠한 담론이 생산되든 이 코드에 따라서 생산되고 이해되고, 또 유통되었다. 이전에는 공학 추진이 해프닝으로 끝났다면 이제는 공학 반대가 해프닝이 되는 시대가 된 것이다. 임화가 이번의 공학 논란에 대해 즉각적인 반응을 자제하고 새로

4 위의 글.
5 위의 글, 1936.3.10.
6 玄永燮, 『朝鮮人の進むべき道』, 綠旗聯盟, 1938, 153면.

운 논리로 이에 대응하는 것은 그러한 담론의 변화가 논의의 전제 조건이 되었기 때문이었다. 그것은 '정치성'에 대한 새로운 해석을 포함하고 있는 것이었고, 그러한 새로운 해석은 당시의 지식인들이 공유하고 있는 것이기도 했다.

제3차 조선교육령 실시 이후 조선문학자들이 언어 사용을 둘러싸고 민감한 반응을 보이기 시작한 것은 좌담회 「조선문화의 장래와 현재」(『경성일보』, 1938.11.29~12.7)에서이다.[7] 여기서 주요 쟁점은 문학 언어로 조선어를 사용해도 좋은가, 혹은 일본어를 사용해야 하는가 하는 문제였다. 일본인 작가들은 조선 작가가 일본어를 사용해야 한다고 주장하며 "조선어로 쓰지 않으면 안 된다고 하는 것은 정치 문제 이외에서는 얻을 게 없다고 생각합니다"[8]라고 한다. 반대로 조선인 작가들은 "조선문학은 조선 문자에 의하지 않으면 문학의 의미가 없다"[9]라고 하며 오히려 일본인 작가들에게 "이것은 정치적 입장에서 떠나 순예술적으로 바라보아 문화적으로 양해해야 하리라"[10]라고 하며 '정치적'이라는 수사를 그들에게 되돌려준다.

> 실은 나는 그 참석자 가운데 한 사람이거니와 때마침 존경하는 동경 문화인과 무릎을 맞대고 이야기를 나눌 수 있다길래 대단한 기쁨과 기대를 가지고 만나러 갔지만, 기대와는 반대로 그 모임은 묘한 정치적 분위기에 젖어 오히려 이쪽이 불유쾌해질 정도였다. 그 가운데에서도 조선어에 관

---

7 이것은 다음 해 1월 일본 잡지 『문학계』에 「조선문화의 장래」로 재수록된다. 그러나 두 판본을 비교해보면 『문학계』 쪽이 훨씬 풍부한 내용을 담고 있다. 이 좌담회에 관해서는 윤대석, 「언어와 식민지」, 『식민지 국민문학론』, 역락, 2006 참조.

8 座談會 「朝鮮文化の將來」, 『文學界』, 1939.1, 227면. 무라야마 도모요시(村山知義)의 발언.

9 위 좌담회, 같은 면. 유진오의 발언.

10 위 좌담회, 같은 면. 임화의 발언.

한 문제는 너무 심했다.[11]

여기서 일본인 작가들이 '정치적'이라는 말을 '민족적'이라는 말과 거의 동의어로 쓰는 데 비해 조선인 작가들은 그 말을 '비문화적'이라는 말과 동일한 의미로 쓰고 있음을 알 수 있다. 조선인 작가들이 일본인 작가의 발언을 '비문화적=정치적'이라는 수사를 통해 비판하고자 하는 것은 일본에서도 이와 비슷한 시각이 있었기 때문이었다.

> 언어 · 문자에 의해 성립하는 예술, 게다가 일국 문화의 주요한 위치를 점하는 문학이 조선에서는 오늘날과 같은 모습을 취하고 있지 않으면 안 되고, 그것이 민족으로서의 필연적인 숙명이라고 생각하지만, 그러면 민족의 혼일적 융화라는 것은 어떻게 해결지어야 좋은 것인가 하는 의문이 생긴다.[12]

이 글에서는 '문학은 그 땅의 언어로 써야 한다'라는 것이 문화적 관점임을 말하고 그것이 '민족의 혼일적 융화'라는 정치적 견해와 모순됨을 지적하고 있다. 이러한 인식이 일본에도 존재했기 때문에 조선인 작가들은 일본인 작가들에게 '정치적'이라는 수사를 통해 대응할 수 있었고, 또한 일본인 작가들은 '정치적'이라는 수사를 조선인 작가들에게 씌우지 못하고 원고료와 독자 획득의 문제로 빠지게 되는 것이다. 조선인 작가들은 이러한 담론적 지형 속에서만 조선어의 옹호 혹은 조선어 폐기의 주장이 가능했다. 즉 조선어 창작을 '민족'이라는 정치와 연결시키지 않고 '문화'로 연결시키는 논리가 필요했던 것이다.

---

11 兪鎭午, 「張赫宙氏へ」, 『帝國大學新聞』, 1939.1.30. 윗점은 인용자.

12 「朝鮮文學についての一つの疑問」, 『新潮』, 1940.5.

2. 1930년대 말의 언어 상황

1930년대 후반 조선어가 나아갈 길은 세 가지가 있었다.[13] '있었다'라고 말하기보다 '있었다고 이야기되었다'라고 표현하는 것이 적절할 것이다. '담론화'라는 말을 쓰는 것이 더욱 명료할 수도 있겠다. 어쨌든 이 시기 담론 공간의 한계지점은 '내선일체'였다. 앞에서 말했듯이 이것은 담론적 지형 변화를 의미한다.

이러한 담론 공간 속에서 조선어가 나아갈 길은 세 가지로 제시되었다. 그것은 국어(일본어)로의 통합, 즉 조선어의 폐기를 한 극단으로 하고 조선민족=조선어의 유지를 또 다른 극단으로 한다. 전자는 일본국민=일본어=일본문학으로 연결되는데 그 예는 앞에서 거론했던 현영섭과 뒤에 거론할 김용제였고, 동화일체론에 의해 뒷받침되었다. 후자는 조선인=조선어=조선문학으로 연결되는데 그 예는 해방 이후의 이태준과 뒤에 거론할 한효였고, 평행제휴론에 의해 뒷받침되었다.[14]

평행제휴론의 경우 자치론에서 독립론까지 스펙트럼이 넓었지만 당시의 담론 공간에서는 '내선일체론'으로 읽힌 것과 마찬가지로, '조선인=조선어=조선문학'의 주장도 조선의 독립을 상정한 것에서부터 자치를 상정한 것까지 다양했지만, 당시에는 '내선일체'를 전제하고 생산・유통・소비되었다. 이태준의 "8・15 이전에 가장 위협을 느낀 것은 문학보다 문화요, 문화보다 다시 언어였습니다"[15]라는, 해방 이

13 윤대석, 앞의 책 참조.

14 동화일체론과 평행제휴론에 대해서는 윤해동 외 엮음, 『근대를 다시 읽는다』 1, 역사비평사, 2006, 2부를 참조.

15 좌담회 「문학자의 자기비판」, 『인민예술』, 1946.10, 45면.

후의 주장도 시대를 달리하면 한효의 주장처럼 '내선일체'의 한 방향이 되는 것이다.

> 조선이라는 현실은 조선의 작가 이외의 여하한 대작가, 대예술가라도 그려낼 수 없는 예술적 대상이다. 조선의 현실을 그림에는 우선 조선의 현실을 알아야 한다. 그리고 그 현실을 알기 위한 방법으로는 그 현실 가운데의 인간, 즉 조선인이지 않으면 안 된다.[16]

> 조선인은 조선의 현실을 그 현실 가운데의 언어로 표현한 작품이 진정한 조선문학이고, 예술이라는 삼위일체론을 지금 다시 부언할 필요는 없다고 생각한다.[17]

'조선인=조선어=조선문학'이라는 삼위일체가 뚜렷하게 주장되어 있는 위 인용문으로 한효의 주장을 대체로 이해할 수 있을 것이다. 그러나 한효가 해방 이후의 이태준이 가진 위기감을 가졌는지 여부는 차치하고서라도, 그 당시에는 다음과 같은 첨언을 하지 않을 수 없었다. 이태준의 해방 이후의 발언도 이 시기에 행해졌다면 마찬가지였으리라고 짐작된다.

> 예술이 진정으로 현 시국하 국민들의 문화적 지도를 행하고, 반도 민중을 진정으로 황민으로 이끌기 위해서는 우선 그들의 생활 속으로 깊이 들어가 그 생활 위에 확고한 황민 정신을 고취할 때만 가능하다.[18]

---

16 韓曉, 「國文文學問題」, 『京城日報』, 1939.7.14.
17 위의 글, 1939.7.15.
18 위의 글, 1939.7.19.

어느 것이 본심인지, 어느 것이 우선인지를 묻는 것은 어느 측면에서는 중요하겠지만, 여기서는 불가능할 뿐만 아니라 불필요하기도 하다. 뒤의 주장이 있었기 때문에 앞이 주장이 가능했고, 뒤의 주장을 전제로 하고 앞의 주장이 의미를 가졌던 것이다. 그것은 '조선인=조선어=조선문학'이라는 주장이 그 자체로 정당성을 획득할 수 없고 뒤의 주장을 전제로 해서만 정당성을 획득함을 의미한다. 담론 공간의 한계는 정당성의 최종적 근거가 되었던 것이다. 그 논리는 '조선어에 의한 조선 민중의 황민화'라는 주장에서 그 극단을 보여주며 1940년대의 조선적 특수성 논리로 잠복해 들어간다.

조선어 옹호의 논리가 '조선어=조선인=조선문학'으로 이어졌다면, 조선어 폐기의 논리는 '일본어=일본인=일본문학'으로 이어졌다. 그 속에서 조선인, 조선어, 조선문학은 일본인, 일본어, 일본문학보다 열등한 것으로 위치되었다.

> 국어는 이미 문화어로서 조선어보다 뛰어난 언어이다. 이것은 사실 동양에 있어서 국제어이고, 조선에 있어서는 문자 그대로의 국어이다. 그렇지만 아직 조선 민중 전체의 생활어로까지는 도달하고 있지 못하다. 그것은 가까운 장래에 문화어로서 생활어로서 보편화되어 갈 필연성이 약속되어 있는 명제이다.[19]

조선어 옹호의 주장이 '민족'의 논리였다면, 이것은 '국가'의 논리였다. 김용제의 주장 아래에는 '국민화'를 통한 '내선일체'의 추구라는 논리가 깔려 있다. 일본어가 조선어보다 뛰어나다고 주장할 수 있는 근

19 金龍濟, 「眞實と普遍性」, 『京城日報』., 1939.7.27.

거는 어디에도 없다. 본질적으로 보아 언어의 우월성이란 그 자체가 모순이기 때문이다. 그러나 일본어가 국어라면 이야기가 달라진다. 국어는 한 국가 내에서 보편성을 가지는 것이고 그러한 국어의 보편성을 보장하는 것은 국민국가라는 정치기구이기 때문이다.

> 문학의 민족어주의나 방언 쇄국주의를 말하는 것은 너무나도 문학의 진실성과 언어의 보편성을 무시한 그것이야말로 용어의 감상적 고루관인 것이다.[20]

여기서 '민족어'와 '방언'을 병치시키고 있는 것에 주목할 필요가 있다. 국가의 견지에서 보면 민족어나 방언은 동일한 위치에 있는 특수한 언어에 불과한 것이고 보편적인 언어는 국어이다. 이러한 논리 하에서 조선인에게 국어(일본어)를 강요하는 정책을 합리화했던 것은 도키에다 모토키(時枝誠記)였다. 그는 일본에서는 자명한, 모어를 사랑하는 정신과 국어 정책의 일치(정신적 혈액으로서의 국어)가 조선에서는 성립되지 않는다는 모순[21]을 다음과 같이 해결한다.

> 국어는 국가적 견지에서 비롯되는 특수한 가치적 언어이고, 일본어는 그러한 가치 의식을 떠나서는 조선어, 그외 모든 언어와 동등한 위치를 가지는 언어적 대상에 불과한 것이다. 따라서 국어와 일본어는 어떤 경우에는 그 내포를 달리할 수 있다. 방언은 표준어보다 열등하지 않고, 혹은 그 이상으로 연구적 가치가 있는 언어적 대상이고, 또 누구도 자기 방언에 모어로서의 그리움을 느낄 것이다. 그러나 국가적 견지는 이러한 방언을 가능

---

20 위의 글, 1939.7.30.

21 時枝誠記, 『國語學への道』, 明治書院, 1976, 46~47면.

한 한 없애려고 노력한다. 여기에 표준어 교육, 국어 교육의 우위가 나타나는 것이다. 국어는 실로 일본 국가의, 또 일본 국민의 언어를 의미하는 것이다. 국가적 견지에서 비롯되는 방언에 대한 국어의 가치는 곧 조선어에 대한 국어의 우위를 의미하는 것이다. 방언과 조선어에 대하여 국어의 우위를 인정하지 않으면 안 되는 것은 그 근본으로 소급하면 근대의 국가 형태에 기초한 것이라고 하지 않으면 안 된다. 여기에서 우리들은 또한 대동아공영권에서 일본어의 우위라는 것을 생각할 단서가 열리는 것이다.[22]

한효의 '조선어=조선인'이라는 논리는 조선 민족의 독립(국가수립)을 전제하지 않는 한 위의 논리에 굴복할 수밖에 없다. 더군다나 '황국신민'의 형성(내선일체)을 지향하거나 최소한 그것을 담론적 한계로라도 인정하고 있다면 더욱더 그럴 수밖에 없다. '조선인=일본국민(황국신민)'을 인정한다면 '민족=민족어'의 논리는 '국민=국어'의 논리에 포섭될 수밖에 없는 운명에 놓여 있었던 것이다. 이 논리에 서 있는 사람들이 붓을 꺾게 되는 것은 당연한 귀결인 것이다. 그렇기 때문에 조선어를 옹호하기 위해서는 다른 논리 구성이 필요하게 되었다. 그것은 '민족≠민족어'의 주장을 통해 '국민=국어'라는 논리를 부정하는 방식이었다. 그것을 대표하는 것이 1930년대 말 임화의 언어론이었다.

22 時枝誠記, 「朝鮮に於ける國語政策及び國語教育の將來」, 『日本語』, 1942, 60면.

3. 민족 · 민중의 언어

앞에서 우리는 '조선어=조선인'이라는 논리가 '국민화(황국신민화)'를 그 정당성의 근거로 끌어들임으로써 스스로 파탄을 맞게 됨을 보았다. 그러나 '민족=민족어'라는 주장이 주권 회복 후에 '국민=국어'라는 주장으로 전환되더라도 역시 논리적 파탄을 맞이하는 것은 말할 것도 없다. "그 지역의 현실은 그 지역의 사람의 언어로만 표현될 수 있다"라는 언어 본질주의에 기대고 있는 '민족=민족어'의 주장은 민족어가 국가어(표준어)로 될 때 자연적 언어, 현실적 언어를 포기하지 않을 수 없기 때문이다. 국어가 모어의 논리, 즉 언어의 현전성을 배반하고 있듯이 민족어 또한 모어를 배반하고 성립되는 것이다.

여기서 논의할 '또 다른 길'은 '조선어=조선인'이라는 등식에 기대지 않고도 조선어를 옹호하는 것이었다. 이것은 언어의 문제를 '국가' 혹은 '국민'으로 연결시키지 않음으로써 가능했는데, 그 대표적인 경우가 임화이다.

1930년대 중반기의 임화의 글을 읽으면 그의 언어관을 자칫 민족주의의 언어관으로 환원시키고 싶은 유혹에 빠질 수 있다. 그러나 사실 「조선어의 위기하의 조선문학」은, 스스로도 반성했듯이 "거년 교육 행정상 공학제가 성히 논의될 때 소감을 적은 데 불과한 것이므로 한 개 시사적 의미밖에 갖지 않는 것"[23]이었다. 적대적인 세력이 뚜렷이 존재할 때 그에 대항하는 언어는 과장될 수밖에 없다. 이 글의 "의심할 것도 없이 문학의 개성은 언어의 개성이고, 언어의 운명은 문학 그것

23 임화, 「조선어의 위기하의 조선문학」, 1936.3.24.

의 운명이며, 궁극적으로는 문학의 운명은 그 언어가 속하는 민족의 생활적인 운명의 표현"이라는 주장은 그러한 과장에 근거하고 있다.

임화가 「조선어의 위기하의 조선문학」에서 설정했던 '문학=언어=민족'의 등식은 언어 및 민족의 역사성·가변성 위에서 이해되어야 할 것이다. 그는 "민족적·국민적 구별이 그 기원에 있어 그리했던 것과 같이, 상대적인 한에서 가변적이고 또 역사적인 의미에 있어서 일시적(응의의!)이라는 것을 어느 때나 굽히지 않는 자"였던 것이다. 이 점에서 그것은 민족주의의 언어관과 구별된다. 1930년대 중반기에 발표된 언어를 주제로 한 여러 평문에서 임화는 자신의 언어관과 부르주아 민족주의 언어관이 다름을 강조하고 있다. 언어의 현실성과 역사성을 강조하는 임화로서는 어쩌면 당연한 귀결인지도 모른다.

그에게 언어라는 것은 문학이나 생활과 동떨어져 그 자체가 독립적으로 존재하는 것이 아니었다. "언어가 문학 없이 존재할 수 있다는" 것은 "가상(假想)"[24]이며, 따라서 "언어만을 지키면 그곳의 문화, 그곳의 생활이 안전할 것이라 하"[25]는 생각도 관념적이다(이 대목에서 해방 이후의 이태준의 발언에 대한 비판을 연상하는 것은 자연스럽다). 이러한 생각을 임화는 '언어의 마술성'이라 불렀다. 따라서 문학 언어가 언어의 완미성을 체현한다는 것도 현실과 관련 없이 언어 자체의 아름다움을 추구하는 것은 아니었다. 이 지점에서도 임화의 언어관은 민족주의적 언어관 및 예술지상주의의 언어관과 갈라진다.

> 말할 것도 없이 씨등(김동인·윤백남·육당·이병기·정인보—인용자)에 있어서는 가장 노골히 복고주의로 나타나 진부한 고어를 강제하고 사어

---

24 임화, 「언어의 마술성」, 『비판』, 1936.3; 임화, 『문학의 논리』, 학예사, 1940, 576면.

25 위의 책, 577면.

> 발굴 등에 열중하고 있다. (…중략…)
>
> 다른 하나는 문학을 기교로 환원시키는 예술지상주의의 일군으로서 춘원 등이 문학은 종교다 하는 대신에 문학은 언어의 기교이다 라는 명제가 대치된다.[26]

그는 조선어학회의 언어론 또한 관념론이라고 파악하는데,[27] 민족주의나 예술지상주의의 언어관은 이러한 관념론에 기초하고 있다고 말한다.[28] "러시아 말의 순수성을 보존하라"라는 투르게네프의 절규도 이 관점에서 이해해야지 민족어의 무조건적인 옹호로 볼 수 없는 이유도 거기에 있다. 임화가 보기에 투르게네프의 "절규의 비통한 사상적 핵심은 그가 문학상에서 심히 조건적으로나마 항상 진보의 정신의 프로파간디스트이고 생활의 창조자의 한 사람이었다는 일점에 무조건적으로 의존"[29]한다. 투르게네프의 이 말을 언어만 보존하면 러시아를 보존할 수 있다는 언어 민족주의로 볼 수는 없는데, 왜냐하면 그 말 자체만 떼어서 볼 것이 아니라 그것이 "사회발전의 진보적 방향 가운데의 명확한 자기 입장의 설정과 함께 그의 세계관적 기초에서 유래"함을 보아야 하기 때문이다.

임화에게 근대 사회에서 현실성과 역사성을 가지는 언어는 민족어·민중어였다. 이 말은 거꾸로 하면 민족어·민중어가 현실적으로 그리고 역사적으로 동정(同定)된다는 말이 된다. 「조선어의 위기하의 조선문학」의 단계에서 이미 그는 조선어를 옹호하는 논리로서 '민족=

26 위의 책, 587면.
27 이에 대해서는 와타나베 나오키, 「임화의 언어론」, 『국어국문학』, 2004.12 참조.
28 「언어의 마술성」, 587면.
29 임화, 「조선어의 위기하의 조선문학」, 1936.3.10.

민족어'라는 선험적 등식을 제시한 것이 아니라, 언어의 현실성·역사성을 제시하고 있는 것이다. 이 글은 「언어를 의식한다」를 예비한다고 할 수 있지만, 그것에 그치지는 않는다. 담론 공간이 달라졌기 때문이다. 그는 달라진 담론 공간 속에서 언어의 현실성·역사성을 재구성한다. 그것은 일시적으로 동정되었던 '민족=민족어'의 관계를 단절하는 방식으로 이루어진다.

4. 제삼의 언어론

임화는 중일전쟁을 전후하여 조선어를 옹호하는 두 편의 장문의 글을 쓴다. 중일전쟁 이전에 쓴 글이 「조선어의 위기하의 조선문학」이었고, 그 이후에 쓴 글이 「언어를 의식한다」였다. 그러나 그 논리는 두 글 사이에 대체적인 일관성은 인정되나 부분적으로 차이도 보이고 있다. 다음과 같은 대목에서는 이 두 글을 쓸 무렵 임화의 인식이 어떻게 달라졌는가를 잘 볼 수 있다.

> 물을 담을 수 있는 그릇과 가루를 담을 수 있는 그릇과 기체를 담을 수 있는 그릇이 다르듯이 형식적인 것이란 그 내용에 의하여 각각 결과되는 물건이다.[30]

30 임화, 「언어의 현실성」, 『조선문학』, 1936.5; 『문학의 논리』, 학예사, 1940, 595면.

술병에는 물도 들어가는 것이다.[31]

앞의 인용이 형식과 내용의 상호의존성에 대해 이야기하고 있긴 하지만 그 바로 뒤에서 "형식적인 것 가운데 가장 외적인 언어라는 것이 실제로는 표현의 대상인 소재나 사상과 전혀 분리하여 존재하는 것이 아니"[32]라고 말하고 있는 것으로 보아 조선어와 조선문학의 관계로 바꾸어도 큰 문제가 없을 것이다. 물론 '물—가루—기체'와 '술—물'의 비유는 차원이 다르다고 할 수 있다. 그러나 이러한 비유의 미묘한 변화는 다음과 같은 인식의 변화를 동반하고 있다.

의심할 것도 없이 문학의 개성은 언어의 개성이고, 언어의 운명은 문학 그것의 운명이며, 궁국적으로는 문학의 운명은 그 언어가 속하는 민족의 생활적인 운명의 표현인 것이다.[33]

표현이 그러한 것처럼 표현의 수단으로서의 언어는 정신의 표지가 아니다. 특히 한발 나아가 언어를 일종의 국경 표지라도 되는 듯 떠들어 대는 논의는 빨리 성실성을 회복할 필요가 있다. 술병에 물도 들어가는 것이다. 요점은 문학 정신은 모두 그리고 어디까지나 문학의 정신이지 경찰 서류(police document)는 아니다.[34]

아래 인용으로 "술병에 물도 들어가는 것이다"의 의미가 뚜렷해졌

31 林和, 「言葉を意識する」, 『京城日報』, 1939.8.20.
32 「언어의 현실성」, 596면.
33 임화, 「조선어의 위기하의 조선문학」, 1936.3.10.
34 林和, 「言葉を意識する」, 1939.8.20.

는데, 이것은 앞의 인용에서 말한 언어와 민족의 관계를 부인하는 것임("언어는 국경표지가 아니다")은 물론 언어와 문학(정신)의 관계마저 부인하는 것("언어는 문학정신의 표지가 아니다")이라 할 수 있다. 그러나 '문학=언어=민족'이 '문학≠언어≠민족'으로 바뀌었다고 해서 이러한 인식의 변화를 과장해서는 안 된다. 이것은 그야말로 미묘한 변화에 불과한 것이다. 결론은 조선어의 옹호로 귀착되기 때문이다. 「조선어의 위기하의 조선문학」만 그러한 것이 아니라 「언어를 의식한다」도 자세히 읽어보면 조선어 및 조선문학에 대한 옹호라는 것을 알 수 있다.

강조점이 다르긴 하지만, 그 이전의 논리를 그대로 반복하고 있는 부분도 있다. 그것은 '언어의 완미성'을 언급하는 부분이다.

> 문학에 있어 좋은 언어란 사고를 적절하고 충분하며, 또한 아름답게 표현하고 또한 그것을 많은 사람들이 즐겁게 읽을 수 있는 언어이다.
>
> 그 언어란 언제나 그 풍토 속에서 사람들이 일상적으로 말하고 읽으며 듣는 언어이다.[35]

이 말은 "문학자의 가장 큰 언어상의 욕망은 자기의 생각과 그려낼 사실을 가장 정확히 표(表)할 수 있고 또 동시에 아름다운 언어의 발견 그것이다",[36] 혹은 "언어는 문학 가운데 비로소 자기의 이상의 가장 완미한 체현자를 발견하는 것이다",[37] 혹은 "문학에 있어서의 언어는 그 가장 완미한 의미의 언어이어야 한다"[38]라는 것의 변주라고 할 수 있

35 위의 글, 1939.8.17.
36 임화, 「조선어의 위기하의 조선문학」, 1936.3.20.
37 임화, 「언어와 문학」, 『문학창조』, 1934.6, 19면.
38 위의 글, 20면.

다. 또한 "그 풍토 속에서 사람들이 일상적으로 말하고 읽으며 듣는 언어"란 민족어와 민중어의 변주이다. 물론 '풍토'를 '민족'으로, '다수의 독자'를 '민중'으로 치환해서 읽을 수도 있다. 그런 관점에서 보면 임화의 언어관은 일관되어 있다. 그러나 언어의 현실성・역사성은 달라진 담론 환경 속에서는 달라진 논리를 필요로 했다.

임화는 「언어를 의식한다」에서 언어를 규정하는 요소로 민족이나 민중이라는 표현을 사용하지 않았다. '민족'이나 '민중'이 금기어라서 그런 것은 아니다. 다른 논자들은 그 말을 여전히 사용하고 있었던 것이다. 그는 실제로 언어를 민족이나 민중으로 환원시키지 않았던 것이다. 그럼으로써 언어를 국가나 국민으로 환원시키는 회로도 또한 차단시키고자 했다. '언어=민족'을 부정함으로써 '언어=국가'도 효과적으로 부정할 수 있었다. 술병에는 술만 아니라 물도 들어가는 것이다.

> 작가들의 지금 언어에 대한 의욕을 뭔가 정치적인 것으로, 어떤 의미에서는 내셔널리즘처럼 이해하려고 하는 생각은 일찍이 프로 문학 전성기에 언어에 대한 관심을 예술지상주의적이라든가, 반동적이라는 식으로 강잉히 이론적으로 정치적으로 사고하려는 조잡한 책동과 상당한 공통점이 있다.[39]

좌담회 「조선문화의 장래와 현재」에서 조선인 작가와 일본인 작가가 서로 달리 사용하는 '정치적'이라는 수사가 여기서도 드러나고 있다. 조선 작가에게 그것은 '비문화적'이라는 말과 등가였다. "언어・문자에 의해 성립하는 예술, 게다가 일국 문화의 주요한 위치를 점하는 문학이 조선에서는 오늘날과 같은 모습을 취하고 있지 않으면 안 되

---

39 林和, 「言葉を意識する」, 1939.8.17.

고, 그것이 민족으로서의 필연적인 숙명"(『新潮』)이라는 문화적 관점을 무시하는 행위를 조선 작가들은 '정치적'이라고 불렀다.

그러나 일본인 작가는 거꾸로 '정치적'이라는 수사를 '민족적'이라는 말과 동일시하고 있었다. 무라야마가 '정치적'이라고 했을 때 거기서는 '동아 신질서론'에서 극복의 대상으로 설정된 민족주의를 조선 작가들이 여전히 가지고 있으면서 그것을 동기로 하여 조선어를 옹호한다는 의미였다. 조선인이 조선어를 고집하는 근저에 민족주의라는 정치적 동기가 숨어있다는 것이다.

조선 작가들은 '정치적'이라는 수사를 일본인 작가들에게 되돌려주면서 일본어를 강요하는 일본 작가들의 민족주의를 비판하고 있는 것이다. 그것은 여전히 '동아 신질서론' 혹은 '내선일체론'이라는 당대의 담론 공간 내부에 있으면서도 그것을 비판할 수 있는 하나의 방법이 된다. 식민자의 논리는 식민지인이라는 거울에 반사되어 식민지 본국으로 되돌아와 식민자가 가진 논리의 모순을 고스란히 드러내는 것이다.

임화는 거울처럼 반사되는 이 둘을 모두 비판하고 있다. 조선인 작가들에게는 언어를 "내셔널리즘처럼 이해하려" 한다고, 일본인 작가에게는 "언어(조선어-인용자)에 대한 의욕을 뭔가 정치적인 것으로" 생각한다고 비판하고 있는 것이다. 이는 또한 논쟁의 당사자이면서 각각 조선인 작가와 일본인 작가를 대리(대변)하고 있는 한효와 김용제의 논리에 대한 비판이었다. 임화는 이 두 견해가 서로가 서로를 비추는 나란히 세워진 두 거울임을 보여줌으로써 그러한 비판을 행한다. 하나의 거울이 민족주의라면 또 다른 거울은 국가주의였다. 이 두 거울이 비추는 무한 반사의 고리에서 벗어남으로써 또 다른 조선어 옹호의 논리를 만들어냈다. 그것은 언어의 현실성과 역사성을, 달라진 담론 공간 속에서 재구성함으로써 가능한 것이었다.

1940년대 한국문학에서의 번역

1. 번역과 한국문학

한국 근대문학 연구에서 번역에 대한 연구는 대개 근대 초기에 집중되어 왔다. 한국소설의 문법을 만들어내는 매개로 작동했던, 애국계몽기나 1910년대의 번역·번안 소설에 대한 연구가 그것이다. 그러나 번역은 근대 초기에만 문제적인 것이 아니라, 식민지 시대 내내 중요한 역할을 했다고 할 수 있다. 이때 번역이란 외국어 문학을 한글로 옮기는 것만이 아니라, 외국의 새로운 소설 문법을 전용하여 한글 창작에 적용하는 것까지를 포함하는데, 이러한 번역 행위는 작가들의 개인적 창작 행위에서뿐만 아니라, 한국 근대문학사에서 새로운 소설 문법을 만들어내는 데에도 큰 역할을 했다. 김윤식이 제시하는 '참소설'과 '활사실'의 변증법은 그것을 의미한다.[1] 일본어로 구상하고 그것을 한글로 옮기는 머릿속 번역을 시도한 김동인은 물론, 카프, 1930년대 모더니즘 등 새로운 소설 문법은 모두 번역을 통해서 가능했고 그것이 보편성에 속한다면, '활사실'은 그러한 추상적이고 보편적인 소설 문법을 토착어로 정착시키는 특수성에 속한다는 것이다. '참소설'에 의해 소설의 새로운 문법이 가능해지면 그것이 '활사실'에 의해 구체화되고, 소설 문법이 다시 매너리즘에 빠질 때 새로운 '참소설'이 번역을 통해 등장하는 변증법이 그것이다. 이러한 과정을 보편 / 특수로 표현하는 데에는 서구적 / 일본적 근대를 보편으로 상정하는 것과 동일한 문제점이 있다고 할 수 있으나, 이러한 변증법이, 국어나 국문학이 주체 형성의 계기로서 가지고 있는 타자성을 잘 드러내주고 있다는 점에서는 높이 평가할 필요가 있을 것이다.[2]

넓은 의미의 번역은 개별 작가들의 습작기에서도 잘 드러난다. 앞에서 언급한 김동인의 "구상은 일본어로"라는 이야기는 너무나 유명한 이야기이지만, 상당수의 작가들이 '한문 → 일본어 → 한글'이라는 과정을 거쳤다. 이 가운데 문학적으로 의미가 있는 것은 소설 문법이 탄생하는 '일본어 → 한글'이라는 과정이다. 『만주일일신문(滿洲日日新聞)』에 발표되었던 한설야의 초기 일본어 단편(「初戀」, 「合宿所の夜」, 「暗い世界」), 그리고 경성제대 학생잡지인 『청량』에 발표된 유진오, 이효석 등의 글들은 그것을 의미한다. 그들은 일본어 습작을 거친 이후에 비로소 한글 창작을 시도했다. 이것도 앞에서 말한 광의의 번역이라고 할 수 있을 것이다.

---

1 김윤식, 「한 · 일 이중어 글쓰기의 역사성」, 『한 · 일 근대문학의 관련양상 신론』, 서울대 출판부, 2001.

2 고모리 요이치(小森陽一)는 후타바테이 시메이(二葉亭四迷)의 문체의 기원이 투르게네프에게 있고, 또한 투르게네프의 문체의 기원이 프랑스 소설에 있음을 지적한다(고모리 요이치, 『'요동'의 일본문학』, NHKブックス, 1998). 이를 통해 일본문학과 일본어가 번역을 통해 성립하였고, 번역은 두 언어 사이의 '요동'의 실천이라고 주장한다(위의 책, 44면).

물론 생활어로서 이들의 1차 언어, 곧 모어는 조선어였다. 그러나 소설(문학)의 언어는 일상어와는 달라서 교육에 의해 습득되는 것이다. 그리고 그러한 교육 언어는 공식어(국어)인 일본어였다. 그렇기 때문에 교육어인 일본어로 습작을 하는 것은 아주 자연스러운 현상이라고 할 수 있다. 그러다가 조선 문단에 등장하려고 했을 때 비로소 한글 창작을 시도하게 된다. 그러나 장혁주 같은 작가는 처음부터 동경 문단을 지향했기 때문에 거의 일본어 창작으로 일관했다.

그런데 여기서 공식 언어에 가장 근접해있는 것은 제국대학의 언어였다. 식민 지배 당국은 조선의 중등학교(고등보통학교) 학생들에게 최고급의 일본어(고전을 포함한 문학 언어)를 가르치지 않고 실용 언어만 가르쳤다.[3] 그러나 제국대학의 입시는 중학교－고등학교로 이어지는 일본의 교육 과정을 거치지 않고서는(조선 내에서는 일본인 학교인 경성중·용산중 등), 통과할 수 없는 것이었다. 제국대학에 입학하려는 조선인들은 정규 교육 과정 이외에도 따로 일본어를 익힐 필요가 있었던 것이다. 고급 일본어를 익혀야 했던 제국대학 출신들이 1940년대 일본어 문학으로 쉽게 전환할 수 있었던 것도 그런 이유 때문이었다.[4]

제국대학 출신이 아니더라도 식민지 작가들은 모두 일본어와 조선어 사이에서 사고를 하고 창작을 했다. 그런 점에서 번역은 중요한 역할을 한다. 이것은 근대 초기와는 조금 양상을 달리하고 있는데, 거기에 식민지 권력이 개입해 있기 때문이다. 근대 이후 대한제국 및 조선에서 일본어 교육이 처음으로 실시된 것은 19세기 후반이지만, 본격적

---

3 유진오, 「편편야화」, 『동아일보』, 1974.3.1. 유진오는 그 때문에 정규과정과는 별도로 과외 공부를 했어야 했다고 증언한다.

4 1940년 7월 일본 잡지 『문예』가 조선특집을 마련하여 조선문학을 소개했을 때, 일본어로 직접(번역이 아니라) 소설을 쓸 수 있었던 사람은, 장혁주, 이효석, 김사량, 유진오였고, 장혁주를 제외하고는 모두 제국대학 출신이었다.

으로는 1910년을 전후한 시점이었다. 그것은 1911년 8월 조선교육령에서 일본어를 공용어(학교, 재판소, 관공서, 군대에서 사용하는 언어)로 규정한 데서 비롯된다.[5] 또한 국어인 일본어의 특권성은 공용어 지정이라는 정치적 행위로만 이루어지는 것이 아니었다. 객관성으로 포장된 언어학은 '국어(일본어)=근대 · 문명 / 조선어=전근대 · 야만'이라는 이항대립적인 담론을 생산하고 유통시켰으며,[6] 문학은 일본어로 된 정전의 생산과 유통을 통해 국어 이데올로기를 재생산했다. 여기에는 총독부에 의한 국어 교과서와 민간에 의한 각종 문학 전집의 출간 · 보급이 큰 역할을 했다. 식민지 기간 동안 번역은 식민주의 이데올로기의 전파의 매개체가 되어 국어중심주의, 문명주의를 퍼뜨렸다. 반면에 식민지 작가들은 번역을 매개로 하여 제국의 언어를 자기틀에 맞게 전유했고, 그것이 한국문학의 한 축을 이룬다고 할 수 있다.

그런데 1930년대 후반에 가면 새로운 번역 양상이 등장한다. 그 전까지 '일본어 → 한글'이라는 번역이 문제가 되었다면 이 시기에는 '한글 → 일본어'라고 하는 역전된 관계가 등장하는 것이다. 이 글이 해명하고자 하는 것은 식민지 관계 속에서 벌어지는 이러한 사상 · 언어의 역류 현상이 가진 의미이다.

5 이명화, 「조선총독부의 언어동화 정책」, 『한국독립운동사 연구』, 1995.12.
6 야스다 도시아키, 『제국일본의 언어편제』, 世織書房, 1997, 131면.

2. 한국문학의 일본어 번역 현황

1930년대 후반 이전까지 조선인에 의한 일본어 소설은 대부분 창작의 형태를 띠고 있었다. 대개 그것들은 이광수의 「사랑인가」나 한설야의 「합숙소의 밤」같은 습작이었다. 물론 이 시기에도 조선 작가의 작품이 번역되지 않은 것은 아니다. 대표적인 것이 경성에서 발간되던 일본어 잡지 『조선시론』에 소개된 이익상의 「망령의 난무」(1926.6), 김동인의 「감자」(1926.7, 삭제), 현진건의 「고향」(1926.8)과 「피아노」(1926.9), 최서해의 「기아와 살육」(1926.9)과, 『대판 매일신문』(조선판)에서 기획한 세 번의 조선문학 특집, 즉 「반도신인집」(1934.6~10),[7] 「조선작가 단편집」(1935.1~2),[8] 「반도 여류작가집」(1936.4~6)[9]이 그것이다.

그러나 이 시기에 일본어로 번역된 조선문학은 조선 내부의 일본인을 향해 발화되었다는 점에서 30년대 후반과 구분된다. 그러니까 이러한 번역은 통치상 조선 사정을 알기 위한 것이었다. 이것은 조선 총독부가 조선 거주 일본인에게 조선어 습득을 장려했지만, 성과가 거의 없었다는 점과 관련되어 있다. 즉 조선 총독부는 관리(대개 경찰)에게 조선 통치의 효율을 위해 조선어를 장려했으나 그 성과는 미미했기 때문에,[10] 번역을 통해서 조선의 사정을 파악할 필요가 있었던 것이다. 식민지 당국은 통치의 편리를 위해, 필요한 부서에 통역관 및 통역생,

---

7 이 특집은 윤백남, 백신애, 김팔봉, 김동인, 김기림, 정인섭, 이기영, 염상섭, 이태준 등의 수필과 평론을 소개한 것이다.

8 여기에는 김동인의 「배따라기」, 최서해의 「홍염」, 현진건의 「B사감과 러브레터」가 번역되었다.

9 여기에는 강경애, 최정희, 노천명 등의 소설이 소개되어 있다.

10 야마다 간토, 『식민지 조선에서의 조선어 장려정책』, 不二出版, 2004 참조.

촉탁을 배치했는데,[11] 이러한 번역・통역 통치의 일환이 위의 조선문학 번역이었다고 할 수 있다.

그러나 1930년대 후반이 되면 사정이 달라진다. 일본에서 발행되는 잡지에 조선문학 특집이 빈번하게 나타나며, 그에 따라서 조선문학의 번역도 성행하게 된다. 일종의 조선문학 붐이 일어났던 일본 내의 주요한 조선문학 특집으로는 『문학안내』(37.2), 『문예』(40.7), 『주간조일』(41.5) 등의 「조선문학특집」이 있었고, 조선문학 선집으로는 『조선소설대표작집』(教材社, 1940), 『조선문학선집(1・2・3)』(赤塚書房, 1941) 등이 있었다. 이러한 가운데 조선 작가에 의한 일본어 소설은 초기에는 번역이 많았으나 점점 갈수록 창작[12] 쪽이 많아지게 되었다. 아래의 표[13]를 보면 이는 명확하게 드러난다.

연도	1939	1940	1941	1942	1943	1944	1945	계
일본에서 발표된 일본어 소설	10	26	31	20	18	3	2	110
조선에서 발표된 일본어 소설	10	7	16	46	50	54	19	202
소 계	20	33	47	66	68	57	21	312
번역 소설	4	42	16	2	1	0	0	63

11 1930년 7월 1일 현재 총독부를 예로 들면 통역관 및 통역생이 있는 부서는 다음과 같다. 괄호안의 숫자는 각각 통역관 및 통역생의 숫자이다.
총독관방－비서과(1), 총독관방－외사과(6,1), 학무국(1), 학무국－편집과(2), 경무국－보안과(4,7), 경무국－도서과(1,3).
여기에 조선인 촉탁의 숫자를 합치면 더 많아진다.(조선총독부, 『조선총독부 직원록』, 1930)

12 이 글은 일본어 창작 또한 번역의 일종으로 본다. 이에 대해서는 뒷부분에서 상세하게 설명한다.

13 이 표는 호테이 토시히로의 「일제 말기 일본어 소설 연구」(서울대 석사논문, 1996)과 『조선문학 관계 일본어 문헌목록』(오무라 마스오・호테이 토시히로, 1997)을 참조하여 필자가 만든 것이다.

일본에서 발표된 조선인에 의한 일본어 소설은 1941년이 정점이었고, 조선에서는 1943, 44년이 정점이었으며, 번역 소설은 1940년이 정점이었음을 알 수 있다. 위의 표를 보면 일본에서의 조선문학 소개가 내선일체가 진행됨에 따라 점점 줄어들고 있는 데 반해서 조선에서의 일본어 창작은 그에 비례하여 점점 늘어난다는 사실을 알 수 있다. 또한 초기에는 번역 소설이 많은 부분을 차지하다가 창작 소설로 넘어간다는 사실도 알 수 있다. 번역 소설 대부분이 일본에서 발표된 것을 감안한다면, 내선일체 운동이 시작하는 시점에 번역을 통해서 조선문학을 소비할 필요성이 대두되었음을 알 수 있다. 그러한 필요성이란 것은 말할 것도 없이 정치적인 요구였다. 「조선문학특집」을 마련한 『문예』도 편집 후기에서 이를 전면적으로 내세우고 있었다.

> 문학의 세계를 넘어선 강력한 사정이 근본적인 것으로서 그(조선문학 소개—인용자) 아래에서 작용하고 있는 것은 다툴 수 없는 사실이라고 생각한다.
>
> 특히 지나 사변 이후 전일본은 내지 외지를 불문하고 하나의 국민적 감정에 휩싸여 있다.[14]

또한 조선문학 소개 / 번역은 동시대 문학에만 그치지 않았다. 「춘향전」(장혁주, 『신조』, 1938.3), 「심청전」(駱山莊人 역, 『東洋之光』, 1939.2~5) 같은 고전 소설 및 설화 등도 번역되었다. 「춘향전」의 경우는 장혁주가 가부키풍 희곡으로 변형시키고, 다시 그것을 무라야마 도모요시가 시나리오로 만드는 등, 여러 형식으로 변신을 거듭했다. 이런 점에서

14 『문예』, 1940.7, 248면.

보면 그 당대의 일본 사회가 새로운 것, 신선한 것에 대한 요구가 있었고, 그러한 욕구가 정치적인 요구와 만나는 지점에 조선문학, 대만문학, 만주문학의 번역이 있었다고 할 수 있다. 오로지 조선어 말살, 혹은 내선일체의 관점에서만 이것을 바라보는 것은, 그렇기 때문에 제한적일 수밖에 없다. 이것을 제대로 보기 위해서는 정치적인 관점 이외에 그러한 번역을 요구했던 일본 내부의 욕망과, 그리고 그것을 일본어로 번역하여 식민지 본국인에게 제시하고자 했던 조선인의 욕망이 어떻게 합치되며 어긋나고 있는가를 보아야 할 것이다. 이 부분에 대해서는 다음절에서 다루기로 하고 여기서는 번역 주체의 문제를 건드리고 넘어가도록 하겠다.

앞에서 조선 통치에는 많은 번역 / 통역자가 필요했다고 말했다. 이러한 번역 / 통역은 식민지 통치에는 필수적인 것으로서 어느 면에서는 식민주의의 핵심부분을 이룬다고 할 수 있다.[15] 그러나 앞에서 일본인에 대한 조선어 장려 정책이 실패로 끝났다는 사실에서도 알 수 있듯이 대부분의 번역 / 통역자는 조선인이었다. 『조선총독부 직원록』을 보면 금방 알 수 있듯이 이는 하급 관청으로 갈수록 더욱 심해진다. 그렇기 때문에 식민지 통치에는 번역 / 통역자의 충성심을 관리하는 것이 필수적이었다.[16] 그러나 그들은 식민지의 정보를 식민지 지배자에게 제공해주는 스파이면서도, 또한 믿기 어려운 협력자였다.

이 점은 문학 부분에서도 마찬가지였다. 조선문학의 번역자는 모두 조선인이었다. 이 문제는 근대문학의 성격과도 연관되는데, 일본인에게 조선문학은 심하게 말하면 문학이 아니라, 그러니까 매슈 아놀드가

15 이 점을 포스트 식민주의 이론 가운데 놓은 책 가운데 하나가 더글러스 로빈슨의 『번역과 제국』(정혜욱 역, 동문선, 2002)이다. 이 논문은 몇몇 시각을 이 책에서 빌려왔다.

16 위의 책, 23면.

말하는 '인간 사고와 표현의 정수'나 '이성과 신의 의지가 널리 퍼지도록 하는 것'이 아니라, 하나의 사회적 현상 / 대중문화에 불과했다. 그렇기 때문에 일본인이 조선문학의 언어를 배울 필요도 없었고, 배울 수도 없었다. 다만 그것은 학문의 대상이 되는 객관적 사물, 혹은 통치상 필요한 정보일 수는 있었어도 '문학'일 수는 없었다. 그 대표적인 사례가 조선문학의 검열을 담당했던 총독부 경무국 도서과 통역관 니시무라 신타로의 번역이었다. 그러한 그도 히노 아시헤이의 『보리와 병정』을 조선어로 번역(1939)했을 뿐 조선문학의 일본어 번역에는 관계하지 않았다. 그렇기 때문에 조선문학의 일본어 번역은 모두 조선 작가들이 담당했다(현재도 대부분의 한국문학 번역은 한국 출신의 몫이다). 그들도 통역관이나 번역자처럼 새로운 정보나 생각들을 제공해주는 스파이이면서도 동시에 믿기 어려운 협력자였다. 이러한 번역 주체의 문제는 번역의 성격에도 어느 정도 영향을 미친다.

3. 번역을 둘러싼 대립

나카네 다카유키는 1930년대 후반 조선인이 창작한 일본어 소설을 분석하는 가운데, 이 소설들의 의미를 두 가지로 제시하고 있다. 첫 번째는 제재의 신선함이고 두 번째는 확장의 욕망이다.[17] 일본문학은 프롤레타리아 문학 시기부터 어떤 한계 지점에 도달하면 항상 조선인을

17 나카네 다카유키, 『'조선' 표상의 문화지』, 新曜社, 2004, 243~263면.

동원해왔다. 김윤식이 분석한 나카노 시게하루의 시 「비내리는 시나가와역」에 등장하는 "일본 프롤레타리아의 앞잡이요 뒷군"이라는 구절은 이를 잘 보여준다.[18] 시인 김용제가 나프에서 중요한 시인이 되는 것은, 바로 나프에 대한 대량 검거 이후의 공백 기간이었다는 것도 마찬가지 사실을 말해주며,[19] 다른 프롤레타리아 문학자의 경우도 그렇게 다르지 않다. 1930년대 후반에도 이것은 마찬가지였다. 당시 일본문학은 신선한 소재가 필요했고, 그것을 만족시켜주는 것이 조선, 대만, 만주였다는 것이 나카네의 논리이다. 이러한 논리는 충분한 설득력을 가지고 있지만, 여기서 조금 더 나아갈 필요가 있다. 단순히 제재 차원이 아니라 정신사적 문제로 이것을 파악할 필요가 있다.

1930년대 중반은 일본은 사회적으로는 농촌을 기반으로 한 중간층이 미증유의 해체를 경험하던 시기였고, 정신사적으로는 고바야시 히데오가 말하듯이 "고향을 상실한"(「고향을 상실한 문학」, 1933) 시대였다. 나프 해체와 세계사적인 불안의식의 유행이 이러한 감각들을 탄생시켰다고 할 수 있는데, 이러한 고향 상실을 경험한 문학이 시간적으로 그 회복의 의지를 드러낸 것이 일본 낭만파라면,[20] 공간적으로는 식민지 지향으로 나타났다. 옛 일본의 공동체를 그대로 유지하고 있다고 여겨지는 식민지 공간이나 지방은 이런 점에서 일본문학의 한 돌파구였다고 할 수 있다. 그렇기 때문에 일본문학에 동원되는 조선문학은 대개가 농촌을 배경으로 하고 있다.[21] 이러한 점은 식민지 본국이 식민지를 매력적인 야만이라는 모순적 · 양가적인 표상으로 드러내는 것과 통해 있다. 그런

18 김윤식, 앞의 책, 169면.
19 오무라 마스오, 『사랑하는 대륙아』, 大和書房, 1992 참조.
20 하시카와 분조, 『일본 낭만파비판 서설』, 講談社, 1998, 37면.
21 『文藝』지 특집이나 『週刊朝日』의 특집은 이를 극명하게 보여준다.

데 이런 점은 나카네가 지적하듯이 지방주의 문학으로 드러나는 확장의 욕망과 나란히 간다. 식민지는 신비롭고 매력적인 공간이면서도 동시에 야만적인 공간이라는 정형성의 양가적 표상[22]이 정치적 요구와 만나는 지점에 조선문학의 번역이 있었다고 할 수 있다.

그렇다면 조선인 작가들에게는 번역이 어떠한 의미를 가지고 있었는가. 앞에서 1940년대 중반으로 가면 번역이 사라지고 창작이 그를 대체한다고 이야기했다. 이를 근거로 하여 판단하면 번역이 창작으로 가는 중간 과정이라고 말할 수 있다. 그러니까 곧바로 창작을 할 수 없는 조선인 작가들이 창작으로 가는 단계로서 선택한 것, 혹은 일본 제국이 조선인 작가에게 창작을 곧바로 강요하기 어렵기 때문에 번역으로 시작한 것이라고 말할 수도 있다. 그러나 사태는 그렇게 간단하지 않다. 이를 해명하기 위해서는 조선문학의 일본어 창작이 부각되는 1938년 말의 시점을 볼 필요가 있다.

1938년 11월의 좌담회 「조선문화의 장래와 현재」(『경성일보』, 1938.11.29~12.7)에 대해서는 여러 논문에서 언급한 바 있다.[23] 그렇기 때문에 자세한 설명은 그 논문에 미루기로 하고 여기서는 번역과 관련된 부분만 언급하도록 하겠다. 이 좌담회의 요지는 조선 작가들이 일본어 창작을 해야 하는가 하는 것이었다. 일본 작가들은 시대의 요청(정치성)을 내세우며 일본어 창작을 강요했으나, 조선 작가들은 일본어로 조선 현실을 표현할 때 남는 잉여가 있다는 점(문학성)을 내세웠기 때문에 이들은 서로 대립했다. 그러나 이 대립은 번역의 필요성 부분에서는 사라지고, 일본 작가나 조선 작가는 모두 조선문학이 일본어로 번역될 필요가 있다고 일치된 견해를 보인다. 그러나 그러한 일치는 표면적인 것이자 그

---

22 호미 바바, 나병철 옮김, 『문화의 위치』, 소명출판, 2002, 152면.

23 윤대석, 「언어와 식민지」, 『식민지 국민문학론』, 역락, 2006 참조.

내부에서는 여전히 대립되어 있는, 말하자면 동상이몽이었다.

> 조선의 문학을 조금이라도 많은 사람에게 읽혀 반향을 얻기 위해서는 조선어로 써서는 독자가 적기 때문에 반향이 적다고 생각한다. 역시 조선 쪽에서도 실제로는 국어가 보급되어 있기 때문에 많은 사람들에게 알리기 위해서는 내지어로 쓰는 편이 넓게 읽히게 되리라 생각한다. (…중략…)
>
> 내지어가 자유롭지 않으면 조선어로 쓴 것을 번역하면 된다.[24]

위의 일본인 작가의 발언에는 결국 조선 작가들은 조선어를 버리고 일본어로 써야 할 것이고, 그 과정에 번역이 놓여 있다는 생각이 드러나 있다. 일본 작가가 보기에는 조선인 작가는 자연스럽게 '조선어 → 일본어'의 과정을 밟게 된다. 그 이유는 일본어가 조선어보다 우위에 있는 언어라고 그들이 생각하기 때문이다.

일본어의 우위라는 것은 언어적 우위가 아니라 정치적 우위라고 할 수 있다. 이러한 정치적 우위가 바로 번역을 요구하는 것이라고 할 수 있는데, 이처럼 식민지인의 언어를 종주국의 언어로 번역하는 것을 로빈슨은 알튀세의 용어를 빌어 '제국의 호명'이라 부른다. 그에 따르면 식민지 지배자는 번역에 의해 미개한 텍스트를 문명화된 텍스트로 바꾼다는 논리로 제국의 영원성을 식민지인에게 각인시킨다고 한다.[25] 이러한 제국적 주체성을 식민지인에게 부여하는 하나의 장치가 바로 번역이고 일본인 작가들이 의도한 것도 바로 이것이었다.

---

24 「좌담회 조선문화의 장래」, 『문예』, 1939.1, 276면. 이 좌담회는 위의 『경성일보』 좌담회와 같은 것이다. 단지 이 둘의 내용은 약간 차이가 나는데, 이것은 같은 속기록을 가지고 양측이 다르게 문자화했기 때문이다.

25 로빈슨, 앞의 책, 126면.

그러나 조선 작가들에게 번역은 그것과는 다른 의미를 지닌다. 일본인 작가들이 조선문학을 자국의 문학사 내부로 포함시키기 위한 전단계로 번역을 내세웠다면, 조선 작가들은 일본어 상용화 정책에 저항하며, 번역 불가능성을 드러내는 수단으로서 번역을 내세웠다. 그렇기 때문에 조선 작가들에게는 번역이 일본어 창작으로 가는 과도기 형식이 아니라 일본어 창작으로부터 조선어 창작 및 조선문학의 독자성을 보호하기 위한 방패막이 구실이 되기도 했던 것이다.

> 조선의 작가에게 불가능한 논리를 가지고 일본어로 쓰라고 하는 것은 부당하다. 그 대신 조선어 문학을 번역하는 조직을 만들어 동경 문단과 세계 문단과 더불어 교류하고, 조선문학의 현상과 조선문학이 정말 조선의 언어로 씌어져야 하는 이유를 고시해야 한다.[26]

이 인용문으로 언어 사용을 둘러싼 대립이 사실은 번역에도 고스란히 이어져 있음을 알 수 있다. 이처럼 동일한 현상을 두고 서로 다른 의미를 부여하는, 기표를 둘러싼 다툼[27]에서 '번역'은 식민지 지배자에게는 일본어의 우위성을 나타내는 기표이지만, 식민지인에게는 조선어의 특권성, 번역 불가능성을 나타내는 기표가 된다. 전통적인 의미에서 번역은 두 문화와 언어 간의 차이는 복원될 수 있는 것이며, 번역가는 이에 교량을 놓는다고 여겨진다. 그러나 이주와 경계의 문화에서는, 문화와 언어 간의 혼합은 전통적인 의미의 번역을 불가능하게 만든다. 두 문화 간의 거대한 권력 분화가 추가됨에 따라 문화 간의 번역이 점점 문제가 되고, 심지어는 불가능해진다. 이것이 호미 바바가 말

---

26 김사량, 『김사량 전집』 4, 河出書房新社, 1973, 15면.

27 존 스토리, 박모 옮김, 『문화연구와 문화이론』, 현실문화연구, 1994, 118~126면.

하는 문화의 번역 불가능성이다.[28] 문화가 번역 불가능인 것은 번역으로도 남는 잉여가 있기 때문이다. 이 점은 앞의 좌담회에서 조선인 작가들이 힘써 강조한 대목이기도 하다.

4. 번역의 연장으로서의 일본어 창작

앞의 표에서 40년대 중반으로 가면서 번역이 점점 없어지고 창작이 번역을 대체한다고 말했다. 이 점은 앞의 좌담회에서 본 일본인 작가의 생각이 결과적으로 옳았음을, 그러니까 번역이 창작으로 가는 전단계라는 것을 보여주는 것이라 할 수 있을 것이다. 그러나 이 문제도 번역의 문제와 마찬가지로 그 이면을 볼 필요가 있다.

결론적으로 말하자면, 일본어 창작에서도 번역에서와 똑같은 문제가 발생한다. 번역이 번역의 불가능성과 가능성을 동시에 드러내는 것이라고 한다면, 창작은 일본어에 의한 조선 현실의 재현 가능성과 그 불가능성을 동시에 드러내는 것이라고 할 수 있다. 번역의 문제가 개인 내부로 이전되어 개별 작가의 머릿속에서 두 언어의 충돌과 잉여를 발생시키는 것이다.

> 「푸른 기와의 집」(이무영이 『부산일보』에 연재한 일본어 장편소설-인용자)을 쓰면서 가장 곤란했던 것은 역시 언어였다. 지문은 어떻게든 쓸

---

28 로빈슨, 앞의 책, 46~47면.

수 있었지만, 아무래도 회화가 되지 않는다. 여인네의 말과 하녀의 말이 뒤죽박죽되어서 신문사 사람으로부터 주의를 받은 적도 있었다. 조사, 부사의 오용은 정통적인 단계를 밟지 않았기 때문에 내 자신만이 가지는 수치이지만, 형용사는 아무래도 나만의 문제는 아닌 듯하다. (…중략…)

습관상 언제나 조선어가 먼저 나오기 때문에 열중해서 쓰고 있는 때는, 언문(한글－인용자)으로 한 행 쓰고는 밤중에 키득키득 웃는 때도 있다.[29]

마지막에는 자신이 쓴 말이 "러시아인지 일본어인지도 알 수 없게 되어서 곤란했다"라고 말하고 있는[30] 이무영에게 중요한 것은 일본어가 익숙하지 않다는 사실만은 아니었다. 오히려 모어로서의 조선어가 일본어 창작에 개입해 들어가는 상황이 발생한 것에 주목할 필요가 있다. 위의 인용에서 알 수 있듯이, 열중해서 쓰다가 보면 일본어 창작이 갑자기 조선어 창작이 되어 버린다는 것이다. 이것은 일본어 창작이 아니라 조선어 창작의 번역에 가깝다고 할 수 있는데, 일본어와 조선어 사이를 요동하면서 쓴 것이 이무영의 일본어 소설이었다. 여기에서 김동인의 역상(逆象)을 발견할 수 있다. 김동인의 "구상은 일본어로 했기에"라는 말을 뒤집으면, 이무영의 "구상은 조선어로 했기에"가 되는 것이다. 이 지점에서 조선문학은 하나의 사이클을 완성한다. '일본어 창작 → 조선어 창작 → 일본어 창작'이 그것이다. 그 매개는 항상 번역이었다. 조선어 창작이 일본어 창작의 모방이자 번역이라면, 일본어 창작도 마찬가지라고 할 수 있다. 그렇기 때문에 조선어 창작에 이미 타자성이 포함되어 있었다면, 일본어 창작도 타자성이 포함되어 있는

29 이무영, 「부산일보 청와의 집」, 『대동아』, 1943.3, 150면.
30 이무영은 다른 글에서는 자기가 쓰고 있는 것이 "영어인지 독일어인지 아예 알 수 없게 되어 버린다"라고 말한다.(「국어문제회담」, 『國民文學』, 1943.1)

혼종성의 글쓰기라고 할 수 있다. 이런 식의 언어를 이석훈은 '조선식 일본어'(요즘 식으로 말하면 크레올)라고 표현한다.

> 그 후 배재 중학교의 어느 국어 선생이 '조선식 국어'의 영역을 벗어나지 못한다는 의미의 비평을 했다고 들었는데, 이 점도 크게 연구해야할 여지가 있을 것이다. 물론 내 자신 아직 국어 구사력은 빈약하여 동경 문단의 일류 작가의 글에는 도저히 비교할 수도 없지만, 그러나 아무리 학교에서 국어 교육을 받았다고 하지만 조선어로 생활하고 조선어로 써온 우리들이 하루 아침에 완벽한 국어를 자유 분방하게 구사할 수 있는 것은 아니다. 지금 단계에서는 '조선식 국어'(사실을 말하면 어떤 점이 조선식인지 모르지만)도 어쩔 수 없는 것이다.[31]

모어인 조선어의 영향 때문에, 순수해야할 국어가 더렵혀지는 것이 이 시기의 일본어 창작이라고 할 수 있다. 이 경우 조선어는 배제하고 억압해야할 것이지만, 배제하고 억압할수록 무의식이 되어 일본어 창작의 발목을 잡는 방해물이 된다. 그렇기 때문에 조선어는 아무리 의식적으로 배제해도 무의식 속에서는 여전히 그 영향력을 발휘하면서 일본어를 뒤틀게 되는 것이다. 번역이란, 그리고 번역의 연장으로서의 일본어 창작이란 바로 그렇게 문화의 가능성을 봉쇄하면서도 열어나가는 것이라 할 수 있다. 조선어로의 번역이 그랬듯이. 그렇기 때문에 이무영의 소설뿐만 아니라 조선인 작가의 일본어 창작에는 타자로서의 조선어가 무수히 등장한다. 그렇기 때문에 일본어도 아니고 조선어도 아닌, 이중어 창작이 되고 마는 것이다.

---

31 이석훈, 「경성일보 영원의 여성」, 『대동아』, 1943.3, 149면.

5. 일본어 번역에서의 재현

지금까지 1930년대 후반기에 벌어진 번역 행위와 창작 행위의 의미가 무엇인지를 살펴보았다. 이 장에서는 실제 번역 행위에서는 어떠한 현상이 벌어지는가를 구체적으로 살펴보도록 하겠다. 여기서 거론될 텍스트는 이무영의 「제일과 제일장」과 유진오의 「김강사와 T교수」이다.

우선 이무영의 「제일과 제일장」은 『인문평론』(39.10)에 한글로 먼저 발표되었다가 1944년 4월 일본어 창작집 『정열의 서(書)』(東都書籍)에 실으면서 작가 자신이 번역한 것이다. 그러나 작가 자신이 상당한 손질을 가해 거의 새로운 소설이 되었다. 물론 도시의 지식인이 농촌으로 내려가 노동의 기쁨을 깨닫는다는 줄거리는 변함이 없지만, 동일한 문장이 거의 없다는 점에서 새로 쓴 것이라고 할 수 있다. 번역도 아니고 창작도 아닌 「제일과 제일장」이라는 일본어 소설이야말로 어떤 측면에서는 머릿속 번역을 가장 잘 보여주는 것이다. 그러니까 원본은 있으되 문장으로는 존재하지 않기 때문에 이것을 조선어로 된 구상이라고 할 수 있고, 직접 쓴 일본어 소설은 그러한 구상을 일본어로 번역한 것이라고 할 수 있다.

이 소설의 일본어 번역에 대해 우선 지적할 수 있는 것은 표현의 빈곤이다. 다음 구절은 그것을 잘 보여준다.

> 덜크덕 덜크덕—퍼언한 신작로에 소마차 바퀴소리가 외로이 울린다. 사양에 키만 멀숙하니 된 가로수 포푸라의 그림자가 느른하니 길을 가로막고 있을 뿐 별로이 행인도 없는 호젓한 신작로다. 동리앞에는 곰방대를 문 영감님이 밝아숭이 손주놈을 더리고 앉아서 돌작난을 시키고 있다. 약삭

발른 게절에 되떨어진 매아미 소리는 마치 남의 나라에 가친 공주의 탄식처럼 청승맞다.(한글판)

덜컹, 덜컹, 덜컹

포플러 가로수의 그늘이 계단처럼 규칙 바르게 구획된 신작로에, 나른하고, 그리고 속삭이듯 물렁한 땅을 울리며 우마차가 가고 있다. 곧 입량이라는 팔월말의, 그것도 해가 서쪽으로 거의 기울어간 오후인데도 햇빛은 악의가 느껴질 정도로 내리쬐고 있었다. 두 달 동안이나 달구어진 노면에서 뿜어지는 반사광은 햇빛을 가리는 색안경으로도 막을 수 없었다.(일본어판)[32]

위의 인용은 각각 한글판과 일본어판의 첫 부분을 따온 것이다. 한글판이 묘사적이라면 일본어판이 설명적이라는 사실을 금방 알 수 있을 것이다. 그러나 이러한 언어 사용의 부자유로움의 문제는 부차적이다. 더욱 중요한 것은 이 일본어판이 조선어를 끊임없이 환기하지 않을 수 없는 구조로 되어 있다는 점이다. 이를 설명하기 위해서는 개작(번역)에 의해 무엇이 달라졌는가를 물어야 할 것이다.

원작에서는 신문 기자로 되어 있지만, 개작에서는 조선어 연구가로 되어 있다. 그러니까 일본어판은 조선어 연구에 일생을 바친 주인공 수택이 강사로 활동하던 B전문의 조선학과가 없어짐으로써 도시에서 그의 존재 의의가 사라졌기 때문에 시골로 내려가지 않을 수 없게 되

32 원문은 다음과 같다.
ゴト、ゴト、ゴト
ポプラの並木の蔭が梯子のやうな規則正しさで區切られた新作路に、懶い、それでゐて囁くやうな軟い地響を立てて牛荷車が通っている。も少しで入涼といふ八月末の、それも大方、陽が西へ傾きかけた午後だといふのに、陽光はまだ惡意が感じられるほどの照り方をしてゐた。二ヶ月この方、熱せられ通しの路面からの反射光は、陽除けの色眼鏡にさへこたえてならなかった。

었다고 설정되어 있다. 이 점은 조선어 창작이 시대적 가치를 인정받지 못해 일본어 창작으로 전향한 이무영 자신의 입장과 겹쳐진다. 물론 조선어 신문의 폐간을 계기로 한 낙향이라는 점에서 원작도 동일한 문제의식이지만 일본어 개작이 그 점에서 훨씬 직접적이다. 동시에 한글판에서 제시되었던 도시와 농촌의 대립구조가 '조선어 연구=문화', '농촌=흙'이라는 대립으로 더욱 확대되었다. 일본어판에서는 이 대립이 확대되어 문화에 대한 완전한 부정이 이루어진다.

> "흙, 흙, 흙의 애정 ……."
>
> 하고, 수택은 입으로 말해보았다. 그렇게 흙이라는 어감에서 이전, 학문이나 문화가 불러일으키던, 행복한 리듬을 발견하려 노력하였다. 학문이란 인간이 그 본능－일하는 정신으로부터 괴리되었기 때문에 생각해낸 것이었다. 그리고 문화라는 것은 하나의 장식으로서, 인간으로 하여금 장식에 싫증나게 했던 것이다. 히틀러의 출현도 그 구현이다. 인간은 점점 원시적인 것을 동경하기 시작했다. (…중략…)
>
> (신문이나 책을－인용자) 보지 않기로 했다. 그런 노력에도 불구하고 벼가 어떤 때는 흙 알갱이 알갱이가 실로 선명한 잉크색으로 띤 활자로 보이기도 했다. 습관이라기보다도 감출 수 없는 본능에서 오는 의욕이었다. 일종의 광적인 발작이다. 그런 동경인 것이다. 그것은 흙과 활자의 투쟁, 원시 생활과 문화의 싸움이었다.(일본어판, 236면. 윗점은 인용자)

한글판에서는 이러한 완전한 이항 대립과 문화의 부정은 이루어지지 않는다. 수택은 농촌에 와서 "창작욕도 벗적 늘어갔"(한글판, 160면)기 때문이다. 이처럼 일본어판에서는 문화에 대한 완전한 부정이 이루어지고, 그것은 조선어 연구와 연결된다. 이것은 조선어에 대한 부정이라고 볼 수도 있지만, 거꾸로 보면 조선어의 상실은 문화 자체의 상실이라는 이태준의 명제[33]를 연상시키는 것이기도 하다. 즉 창작이라는 것, 문화로서의 창작은 조선어에 국한된다는 것이 그것이다. 그렇다면 문화와 문자를 완전히 부정하고 난 이후에 쓴 이러한 일본어 문학은 도대체 무엇일까. 일본어판은 이러한 모순을 안은 채 흙에 대한, 그리고 원시 생활에 애찬으로 시종일관하고 있다.

그런데 일본어로 창작(번역)하면서도 이무영은 끊임없이 조선어를 언급한다. 번역되지 않는 단어들을 그대로 조선어 발음으로 노출시키는 것이다. 정도령(鄭道令)이나 백중(伯仲)같은 한자어에 한글식 후리가나를 붙이고 있는데, 그 가운데 가장 두드러지는 것은 토(土)라는 한자 옆에 흙(フルク)이라는 조선어 발음을 붙여놓는 것이다. 화자가 부정하는 문화와 가장 대극적인 자리에 놓인 토(土)에 쓰치(つち)라는 일본어가 아니라 조선어 발음을 대치시킴으로써 흙이 가진 원시성을 되살리고 있는 것이다. 이것이 가리키는 것은 '흙'의 번역 불가능성이다. '흙'이 '쓰치'로 번역되었을 때 사라져버리는 잉여를 언급함으로써만 화자는 그가 찬양하고자 하는 원시 생활로 돌아갈 수 있었던 것이다.

다음으로는 유진오의 소설을 검토해 보겠다. 유진오의 「김 강사와 T 교수」는 두 가지 판본이 존재한다. 하나는 1935년 1월의 『신동아』판(1935년 3월의 『삼천리』판도 동일하다)이고, 또 다른 하나는 1939년의 『유진오 단편집』(학예사)판이다. 이후의 판본은 모두 이 둘 가운데 하나를 취하고 있는데, 기존 연구에서 이 두 판본은 작가가 소설집을 꾸미면서 개작한 것으로 판단하고 있다. 그러나 이 둘 사이에는 번역이 개입해 있다는 점에 유의할 필요가 있다. 1937년 2월의 『문학안내』판이 그것

33 해방 이후 「문학자의 자기비판」(『인민예술』, 1946.10) 좌담회에서 이태준이 행한 발언, 곧 언어=문화라는 도식을 연상할 수 있다.

인데, 이것은 『조선문학선집 1』(1941)에 그대로 전재되었다.

그런데 번역이 문제적인 것은 이것이 1935년판이 아니라 1939년판과 일치한다는 사실이다. 그러니까 1935년판을 번역한 것이 아니라 개작과 동시에 번역이 이루어졌다는 것, 정확하게 말하면 개작에 앞서 번역이 존재했다는 것이다. 조선어로 개작을 하고 그것을 번역했는지, 일본어로 개작・번역하고 그것을 다시 조선어로 번역했는지는 작가의 언급이 없어 알 수 없다.[34] 그러나 1939년 한글판과 1937년의 일본어판의 선후관계 상, 그리고 두 판본을 비교해 얻은 몇 가지 사실은 먼저 일본어로 개작하고 한글로 다시 번역한 것으로 판단된다.

그 첫 번째 근거는 일본어판 개작(1937년판)보다 한글판 개작(1939년판)이 훨씬 문장이 조리가 있다는 점이다. 일본어를 한글로 옮기면서 손을 댔을 가능성이 있는 것이다. 두 번째 근거는 1935년 『신동아』판과 1937년 일본어판에서 비슷한 표현이, 1939년 한글판에서 변경되어 있는 경우가 있다는 것이다. 김만필이 독일 좌익문학 운동에 관해 기고한 신문 이름을 1935년판과 1937년판이 동아일보, 조선일보로 구체적으로 언급하고 있는 데 반해 1939년판이 그냥 '신문'과 '잡지'로 되어 있다는 것 등이 그것이다. 마지막으로 1939년 한글판에서 김만필을 지칭하는 단어로 '김'이라는 표현이 단 한 번 등장한다는 사실이다. 일본어에서는 성만으로 사람을 지칭하는 것이 가능하지만, 조선어에서는 그것이 불가능하지는 않지만, 아주 예외적인 것이다. 그렇기 때문에 1935년과 1939년 한글판에서는 모두 김만필, 김 강사, '그'로 지칭되어 있다. 그런데 1939년 한글판에서 단 한 번 '김'이라는 지칭이 등장하는데, 그것은 일본어판에서는 자주 등장하는 '김'이라는 지칭을 모두 다 김

34 정호웅, 「유진오론」, 『문학교육학』, 2006.12, 319면.

만필이나 김 강사 등으로 번역하다가 하나만 빠뜨린 것이라고 짐작할 수 있다. 이 세 가지 이유로 이 글에서는 「김 강사와 T교수」가 '한글 → 일본어 → 한글'이라는 번역과정을 거쳤던 것으로 전제한다. 물론 이러한 전제가 없더라도 이 소설의 개작에 일본어 번역이 개입하고 있다는 것은 분명한 사실이다. 이것은 개작의 내용을 통해 확인할 수 있다.

우선 다음의 인용을 통해 개작으로 무엇이 달라졌는지를 살펴보기로 하자.

> "자네는 내한테 와서 취직 청을 할 때 무어라고 그랬서. 사상 방면에는 절대로 관계없다고 그랬지. 그래 그렇게 남을 감쪽같이 속이는 데가 어딕 있나."
>
> 올 것이 온 것이다 라고 김만필은 생각하였다. 그러나 이렇게 되고 보면 어듸까지 한번 버틔어 보는 수밖에 없었다.
>
> "무슨 말씀인지 저는 잘 모르겠습니다. 저는 사상이니 무어니 그런 것은 아무것도 모르고 더군다나 당신을 속이다니요. 그건 천만의 말씀입니다."
>
> "무엇! 그래도 자네는 나를 속이려나?"
>
> H과장은 소리를 버럭 지르고 차종을 덜그럭하고 놓고 의자를 뒤로 떼밀며 몸을 벌떡 제쳤다.
>
> 그 때 이웃방으로 통하는 문이 열리며 언제나 일반으로 봄 물결이 늠실늠실하듯 윈 얼골에 벙글벙글 미소를 띄운 T교수가 응접실로 들어왔다.
>
> (1935년판, 윗점은 인용자)

> "왜 자네는 그것을 나에게 말하지 않고 감추었나. 응? 그래도 된다고 생각했는가? 자네는 그래도 태연히 학교 선생이 되었다고 좋아할지 모르지만, 내 체면은 뭐가 되나. 조선을 통치하는 관리가 XX주의자를 학교에 들

여도 좋다고 생각하는가. 나는 자네만은 틀림없다고 학교당국의 강경한 반대를 물리치고 자네를 억지로 밀었던 거야. 생각해 보니 자네를 경솔하게 신용한 내가 나빴지. 어설프게 자네들 조선인 입장을 동정했던 게 잘못이야. 이 배은망덕한. 이 이기적인.

H과장이 떠들어대고 있는 사이 김만필은 올 것이 드디어 왔구나 하고 생각했다. 그러나 결국 일이 이렇게 되어버리자 의외로 아무렇지도 않았다. 생각하면 작년 가을 이래 늘 자기를 괴롭히고 눈앞에서 어른거리든 검은 그림자의 정체가 겨우 요런 것이었던가. 그렇게 생각하자 무거운 짐을 내려놓은 듯이 마음이 가벼워졌다. 그러나 사실은 확실히 해두지 않으면 안 되었다. 그는 과거에 XX주의자였던 적은 없는 것이다.

"그건 오해이십니다. 저는 지금까지 XX주의자 따위는 ……"

"뭐라고! 그래도 자네는 나를 속인 셈인가."

H과장은 다시 격노하여 의자와 테이블을 덜거덕거리며 일어섰다.

그러자 문이 열리고 H과장 부인이 차를 나르러 나타났다. 이어서 부인 뒤에 항상 변함없는 봄바람같이 태탕한 미소를 얼굴 가득 띄운 T교수가 응접실로 들어왔다.

(1937년 번역판, 윗점은 인용자)

이 두 판본 사이에서 가장 차이가 나는 것은 윗점으로 표시한 부분이다. 김만필의 문제를 조선인 전체의 문제로 확대하는가와 김만필이 자신의 과거를 사회주의로 규정짓는가의 문제이다. "어디까지 한번 버티어 보는 것"(조선어판, 1935년)과 "사회주의자였던 적은 없는 것"(일본어판, 1937년)은 아주 큰 차이를 가지고 있다. 그 변화를 전향이라고 할 수 없을까. 그렇게 말할 수 있다면, 그 계기를 민족의 재현 / 대표에서 찾을 수는 없을까.

전체적으로 본다면, 『신동아』판(1935년, 한글), 『문학안내』판(1937년, 일본어), 학예사판(1939년, 한글) 사이에 가장 큰 차이점은 민족 문제이다. 1935년판(한글)의 대립이 지식인으로서의 양심과 세속적인 출세 사이의 그것이라면, 1937년판(일본어)와 1939년판(한글)는 그것에 덧붙여 민족적인 대립이 부각된다. 그 가운데에서 민족의 문제가 가장 큰 대립을 이루는 것은 1937년의 일본어 판본이다. 1937년판에는 실려 있지만, 1939년판에서 삭제된 구절은 다음과 같다. 물론 이 대목은 1935년판에는 아예 존재하지 않는다.

1. 식민지에서의 오랜 속료생활 → 오랫동안 속료생활

2. 식민지에서는 무엇이든 장엄과 엄숙을 더하는 것이다. → 삭제

3. 조선인 선생은 당신이 처음이니까 내지인 학생이 어떻게 나올지 걱정입니다. → 내지인 학생이 어떻게 나올지 걱정입니다.

4. 스즈키의 지식에는 감복했지만 그와의 이야기에는 별로 흥을 낼 수 없었다. 그것은 T교수의 충언이 있어서가 아니라 이민족 특히 식민지인으로서의 모국 민족에 대한 본능적인 경계심에서였다. → 스즈키의 지식에는 감복했지만 그와의 이야기에는 별로 흥을 낼 수 없었다. 스즈키가 불량학생이라는 T교수의 귀띔이 있었기 때문뿐이 아니라 다른 본능적인 경계심도 있었기 때문이다.

5. 만약 S강사가 그 민족적인 편견으로부터 나온 듯한 김 강사에 대한 노골적인 모멸과 적의가 없었다면, 김 강사는 김 강사 나름으로 S강사들의 정의파에 가담했을지도 모른다. → 만일 S강사가 김 강사에게 이유없는 멸시와 적의만 보이지 않았으면 김강사는 그들의 정의파에 가담했을지도 몰으는 것이다.

6. (조선의 무속 문제에 대해－인용자) 어쨌든 그런 바보 같은 풍속 따위

나는 본 적도 들은 적도 없다. 백보를 양보하여 어딘가 시골 무지한 사람들 사이에 그런 짓을 하는 사람이 한두 사람 있다고 해서 바로 "조선인은"이라고 말하지 않아도 좋지 않은가. → 삭제

7. 조선 통치 관리가 XX주의자를 학교에 들여도 좋다는 건가. → 삭제

위의 사례에서 보듯이 식민지 문제, 혹은 민족 문제가 김 강사를 둘러싸고 벌이지고 있는 것이 일본어판(1937년)의 특징이다. T교수로 대표되는 기성 사회에 대해 김 강사가 느끼는 위화감은 단지 양심이나 이데올로기에만 관련되는 것이 아니라, 민족에도 관련되어 있는 것이다. 그러한 민족적인 감정과 편견의 문제는 1935년판(한글)에는 전혀 나오지 않고 1939년판(한글)에서는 "이유없는" "본능적인"과 같은 표현과 함께 어렴풋이 등장한다. 그러나 일본어판(1937년)에서는 적극적으로 그러한 표현이 등장하는데, 그것은 유진오가 일본어로 개작・번역할 때 일본 독자를 의식하고 일부러 집어넣은 표현이라 할 수 있다. 민족적 타자에게 발화할 때 훨씬 더 민족적이 된다는 것, 바꾸어 말하면 일본어로 창작할 때 훨씬 더 민족에 대해서 자각하고 그것을 대표하게 된다는 것을 의미한다. 일본어에서 한글로 다시 번역한 1939년판(한글)에서는 이것이 훨씬 줄어든다. 그러나 여기에서도 이러한 민족적 재현 / 대표 / 대리가 흔적으로 남아 있다. "이유없는", "본능적인"이라는 표현 외에도 다음과 같은 구절이 그것을 잘 보여준다.

일본인 가(街)의 화려함에 비해 여기는 한적하여 일루미네이션만이 어색하게 빛나고 '세모 대매출'의 붉은 기가 사람의 통행도 드문 휑한 길에 먼지만 뒤집어 쓰고 있다. (…중략…)

신년이라고 해도 종로통을 중심으로 하는 조선인가에는 장식 하나 없고,

살을 에는 찬 바람만이 먼지를 일으킬 뿐이었다.

(1937년판, 윗점은 인용자)

본정통의 번잡한 데 비해 이 곧은 몹시 잠잠했다. 일루미네숀만 헛되게 빛나고 '세모대매출'의 붉은 깃발이 쓸쓸한 선달대목 거리의 몬지에 퍼덕이고 있었다. (…중략…)

새해라 해도 종노거리에는 장식 하나 없고 살을 어이는 매운 바람이 몬지를 불어올닐 뿐이었다.

(1939년판, 윗점은 인용자)

일본인 거리인 본정통과 조선인 거리인 종로의 대비를 통해 민족적인 차별을 환기하는 것이 위 인용문의 목적일 것이다. 이러한 대목은 1935년판(한글)에는 없고 1937년판(일본어), 1939년판(한글)에만 있는데, 1939년판(한글)에서는 1937년판(일본어)에 있는 구체적인 민족적 차별의 표현은 사라졌지만('일본인가', '조선인가'라는 정확한 지정은 없지만), 그 내용('본정통', '종로거리')만은 남아 있게 되었다. 1939년판(한글)에 남아 있는 민족적 문제에 대한 자각은 1937년판(일본어)의 흔적으로서, 그러니까 일본인을 향해 일본어로 조선을 재현 / 대표하는 것에 대한 흔적으로 남게 된 것이다. 일본어 번역이 한글 개작에 개입했던 사례를 여기서 볼 수 있다. 이것은 일본어로 스스로를 재현하면 할수록 조선적인 것에 대해 자각적이 될 수밖에 없음을, 따라서 일본어 번역, 일본어 창작 자체의 한계와 가능성을 한꺼번에 보여주는 것이라 할 수 있다.

경성의 공간 분할과 정신 분열

1. 식민지의 공간 분할

공간은 어떤 사람이 자기 정체성을 확인하는 기표이다. 어디에 살고, 또 어느 곳에 자주 들르는지 등은 다른 사람으로 하여금 그 사람이 어떤 사람인지를 알게 해주는 기호로 작용하기도 하지만, 그보다도 우선 한 개인을 사회 속에서 위치시키는 정체성 형성의 작용을 한다. 공간은 개인적이기도 하면서도 사회적이기도 한 것이다. 눈에 보이는 명확한 규정은 없지만, 현대 사회에서도 계급에 따라, 성별에 따라, 나이에 따라 갈 수 있는 곳과 갈 수 없는 곳이 있다. 이러한 공간 분할에는 개인의 기호만 작동하는 것이 아니라, 사회적 권력의지가 작동한다. 따라서 사회적 권력 관계로 형성된 공간 분할에 따르거나, 혹은 그것을 가로지르는 형태로 개인은 자기 정체성을, 혹은 집단 정체성을 무의식적으로 형성해 가는 것이다.

근대 이후 세계 규모의 식민지화는 대량의 인구 이동을 발생시켰고 그에 따라 인종/민족의 잡거를 탄생시켰다. 이것은 식민(植民, colony)이라는 말의 기원이기도 한데, 전 세계의 식민지화는 식민자(colonizer)의 식민지로의 이동만을 초래한 것은 아니고, 그 반대, 즉 식민지인(colonized)의 식민지 본국으로의 이동도 발생시켰다. 따라서 식민지에서만 식민지가 건설된 것이 아니라 식민지 본국에서도 작은 식민지가 만들어졌던 것이다. 근대의 도시 공간은, 식민지이건 식민지 본국이건 그 내부에 식민지 공간을 품고 있으면서, 그것을 토대로 해서만 성립될 수 있었다.[1] 이러한 점은 식민지 이후(post-colony)에도, 표면적으로는 억압되긴 했지만 어떠한 계기만 있으면 금방 튀어나오는 식민지적 무의식으로 잠재하고 있다. 지금 이 시점에서 식민지의 공간을 연구하는 것은 그렇기 때문에 여전히 유효한 현재적인 작업이라 할 수 있다.[2]

그러나 이러한 쌍방향적인 식민은 인종/민족의 잡거를 초래하면서도 철저한 공간 분할을 가져왔다. 식민지 본국에서는 식민지인이 거주하는 게토가 생겨났고, 식민지에서는 식민자가 거주하는 특권적인 공간이 생겨났다. 이러한 잡거와 공간 분할의 이중성은 식민자가 식민지인에 대해 가지는 양가 감정, 즉 동일화와 차이화가 반영된 것이다. 식민자는 식민지인을 계몽하여 문명화한다는 동일화의 사명을 표방하지만, 그 속에서는 여전히 차이화(차별화)에 근거를 둔 지배의 욕망이 작동하기 때문이다. 반대로 식민지인은 이러한 분할 속에서 거꾸로 자신의 인종/민족의 동질성을 확인함으로써 근대적 민족으로 재탄

1 식민지 시기의 인구이동에 관해서는 Ania Loomba, *Colonialism-postcolonialism*, London: Routledge, 1998의 제1장을 참조.

2 이 논의를 식민지 근대성과 연결시킬 수 있다. 근대화 자체가 식민화와 분리될 수 없다고 한다면(윤해동 외 편, 『근대를 다시 읽는다』 1, 역사비평사, 2006 가운데 「총론」 참조), 근대의 도시화 또한 식민지 건설과 분리시켜 생각할 수 없다.

생한다. 베네딕트 앤더슨의 말처럼 이러한 과정은 상상적인 것이기는 하면서도, 물질적인 근거(공간 분할)도 가지고 있었다고 할 수 있다. 그것을 가장 잘 보여주는 것이 소설의 공간이다. 소설의 공간은 실제사회의 공간을 반영하기도 하지만, 그것을 뛰어넘어 상상적 공간을 만들어 내기도 한다.

식민지 도시였던 경성에서도 식민자와 식민지인은 잡거하면서도 분리되어 살고 있었다. 소위 남촌과 북촌이 그것이다. 당시 담론 속에서 빈번하게 등장하는 이 용어를 각종 통계를 통해 세밀하게 검증한 것은 손정목이었다.[3] 그에 따르면 조선인이 2 / 3 이상 거주하는 곳을 북촌이라 할 수 있고, 일본인이 1 / 3 이상 거주하는 곳을 남촌이라고 할 수 있다. 기준인 1 / 3은 1925년 현재 경성의 주민 336,354인 가운데 84,696인을 차지하는 일본인의 비율을 의미한다. 일본인이 1 / 3 이상 거주하는 지역을 열거하면, 본정(本町, 충무로), 명치정(明治町, 명동), 약초정(若草町, 초동), 남산정(南山町, 남산동), 욱정(旭町, 회현동) 등이다. 이러한 공간 분할을, 언어와 문화가 비슷한 사람들끼리 모여 살고자 하는 본능으로 환원하면 식민지의 현실을 가리게 된다. 오히려 이러한 철저한 공간 분할에는 식민지의 권력이 개입되어 있다고 해야 할 것이다.

도시 기반시설이나 경제적인 면에서 일본인 거주 지역이 조선인 거주 지역에 비해 월등히 생활 수준이 높았음은 말할 것도 없다. 1930년 현재 상업회사 수를 보면 일본인 거주지역인 본정 2정목(19개소), 본정 1정목(17개소), 고시정(古市町, 동자동, 17개소), 황금정 2정목(黃金町, 을지로, 16개소), 남대문통 5정목(16개소), 한강통(15개소), 황금정 3정목(15개소)에 대부분 위치하고 있어 조선인 거주 지역인 종로 2정목(17개소)을

3 손정목, 「일본인의 도심부 점거와 남촌 · 북촌 현상」, 『일제강점기 도시화과정연구』, 일지사, 1996 참조.

제외하면 경성의 상업회사는 일본인 거주 지역에 밀집되어 있었다고 할 수 있다.[4] 자본금의 측면에서 보면 이러한 차이는 더욱 확대된다고 할 수 있는데, 이 때문에 두 지역의 도시 경관 자체가 달랐다. 도로와 하수 시설이 정비되어 깨끗하고 근대적인 남촌에 비해 북촌은 종로를 제외하고는 전근대적인 모습을 그대로 가지고 있었다. 이러한 남촌과 북촌의 공간 분할과 불균등은 식민자가 식민자로서의 정체성을 유지하는 데 필수적인 것이었다.

남촌과 북촌의 공간 분할에 대해서는 이미 많은 연구가 나와 있기 때문에 자세한 것은 생략하기로 한다. 그러나 하나만 더 지적한다면, 이러한 경성의 공간 분할은 마치 작은 일본이 경성에 들어선 것과 같은 효과를 낳았다는 것이다. 그러니까 식민지 본국이 식민지 속에 건설된 것이라고 할 수 있는데, 이것은 식민지 본국에 식민지가 건설된 것과 짝을 이룬다. 이것은 일본 식민지 통치가 식민지에 정착해서 본국과 비슷한 '정착자 사회(settler society)'를 만드는 식민지 유형(정착형)[5] 이었기 때문이다. 서구의 식민지에도 민족 간의 거주지 분화가 나타나지만(인도의 화이트타운과 블랙타운), 서구가 지배한 식민지의 경우 식민자의 인구 구성이 대개 관료나 군인 및 그 가족으로 단조로웠던 것에 비해 일본의 식민지에서는 일본의 도시가 그대로 이식된 듯한 주민 구성을 보이고 있다는 특징이 있다.[6]

이러한 인구 구성 속에 성과 계급의 측면에서 가장 낮은 위치를 차지하는 것이 일본인 매춘부와 술집 여급의 존재이다. 뒤에서 다시 보

---

4 박선희, 「경성 상업공간의 식민지 근대성－상업회사를 중심으로」, 『대한지리학회지』 제41권 3호, 2006, 308면.

5 복거일, 『죽은 자들을 위한 변호』, 들린아침, 2003, 15면.

6 하시야 히로시, 김제정 옮김, 『일본제국주의, 식민지 도시를 건설하다』, 모티브, 2005, 88면.

겠지만, 신정(新町, 묵정동)으로 대표되는 공창지대에서 활동했던 일본인 매춘부, 명치정 · 본정을 중심으로 활동했던 일본인 여급의 존재는 식민지인 남성이 가장 손쉽게 점령 / 제압(?)할 수 있는 식민지 본국인이었던 것이다.

이 논문은 위에서 말한 식민지 본국의 재현 / 대표인 남촌이 소설 속에서 어떠한 공간으로 그려지고 있는지를 살펴보는 것을 목적으로 한다. 그러나 단순히 소설 속에서 공간 분할이 반영되고 있음을 지적하는 것을 넘어서, 그러한 공간 분할이 소설속의 공간속에서 어떻게 분절화되고 있으며, 그것을 통해 식민지인의 심상이 어떻게 형성되어 갔는가를 살펴보도록 하겠다(2장). 나아가 공간 분할이 무너지는 1930년대 후반의 소설 공간이 어떻게 형성되는지도 살펴보도록 하겠다(3장).

2. 고현학의 불가능성 – 박태원의 『소설가 구보 씨의 일일』

박태원의 소설 『소설가 구보 씨의 일일』(『조선중앙일보』, 1934.8.1~9.19)[7]은 소위 고현학(modernologio)을 표방한 소설이다.[8] 다옥정 7번지인 구보의 집에서 출발하여 종로, 장곡천정, 경성역, 종로를 거쳐 다시 집으로 돌아오는 하루의 여정에서 보고 듣고 생각한 것을 기록한 것으로 이 소설은 이루어져 있다. '고현학'이라는 이름에 걸맞게 이 소설이 제공하

---

7 텍스트는 『소설가 구보 씨의 일일』(깊은샘, 1989)을 사용하였다.

8 박태원 소설과 곤 와지로의 고현학에 대한 최근의 논의는 김홍식, 「박태원의 소설과 고현학」, 『한국현대문학연구』, 2005.12를 참조.

고 있는 1930년대 중반의 경성이라는 도시 공간에 대한 정보는 『구보 씨와 더불어 경성을 가다』(조이담, 바람구두, 2005)라는 한 편의 책을 엮을 수 있을 정도로 풍부하다.

그러나 이 소설은 결코 식민지의 공간 분할을 가로지르지는 못한다. 그러니까 식민자가 설정한, 그리고 식민지인이 암묵적으로 동의한 공간 분할을 넘어서지 못한다. 고현학의 원조격이라 할 수 있는 곤 와지로의 고현학이 당대 도쿄에서 가장 번화한 거리인 긴자(銀座)를 대상으로 하고 있음에 반해 구보는 당시 경성에서 가장 번화한 거리인 본정(本町)을 대상화하지 못한다. 구보 씨가 산보하는 공간은 철저하게 북촌으로 제한되어 있는 것이다. 당시 일본인 공간의 대표격인 본정 입구인 조선은행 앞에 내려서도 구보씨는 결코 본정 쪽으로는 발길을 돌리지 않고, 장곡천정(長谷川町, 소공동)으로 향한다. 물론 장곡천정은 일본인 상업 지역이지만, 그가 향하는 곳은 조선인 경영의 낙랑 파라이다. 이 소설은 경성 내부의 식민지 본국의 공간이 완전히 삭제되어 있는 반쪽짜리 고현학이라 할 수 있다.

구보는 왜 일본인 거주 구역에 발을 들여놓지 못하는가? 조이담은 구보의 궤적을 상세하게 기록하는 가운데, 조심스럽게 이에 대한 해답을 제시하고 있다. 장곡천정에 위치한 낙랑 파라에서 벗과 함께 나선 구보가, 종로로 가는 길을 '낙랑 파라 → 경성부청 → 황금정 → 종로'(총 길이 900m)로 택하지 않고 '낙랑파라 → 조선은행 → 황금정 → 종로'(1300m)라는 우회로를 이용한 이유는 무엇일까 하는 의문을 그는 제기한다.[9] 조이담은 그러한 의문에 대해, 실상은 본정 쪽에서 '1차'를 하고, 종로로 향한 것이 아닐까 하는 추측을 보태고 있다. 실제로 박태원이나 이상 같은

9 조이담, 「구보와 이상의 경성 산책」, 『구보씨와 더불어 경성을 가다』, 바람구두, 2005 참조.

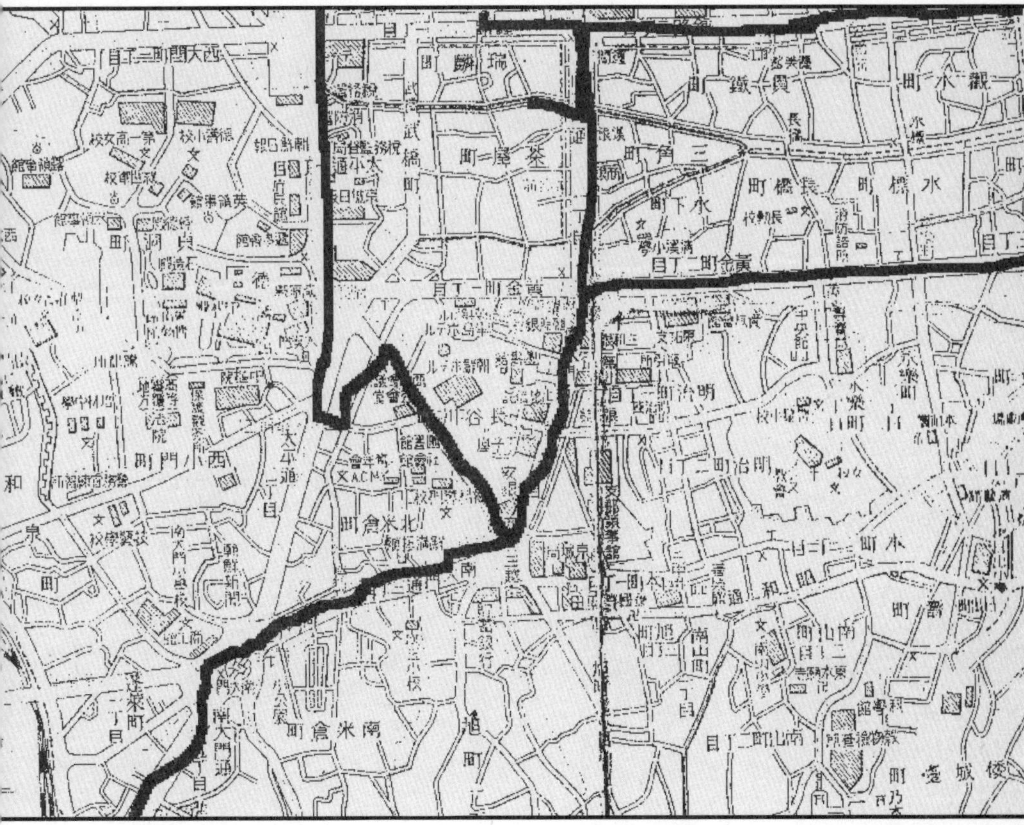

그림1_ 구보의 산책길

조선인 작가들이 일본인 거주 지역을 자주 들른 것은 사실이고 수필에도 그에 대한 묘사가 있다는 점에서 이것은 근거가 있는 추측이라고 할 수 있다. 그러나 구보의 산보가 목적지를 향한 직선적인 여행이 아니라는 점에서 이러한 추측은 별로 의미가 없는 것이기도 하다.

오히려 중요한 점은 박태원은 본정에 가지만, 구보는 왜 본정에 갈 수 없는가, 혹은 가지 않는가 하는 점이다. 경성에는 일본인 거리가 분명히 존재함에도 불구하고, 또한 1 / 3이 일본인임에도 불구하고 왜 소설 속에서는 일본인의 공간과 일본인이 묘사되지 않거나 추상화되어 있는가 하는 점이 해명되어야 한다.[10]

조이담은 이에 대해서도 또 다른 추측을 내놓고 있다. 즉 본정과 황금정이 왜색 짙은 일본인들의 거리였으므로, 조선인들이 구독하는 신문인 『조선중앙일보』의 연재소설의 무대로는 그다지 적합하지 않다고 여겼음직하다는 것이 그것이다.[11] 그렇다면 또 의문이 생긴다. 간다나, 히비야 공원, 긴자같은 도쿄 거리는 왜 이 소설 속에 등장하는가. 이 의

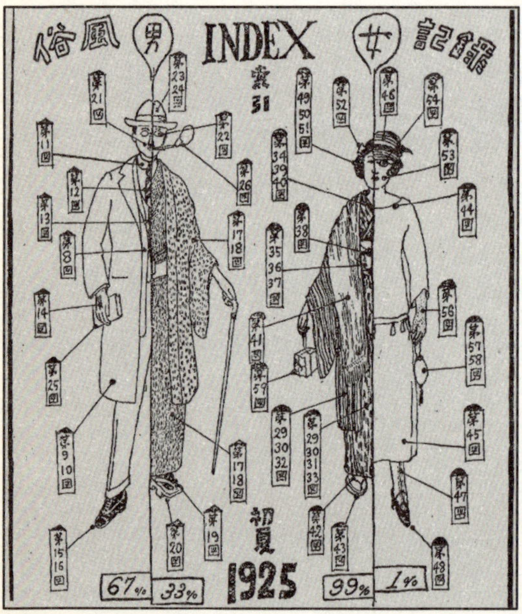

그림2_ 곤 와지로의 긴자거리 관찰1

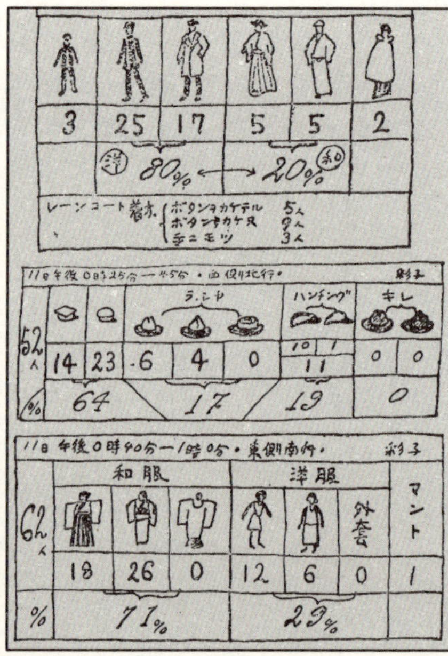

그림3_ 곤 와지로의 긴자거리 관찰2

10 한국문학 속에 나타난 일본인상에 관해서는 이 책 1부에 수록된 「일본과 인본인을 바라보는 분열의 시선, 단일한 시선」을 참조.

11 조이담, 앞의 책, 160면.

문에 답하기 위해서는 고현학이란 무엇인가를 묻지 않으면 안 된다.

고현학이란 "우리 동지들이 현대 세상(世相) 연구에 대해 취하고 있는 태도 및 방법으로서 그 작업 전체를"[12](「고현학이란 무엇인가」) 가리키는 말이라고 곤 와지로(今和次郎)가 말한 것은 1927년이었다. 그는 현재의 일본 풍속을 꼼꼼하게 기록함으로써 생활의 이상을 발견할 수 있다고 믿었다. 위의 그림처럼 그는 일본의 가장 번화가인 긴자 거리를 대상으로 현대 일본의 풍속을 세밀하게 분석한다.

〈그림 1〉은 1925년 현재 긴자 거리에서 남자와 여자의 복장을 분석한 것이다. 남자의 67%가 양복을 입었고 33%가 일본 옷을 입은 반면에 여자는 99%가 양복, 1%가 일본 옷이었다. 이러한 항목은 남자의 경우 지팡이, 모자 등 16항목에 이를 정도로 세밀하다. 〈그림 2〉는 남녀 학생들의 복장을 기록한 것이다. 도대체 이러한 자세한 기록을 통해서 곤 와지로는 무엇을 할 생각이었을까. 그의 말을 더 들어보기로 하자.

그에 따르면 고고학이 역사학의 보조 학문으로서 과거 인류의 물질적 유물을 연구하는 학이라면, 고현학은 방법은 같으면서도 사회학의 보조 학문으로서 현재 물질생활을 연구하는 학문이라는 점에서 다르다는 것이다. 그러면서 그는 고현학을 미개 고현학과 문화 고현학으로 나눈다. 전자가 민속(족)학이라면, 후자가 엄밀한 의미에서의 고현학이라 할 수 있다. 전자가 문명의 눈으로 미개 사회의 물질적 상황을 관찰하는 것이라면, 후자는 문명의 눈으로 본 문명(화) 사회의 물질적 상황을 관찰한 것이라고 할 수 있겠지만, 상황은 그리 간단치 않다. 문화 고현학이 미개 고현학을 확장한 것에 불과하기 때문이다.

---

12 곤 와지로, 『고현학 입문』, 東京: 筑摩書房, 1987, 358면.

현대 문화인의 생활 형태, 그 집단의 표면에 나타나는 세상 풍속, 현재의 그것을 분석 · 고사(考査)하는 것에는 그 주체와 객체 사이에, 즉 연구자와 피연구자 사이에 마치 미개인에 대한 문명인의 그것처럼, 환자에 대한 의사의 그것처럼, 혹은 범죄자에 대한 재판관의 그것처럼, 우리들(조사자)이 일반인이 가진 관습적인 생활을 떠나, 항상 객관적인 입장에서 생활하고 있다는 자각이 없다면 너무나 쓸쓸하다(그러니까 이러한 점에 대한 확실한 의식이 없으면 소위 공무원식의 조사가 된다). 그래서 우리들은 각자 습관에 관한 한 유토피아적인 어떤 관념을 각자의 정신 가운데 가지고, 그리고 스스로의 생활을 쌓아가면서, 한편으로 세상의 생활을 관찰하는 위치에 설 수 있는 것이라고 고백하고 싶다.[13]

문화 고현학이든, 미개 고현학이든 객관적인 입장, 유토피아적 관념이 없으면 관찰의 위치에 설 수 없다는 것으로 요약될 수 있다. 그런 점에서 문화 고현학이나 미개 고현학은 동일한 것이라 할 수 있다. 오히려 고현학이란 문명인의 눈으로 미개인을 바라보는 것이며, 문명인의 시각을 획득할 때 관찰이 가능해지는 것이라 할 수 있다.[14] 곤 와지로가 1920년대 조선 총독부 촉탁을 지내면서 조선 사회의 관찰을 통해 고현학을 구상했다는 점을 생각하면, 고현학이야말로 어느 측면에서는 가장 제국주의적 학문이자, 식민주의적인 시각이라 할 수 있을 것이고 민속학의 현대판이라 할 수 있다.

그러나 똑같이 우월한 입장에서의 관찰이라고 하더라도 곤 와지로가 설정하고 있는 문화 고현학과 미개 고현학의 차이를 간과해서는 안

---

13 위의 책, 363면. 윗점은 인용자.

14 그런 점에서 가라타니 고진이 말하는 '풍경의 발견'과 유사하다(가라타니 고진, 박유하 옮김, 『일본 근대문학의 기원』, 민음사, 1997).

된다. 그가 말하는 문화 고현학이 현대 일본을 대상으로 한 것으로서 국민국가적 공통 공간, 공통 풍속을 만들어내는 데 주안점이 놓인 것에 반해 미개 고현학은 문명론적 시각으로서 동일자와의 차이를 만들어내는 데 주안점이 놓여 있다. 따라서 좁은 의미의 고현학, 즉 문화 고현학은 민족주의적 · 국민국가적 상상력 내에서만 작동되는 것이라 할 수 있다.

고현학이란 자신의 우월한 정체성을 전제로 할 때 성립할 수 있는 것이라고 앞에서 말했다. 이러한 우월한 정체성을 바탕으로 타자를 관찰/배제하는 것, 그것이 고현학이었다면, 박태원의 「소설가 구보 씨의 일일」에서도 이것과 반드시 일치하지는 않지만, 동일한 심성이 엿보인다. 그것은 소설가로서 생활인에 대해 가지는 근거 없는 우월감이다.

> 그들의 대화의 대부분을, 물론 계집들은 알아듣지 못하였다. 그러면서도 그들은 능히 모든 것을 이해할 수 있었던 듯이 가장하였다. 그러나, 그것은 결코 죄가 아니었고, 또 사람은 그들의 무지를 비웃어서는 안 된다.[15]

비웃어서는 안 되지만, 그들의 무지를 알아차릴 수 있는 위치에 서 있어야만 이러한 진술이 가능할 것이다. 이 소설에서 빈번하게 발견되는 자의식적인 진술들은 이러한 우월감과 자괴감 사이를 왕복한다. 그러나 끝내 생활인과 자기 사이의 간격은 메우지 못한다. 관찰과 기록(노트)이라는 고현학적 방법을 취하는 한 이러한 간격은 결코 메우지 못할 것이다.[16] 그러나 고현학은 관찰되는 대상과 관찰하는 자 사이의

---

15 박태원, 『소설가 구보씨의 일일』, 깊은샘, 1989, 72면.

16 근대문학이란 입신출세주의에서 탈락한 자들이 만들어낸 것이라는 가라타니 고진의 말을 새겨들을 필요가 있다. 문학자들은 입신출세주의에 의해 결정되는 현실과는 다른 공간을

간격만을 응시하는 것은 아니다. 오히려 관찰하는 대상을 제한함으로써 공통의 상상 공간, 즉 네이션을 만들어낸다. 그것이 박태원의 고현학이 일본인의 공간 속으로 침투하지 못하는 이유라 할 수 있다.

그렇다면 일본인의 공간이나 일본인에 대한 관찰은 어떻게 가능할 것인가. 고현학적 방법이라면 이것은 애초부터 불가능한 일이다. 앞에서 보았듯이 고현학이란 미개인을 바라보는 문명인의 시각이거나, 관찰 대상을 제한함으로써 민족적·국민국가적 공통성을 만드는 것이기 때문이다. 일본인의 공간이 구보 씨의 시야에 들어오지 않는 것은 그것을 관찰할 수 있는 눈이 없기 때문이다. 그들을 관찰/배제할 수 있는 시각을 얻을 수 없다면, 그들 식민자를 바라볼 수 있는 것은 어떠한 방법으로 가능한가. 이에 대한 암시는 이상에게서 얻을 수 있다.

> 수 일 전 본정 좁고도 복작복작하는 거리를 관류하는 세 채의 인력거를 목도하였다. 말할 것도 없이 백인의 중년 부부를 실은 인력거와 모 호텔 전속의 안내인을 실은 인력거다.
>
> 그들은 우리 시민이 정히 못 알아들을 수밖에 없는 국어로 지껄이며 간혹 조소 비슷이 웃기도 하고 손에 쥐인 단장을 들어 어느 방향을 가리키기도 한다. 자못 호기에 그득 찬 표정이었다.
>
> 과문에 의하면 저쪽 예의 준칙으로는 이 손가락질 하는 버릇은 크낙한 실례라 한다. 하면 세계 만유를 하옵시는 거룩한 신분의 인사니 필시 신사리라. (…중략…)
>
> '이까짓 데서는 예를 갖추지 않아도 좋다'하는 애초부터의 괘씸한 배짱임에 틀림없다. (…중략…)

소설 속에 만들고 있는 것이다. 그러한 상상 공간 속에서 입신출세한 자들을 비웃는 것이 소설인 것이다(柄谷行人,『近代小說の終り』, 東京: INSCRIPT, 2005, 70~73면).

> 그러나 또 생각하여 보면 그들은 내가 채 알지 못하는 바 세계적 지리학자거나 고현학자인지도 모른다. (…중략…)
>
> 인력거 위에 앉아서 단장 끝으로 손가락질을 하는 그들의 태도는 확실히 동물원구경에 근사한 태도요 따라서 무례요 따라서 실례요 더없는 굴욕이다.[17]

시선의 일방성이 고현학의 특징임을 이상은 명확하게 이해하고 있으며, 그러한 시선을 되돌려주는 방법도 그는 잘 알고 있다. "저쪽 예의준칙으로는"이라는 대목에서 볼 수 있듯이 그들의 시각에서 그들을 바라보는 것, 그럼으로써 식민자의 논리를 내파(內破)하는 것이 그 방법임을 이상은 말하고 있는 것이다.

3. 정신 분열을 일으키는 공간의 혼란 – 김사량의 「천마」

시선의 일방성이라는 측면에서 박태원의 고현학적 방법론은 식민자를 관찰하는 데 한계를 지니고, 그런 이유로 식민지의 공간 분할이 무의식적으로 그의 소설에서 관철되고 있다고 지적했다. 박태원은 관찰자로서의 자신의 정체성을 확립하기 위해서는 자신을 관찰하는 또 다른 시선(식민자의 그것)을 괄호 칠 필요가 있었다고 할 수 있다. 그렇다면 이 괄호를 풀고 스스로를 관찰자이자 관찰당하는 자로 위치 지을 때 어떠한 현상이 벌어지는가. 그것은 김사량의 「천마」에서 잘 볼 수 있다.

---

17 이상, 「추등잡필」, 『이상전집』 3, 문학사상사, 1993, 85~87면. 윗점은 인용자.

경성의 공간 분할이라는 측면에서 볼 때 「천마」의 주인공 현룡이 그리는 궤적은 둘 사이를 요동한다. 신정 유곽에서 시작하여 본정 메이지 제과 → 장곡천정 조선호텔 → 황금정 다방 리라 → 남대문통 한성은행 → 종로 사거리 → 종로 한청빌딩 앞 야점 → 종로 예수서관 뒷골목 → 우미관 뒷골목 선술집 → 황금정 하숙집 → 황금정 거리를 거쳐, 다시 신정 유곽으로 끝이 난다. 이 여정은 구체적으로 일본인 작가 다나카를 발견하고 그와 헤어지는 여정이면서, 또한 주인공 현룡이 일본인이 되고자 노력하다 일본인으로부터 타자화되는 여정이기도 하다. 그 정점에 위치하는 것이 가장 조선적인 우미관 뒷골목 선술집이고, 거기서 그는 일본인을 발견함과 동시에 자신의 일본인화의 불가능성을 발견한다. 이러한 과정을 조금 자세히 보기로 하자.

현룡은 조선인으로서 받는 차별과 억압에 시달리다 그것을 한꺼번에 극복하는 길을 내선일체에서 찾는다. 당시 내선일체론은 크게 보아 두 가지가 있었는데, 그 하나가 평행 제휴론이라고 또 하나는 동화 일체론이었다.[18] 후자가 개인주의에서 출발하여 조선인 개인의 차별을 완전한 일본인이 됨으로써 해결할 수 있다고 보았음에 반해 전자는 집단주의에서 출발하여 조선인 전체가 대동아공영권에서 주체가 될 수 있는 길을 모색했다. 또한 평행 제휴론이 다소나마 조선 민족문화의 보존을 주장했음에 반해 동화 일체론은 조선적인 것의 완전한 폐절을 주장했다. 이 둘의 대립은 「천마」에서 다음과 같이 나타난다.

> 역시 그들은 자신들 손으로 조선문화를 수립하고 그 독자성을 신장시켜야 하며, 그것이 또한 결국은 전 일본 문화에 대한 기여이기도 하고, 나아

18 평행 제휴론과 동화 일체론에 대해서는 이승엽의 「조선인 내선일체론자의 전향과 동화의 논리」(『二十世紀研究』 제2호)를 참조.

가 동양 문화를 위한 세계 문화를 위한 것이기도 하다고 말했다.[19]

실제로 현룡은 허울 좋은 애국주의의 미명 아래 숨어서 조선어로 하는 저술은 물론 언어 자체의 존재조차도 정치적인 무언의 반역이라고 참무하고 다니는 사람 가운데 하나였다.[20]

첫 번째 인용이 평행 제휴론자, 그러니까 조선문화의 개별성을 그대로 유지한 채 일본 제국의 일환이 되자는 집단의 주장이라면, 두 번째의 인용은 조선문화를 없애고 개별적으로 일본 문화에 동화되어 완전한 일본인이 되자는 동화 일체론자의 주장이라 할 수 있는데, 주인공 현룡은 후자에 속한 인물이었다.

이러한 동화일체론자가 그리는 궤적은 일본인의 공간과 조선인의 공간을 가로지른다. 위의 인용에서처럼 완전한 일본인화를 목표로 하고 있는 현룡이 소설 첫 부분에서 위치하는 장소는 신정 유곽이다. 당시 공창은 경성 지역에서 다섯 군데 분포하고 있었는데, 신정(묵정동), 병목정(竝木町, 쌍림동), 서사헌정(西四軒町, 충장로 2가), 미생정(彌生町, 도원동), 대도정(大島町, 용문동)이 그것이었다. 총독부는 이 가운데 신정의 공창업자를 묶어 신정대좌부업조합(新町貸座敷業組合)을, 서사헌정・병목정을 묶어 한성조합을, 미생・대도정을 묶어 미생정대좌부업조합을 결성케 했다. 크게 나누면 신정을 중심으로 한 공창(신정, 서사헌정, 병목정)과 용산을 중심으로 한 공창(미생, 대도정)으로 나눌 수 있다. 이러한 공창 지역도 또한 공간 분할의 원칙이 지켜졌는데, 신정・미생정이 일본인 공창 지역이었다면, 서사헌정・병목정・대도정이 조선인

19 김사량, 「천마」, 『文藝春秋』, 1940.6, 360면.
20 위의 글, 361면.

공창 지역이었다.[21]

하시야 히로시는 일본 식민지의 상징으로 군대나 통치 기구를 들지 않고 신사와 유곽을 꼽았다. 그는 서구의 식민지에는 없는 두 가지 존재를 일본 식민주의의 상징이라고 보았던 것인데, 그에 덧붙여 가장 정신적인 통치와 가장 물질적인 통치로서 이 두 가지를 들 수도 있을 것이다. 그런데 재미있는 점은 이 두 가지가 모두 남산에 위치해 있었다는 점이다.

> 일본인은 조선 신궁 · 경성 신사 · 천만궁 · 노기 신사 등 많은 신사를 모셨지만, 그 중에서도 이세같은 오랜 도시가 일본에서 가장 음탕한 장소였던 것처럼, 남산이라는 신성한 산을 중심으로, 이 산기슭에도 신마치, 아사히초라는 경성 제일의 요정집과 기생집이 늘어서 있다.[22]

극과 극은 통한다는 말이 있듯이 가장 물질적인 것과 가장 정신적인 것이 계층화되어 있는 곳이 남산이었던 것이다. 맨 윗부분에 신사가 있었고, 그 아래에 일본인 유곽이, 중간지대에 일본인 · 조선인 · 외국인 유곽이, 그리고 맨 아래에 조선인 유곽이 있었는데, 이러한 배치는 상당히 상징적이다. 식민지 통치의 가장 약한 고리에서 가장 강한 고리로 계층화되어 있기 때문이다.

현룡이 출발하는 지점은 신정 가운데서도 가장 아랫부분인 조선인 유곽이다. 아마 병목정 유곽이 아닌가 생각된다. "가로수가 나란히 서

---

21 손정목, 『일제강점기 도시사회상 연구』, 일지사, 1996, 456~458면. 참고로 1923년 각 유곽 창기의 민족구성은 다음과 같다.
신정 : 461명(일본인), 58명(조선인), 2명(외국인)
서사헌정 : 309명(조선인), 미생정 : 190명(일본인), 대도정 : 102명(조선인)

22 다나카 히데미쓰, 유은경 옮김, 『취한 배』, 소화, 1999, 348면.

있다는 착각", 그러니까 병목(竝木)의 환상을 현룡이 본다는 말에서도 알 수 있고, 여러 문헌에서 조선인 유곽이 가로 정비가 되지 않아 미로와 같았다고 말하고 있는 데서도 그것을 알 수 있다. 이러한 미로로서의 조선인 유곽은 현룡이 빠져나가려 해도 빠져나갈 수 없는 조선적 정체성의 상징이라 할 수 있다. 그는 일본인 거리인 본정으로 나가려 하지만, 미로에 갇혀 한참을 헤매다 겨우 빠져나온다. 이 장면은 마지막 장면에서 이곳에서 미로에 갇히는 것과 마주보고 있다.

"경성에서 가장 번화한 내지인 거리로서" "오전 10시가 조금 지났는데도 거리에는 사람들이 많이 다니는"[23] 본정에서 현룡은 메이지 제과 경성 지점을 찾아간다. 이곳은 지난밤에 조선인 문인들이 모여 언어사용 문제로 격론을 벌이던 곳이었고 일본인의 위치에 섰다고 생각하는 현룡이 그들을 관찰(감시)하고 비웃다가 평론가 이명식에서 얻어맞은 곳이기도 했다. 또한 이곳은 현룡이 일본인의 시선, 곧 오무라와 다나카의 시선을 발견하는 곳이기도 하다. 자신이 관찰하면서도 관찰당하는 존재라는 분열된 입장에서 그가 그 분열을 치유하기 위해 하는 행동은 일본인을 찾는 것이었다. 오무라라는 일본인이 현룡의 존재가 쓸모없게 되어 그를 내팽개치려하자, 그보다 더 일본인에 가까운(식민지 본국에서 왔다는 점에서) 다나카의 힘을 빌어 그러한 위기를 모면하려는 것이었다. 우미관 뒷골목 선술집에 닿기까지의 여정은 바로 이러한 일본인 찾기였고, 스스로를 일본인에게 일치시키려는 여정이었다고 할 수 있다.

그러나 일본인을 발견하는 순간은, 곧 스스로의 일본인성을 잃어버리는 순간이기도 했다. 스스로의 일본인성을 발견하는 것은 조선적인

23 김사량, 앞의 글, 354면.

것과 자신을 차별화함으로써 가능했다고 한다면, 그렇기 때문에 가장 조선적인 종로 거리가 자신의 일본인성을 발견하기에 가장 적합한 곳이었다고 한다면, 거꾸로 그 공간은 일본인에 의해 스스로가 타자화되기에 가장 적합한 공간이었다. 현룡은 일본인이 없는 곳에서만 일본인일 수 있었던 것이다. 그러나 일본인의 등장과 그들의 시선의 등장은 주위의 조선적인 것과 자신을 일치시키는 효과를 가져 온 것이다.

> ① 조선의 청년이란 것들은 모두 비겁하고 비뚤어진 근성이 있는 데다가 음험하고 당파심이 강한 족속이라는 것이다. 마친 그 좋은 표본이 다나카도 도쿄에서부터 알고 있던 현룡이라고 말하고 있었다.[24]

> ② 내지인과 상대할 때는 일종의 비굴함에서 조선인의 험담을 마구잡이로 해대는, 그럼으로써 비로소 또한 자신도 내지인과 동등하게 말할 수 있다고 철석같이 믿고 있는 그였다.[25]

②에서 나타난, 조선인과 자신을 차별화시켜 스스로를 일본인화하고자 하는 현룡의 욕망, 그리고 그러한 욕망에서 나온 조선인에 대한 시선이, ①에서는 일본인에 의해 그대로 자기자신에게로 되돌아온다. 그리하여 그는 조선인이면서도 조선인이 아닌 존재, 일본인이면서도 일본인이 아닌 존재로 분열된다. 그러한 분열은 이 소설 속에서는 일본인의 공간을 침범하는 것과 겹쳐진다. 마지막 장면에서 그는 황금정(지금의 을지로) 거리에서 신사 참배를 하러 조선 신궁으로 향하는 대열과 마주친다. 그러나 자신의 식민지적 타자성을 발견한 현룡은 그들을

24 위의 글, 374면.
25 위의 글, 375면.

따라갈 수 없었다. 그는 복숭아 가지를 타고 하늘에 오르려고 하면 할수록, 일본인의 신성 공간인 신사에 올라가려 하면 할수록, 더욱더 땅으로 곤두박질치며, 또한 신사로 가는 길 가운데 가장 아래의 공간인 조선인 유곽에서 길을 잃어버릴 수밖에 없는 것이다. 그에게 있어 일본인이란, 그리고 일본인의 공간이란 아무리 닿고자 노력해도 닿을 수 없는 카프카의 성과 같은 존재였던 것이다. 조선인의 공간을 잃고서도 일본인의 공간에 도달하지 못하는 현룡은 갈 곳 없이 결국 정신 분열을 일으킬 수밖에 없었다.

그 때 갑자기 발밑에서 개구리들이

"요보(조센징)!"

"요보(조센징)!"

하고 아우성치는 것처럼 들렸다. 그는 겁에 질린 듯 갑자기 귀를 막고 달아나면서 외쳤다.

"요보(조센징) 아니야!"

"요보(조센징) 아니야!"

그는 조선인이기 때문에 생긴 오늘날의 비극으로부터 발버둥을 쳐서라도 도망가고 싶었을 것이다.

(…중략…)

그리고 또 다른 집에로 달려가 커다란 대문을 두드리며

"열어줘, 이 내지인을 들여보내줘"

다시 뛰기 시작한다. 대문을 두드린다.

"난 이제 요보(조센징)가 아니야! 겐노카미 류노스케야, 류노스케! 류노스케를 들여보내줘!"[26]

그러나 이러한 정신 분열은 현룡만의 것이 아니라, 신사 참배 행렬을 이루었던 조선인들에게도 해당하는 것은 아닐까. 그들은 실제로는 남산 위쪽에 있는 조선 신궁에 도달할 수 있었지만, 여전히 무의식 속에서는 남산 신궁에 도달하지 못하고 그 아래에 있던 유곽에서 헤매고 있었던 것은 아닐까. 김사량은 그러한 식민지인의 무의식, 그리고 분열 현상을 경성이라는 공간을 통해서 훌륭하게 그려낸 것이라 할 수 있다.

4. 결론을 대신하여

『소설가 구보 씨의 일일』의 구보가 일본인과 일본인의 공간을 괄호 안에 넣음으로써 관찰자로서의 자신의 위치와 정체성을 구축할 수 있었던 데 비해 「천마」의 현룡은 이 공간을 월경함으로써 정신 분열을 일으켰음을 보아왔다.[27] 식민자나 식민지인은 모두 이러한 공간 분할의 자기편에 안주하면서 정신 분열을 일으키지 않으면서 스스로의 정체성을 지켜왔다. 또한 황호덕이 지적하듯이 이러한 이중 공간은 곧 이중 언어를 의미하기도 했다.[28] 실상은 이중의 정체성, 이중의 언어,

26 위의 글, 384면.

27 마에다 아이는 문학 텍스트에 그려진 등장 인물의 월경이 그의 행위 속에 숨어 있는 양의성을 개시하여 또다른 생의 가능성을 엿보게 하는 계기이며 교차하는 의미론적 장이라고 말한다(前田愛, 『都市空間の中の文學』, 東京: 筑摩書房, 1982, 31면). 그러나 이러한 월경이 식민지에 관계될 경우 식민자에게는 의미론적 장을 형성하는 오디세우스의 여행이 될 수 있겠지만, 식민지인에게는 '검은 피부, 하얀 가면'을 강요당하는 여행이 될 수도 있다는 점은 지적해둘 필요가 있다.

이중의 공간으로 이루어진 것이 식민지 조선이었고, 경성이었다고 할 수 있다.

> 나는 일주일쯤 전에 사정이 있어 일본인 촌인 약초정에 이사를 왔다. (…중략…)
>
> 이웃에 일본인 노파가 있어 우리 집에 수돗물을 얻으러 온다. 어떤 날 그 노파와 내 아내가 목욕하러 갔다.
>
> 번대(목욕값 받는 데)의 노파는 "조선인은 일이가 오부소쟈"하고 아내의 앞에 막아서서 목욕하는 걸 거절했다.
>
> 이 같은 망신을 당한 아내는, 울고 돌아와, 여보 나는 이젠 이 약초정에 살기 싫으니, 다른 데로 빨리 이사를 가자 하고 엎어져 울었다.[29]

그러나 위와 같이 식민자는 식민지인과의 관계 속에서 그것을 배제함으로써 스스로의 정체성을 형성해왔다. 마찬가지로 한국 작가들은 문학의 공간을 분할함으로써 일본인과 일본인을 문학의 공간에서 쫓아내고 스스로의 정체성을 지킬 수 있었던 것이다. 혹은 위와 같은 억압자로서 추상화된 존재로 고정시킴으로써 흔들리는 자신의 존재를 고정할 수 있었던 것이다. 그것이 박태원의 고현학이었고, 식민지 시기의 한국문학이었다.

타자를 고정시키는 것은 곧 자기를 고정시키는 것이기도 하다. 타자가 일종의 거울이기 때문에 그러하다. 거울이 흔들려서는 자신의 모습을 고정시켜서 볼 수 없다. 한국문학은 자신의 정체성을 만들어내기 위해 타자를 고정시키거나 괄호 속에 묶어 두었다. 괄호 속에 묶어 두

---

28 황호덕, 「경성지리지, 이중언어의 장소론」, 『대동문화연구』 51집, 2005.

29 최서해, 「이중」, 『최서해전집』 상, 문학과지성사, 1987, 368면.

었다는 말은 일본인의 공간과 일본인이 등장하지 않는 문학이라도 억압자로서의 일본가 일본인이 전제되어 있다는 말이다. 이러한 타자 인식은 일본문학도 마찬가지다. 일본문학은 한국인 / 조선인을 야만으로 표상함으로써 스스로를 문명으로 파악할 수 있었다. 일본문학 속에서 천편일률적인 조선인 상이 등장하는 것은, 혹은 아예 등장하지 않는 것은 그 때문이라 할 수 있다. 그런 점에서 도덕성의 우열은 존재하지만, 한국문학은 일본문학과 타자 배제라는 측면에서 공모하고 있다고 할 수 있다. 이러한 공모 관계에서 벗어나기 위해서는 우리 문학의 이중성, 양가성을 인정하는 것이 필요하지 않을까. 가리봉동같은, 서울 속의 작은 식민지 공간을 만들어가고 있는 현 시점에서는 그러한 관점이 더욱더 필요하지 않을까.

친일문학과 문학교육

1. 근대의 양가성－『상록수』 다시 읽기

한국에서 중등 교육을 받은 사람이라면 심훈의 소설 『상록수』를 모두 알고 있을 것이다. 제1차와 제2차의 교육 과정에서는 '뽕나무와 아이들'이라는 제목으로 고등국어 교과서에 실렸고, 제4차 이후부터는 '상록수'란 제목으로 고등국어(제4차) 및 중등국어(제5, 6, 7차)에 단골로 실린[1] 『상록수』는 소위 '국민 소설'이라 불릴 수 있을 정도로 널리 알려져 있다. 한곡리에서 조선어 강습을 하는 채영신에게 어느 날 주재소 순사가 찾아와 아이들을 80명까지만 받으라 했고 그 명령을 따를 수밖에 없는 영신이 눈물을 머금고 늦게 온 아이들을 쫓아냈더니 그 아이들이 창밖 뽕나무에 매달려 조선어 강습을 듣는다는 줄거리는, 정상적

1 조희정, 「교과서 수록 현대 문학 제재 변천 연구」, 『국어교육학연구』, 2005.12, 460면.

으로 한국의 중등 교육을 받은 '국민'들에게는 소개할 필요가 없을 정도이다. 부분 수록이라 전체 줄거리는 모르고 또 '한곡리'라는 지명 따위는 기억하지 못하지만, 채영신의 고뇌와 헌신, 그리고 한글을 배우고자 하는 아이들의 의지는, 예배당에 금을 긋는 장면과 뽕나무에 매달린 아이들의 모습으로 선명하게 '국민'들의 기억에 새겨져 있다.

비록 부분 수록이지만(아니 그렇기 때문에 더욱 강렬하게) 국어 교과서에 실린 『상록수』의 장면은, 주재소 순사로 상징되는 억압적인 일제, 아이들로 상징되는 일제에 저항하는 민중, 채영신으로 상징되는, 민중을 이끄는 헌신적인 민족 지도자, 조선어로 상징되는 민족문화의 수호라는, 민족주의 관점의 식민지기 한국사를 핵심적으로 보여주고 있다. 억압과 저항이라는 말로 요약할 수 있는 이러한 민족주의적 역사관, 즉 식민지 수탈론과 저항 사관이 국어 교과서에 의해 확대·재생산되고 있는 것이다. 그 속에서 식민지 본국 일본은 단일한 정체성으로 표상된다. 즉 주재소 순사는 성격(character)을 가지지 못한 정형(stereotype)화된 인물이며 일본의 억압성을 상징적으로 드러내주는 역할을 담당하고 있다. 이러한 이분법적 인식 속에서는 다음과 같은 장면은 의심의 여지가 없이 일제의 폭압성으로 해석될 수밖에 없다.

> 영신과 주재소 주임 사이에 주고받은 많은 대화나 그밖의 이야기는 기록하지 않는다. 그러나 호출한 요령만 따서 말하면
>
> "첫째는 예배당이 좁고 후락해서 위험하니 아동을 80명 이외에는 한 사람도 더 받지 말라는 것과, 둘째는 기부금을 내라고 돌아다니며 너무 강제 비슷이 청하면 법률에 저촉이 된다."
>
> 는 것을 단단히 주의하는 것이었다.[2]

주재소 순사로 상징되는 일제는 채영신의 계몽 사업을 방해하기 위해, 나아가 조선인의 자립 의지와 복리를 저해하기 위해 위와 같은 명령을 발한 것이라는 점은 국어 수업에서 의심의 여지가 없는 사실로서 전달된다. 그러나 기존의 작품 해석에서 비롯된 이러한 국어 수업에서의 해석은 주재소 순사가 왜 강습소를 폐쇄하지는 않고 법의 이름으로 시정 명령을 내렸는가에 대해서는 답을 하지 못한다. 사실 식민지에서 법이란 무엇인가, 나아가 근대란 무엇인가에 대한 질문을 던지고 있는 이 대목은 일제의 억압성이라는 말로 말끔히 해석되지 않는 것이다.

이 대목을 맥락(역사)에서 떼어내 현재에 적용하면 그 점이 금방 드러난다. 위험한 시설물에 정원이 훨씬 넘는 아이들을 수용하는 행위, 강제적으로 기부금을 모집하는 행위를 단속하는 것은 법을 집행해야 하는 관할 공무원의 당연한 의무라 할 수 있다.[3] 구체적인 법률 내용은 다르지만 현재에도 불법 행위로 간주되는 채영신의 행위를 제재하는 것이 왜 탄압인가 라는 아주 기초적이고 상식적인 질문이 식민지 지배라는 추상적 역사의 개입에 의해 무화되어 버리는 것이다. 또한 일본 제국주의의 지배라는 역사가 개입함으로써, '용산 사태'의 경우처럼 엄격한 법집행 자체가 인민의 권리를 보장하기도 하지만 또한 인민의 권리를 박탈하는 도구가 된다는, 법이 가진 양가성을 위의 장면에서 생각해볼 여유도 없게 된다. 법이라는 구체적인 매개를 삭제함으로써, 그러니까 식민지 통치란 법률 행위를 통해 이루어졌다는 사실을 망각함으로써 위의 장면은, 일본 제국주의라는 지배 권력과 조선인을 매개 없이 연결시키는 추상적 역사성을 통해 정형적으로 해석되는 것이다.

---

2 심훈, 『상록수』, 서울대 출판부, 1996, 131면. 인용에서는 현대어로 고침.

3 일제 강점기에 경무국의 경찰권은 보안의 영역뿐만 아니라 행정, 사법에 이를 정도로 광범위했다. 境喜明 엮음, 『朝鮮警察實務要書』, 신문관, 1912 참조.

당대의 법이라는 매개를 도입하면 주재소 순사의 행위는 단순히 민족적 탄압이 아니라 좀 더 복잡한 형태를 띤 것이었음을 이해할 수 있다. 우선 지금도 정당한 공권력 행사로 간주되는 주재소 순사의 행위는 식민지 시기에도 법률을 등에 업은 것이었음을 지적할 필요가 있다. 그 법률은 또한 식민지인들의 욕망을 어느 정도 반영한 것이었다. 아래의 인용문은 그러한 점을 잘 보여준다.

> 작야 경성 간동(諫洞)에 있는 고(古)가옥이 붕괴하여 소아(小兒) 삼남매가 무참히 되었다. 불가항력으로라 하면 불가항력으로라고 할 수 있으나 이것은 미리 주의만 하였던들 참변을 면하지 않았을까. 고건물이라 풍우에 붕괴될 만한 예측은 누구나 보는 이로 하여금 내리게 하였을지니 그 호주는 출타하고 그 주부만 집을 지키되 이것을 인식치 못하고 결국 이런 참변을 당한 것이다. (…중략…)
>
> 당국에서 이미 고옥으로 철훼(撤毁)를 요할 것을 미리 알았다면 이것을 명령치 않은 책임을 질 것이며 이것을 몰랐다면 그 책임을 면치 못할 것이다. 특히 최근 건축물 취체 법규가 제정되어 이의 취체가 실시되었을지니 이의 등한한 책임을 어찌할까.[4]

여기서 말하는 '건축물 취체 법규'는 1934년 6월에 제정된 '조선 시가지 계획령'의 일부로서 1935년 9월부터 시행되었다. 1935년 6월 26일에 탈고되고 같은 해 8월 『동아일보』 현상에서 당선되어 9월 10일부터 다음해 2월 15일까지 연재된 『상록수』는 이 법률의 제정과 시행 과정에 대한 미디어의 상세한 보도와 더불어 창작되고 또 읽혔다. 위험 건

4 사설 「건물취체를 엄중히 하라」, 『조선일보』, 1935.7.4.

축물 단속에 대한 규정을 포함한 이 법률은 해방 이후에도 폐지되지 않고 남아 법조문의 '조선 총독부'를 '대한민국 정부'로, '조선 총독'을 '대한민국 대통령'으로 바꾼 채, 1962년 도시계획법이 제정될 때까지 존속되었다.[5] 물론 어떤 것이 '위험 건축물'인가에 대해서는 법을 실지로 집행하는 자(주재소 순사)의 자의가 개입할 수 있지만, 일단 이 법률은 조선인, 일본인 할 것 없이 모두에게 해당되는 가치중립적인 것이며 총독부라는 식민지 지배 권력의 욕망뿐만 아니라 식민지인의 욕망을 일부 반영한 제한적 공공성[6]이라 해석할 수 있다.

기부금 문제도 마찬가지였다. '기부금품 모집 취체 규칙'이 총독부령 제76호로 개정된 것은 1933년 8월 5일이었고 그 시행은 9월 1일부터였다.[7] 그 요점은 기부금 허가제, 모집 비용 제한, 호별 방문 제한, 장부 기재 강제 등 기부금 모금에 대한 당국의 관리를 강화하는 것이었다. 이를 위반할 경우 3개월 이하의 징역이나 2백 원의 벌금에 처하도록 하여 규칙의 실효성을 보장하려한 이 법규는 "강습소 기부금은 5백 원까지 모집을 해도 좋다고 허가를 해주지 않았는가"[8]라는 채영신의 독백이나 기부금 장부 기입 등을 통해서 『상록수』에 반영되어 있다. 이 법의 취지 가운데 하나가 "어떠한 필요한 사회사업이라고 하여도 지방주민의 경제 부담 능력을 참고하여야 할 것임"[9]에 있다고 한다면

---

5 염복규, 『서울은 어떻게 계획되었는가』, 살림, 2005, 29면.

6 '공공성'은 자유나 주권의 문제와 떼어서 생각할 수 없다는 점에서 이러한 공공성을 '제한적 공공성'이라 할 수 있을 것이다(사이토 준이치, 윤대석 외 옮김, 『민주적 공공성』, 이음, 2009 제1장 참조). 그것은 식민지 법률 체계가 식민 지배를 합리화했다는 사실을 완전히 배제하는 것은 아니기 때문이다.

7 「기부금 제한 규정 종래 비해 대개혁」, 『조선일보』, 1933.8.7 및 「의연금·회사금도 기부금 조례로 취체」, 『조선일보』, 1933.9.5.

8 『상록수』, 131면.

9 「기부금 제한 규정 종래 비해 대개혁」, 『조선일보』, 1933.8.7.

"원체 가난한 동리인데다가 그나마 돈이 한창 마른 때라 기부금은 적어놓은 액수의 십분의 일도 걷히지 않"[10]는 상황은 기부금 취체 규칙의 제한 대상이었다. 게다가 영신의 조급함은 다른 회원들이 "급히 먹는 밥이 체한다우. 우리 선생님두 성미가 퍽 급하셔"라고 할 정도였다. 이 기부금 문제 또한 위험 건축물 단속처럼 제한적 공공성으로 해석할 수 있을 것이다.

『상록수』에 등장하는 두 가지 법률은 '억압과 수탈의 도구'로서의 식민지 법률이라는 관점(식민지 수탈론)을 넘어선다. 그렇다고 해서 식민지 법률이, 자의적 통치라는 봉건적인 질곡으로부터의 해방을 가져왔다는 관점(식민지 근대화론)을 선뜻 수용하기도 어렵다. 『상록수』의 화자나 주인공의 욕망이 식민지 법률과 적극적으로 대결하고 있지는 않지만 불편한 관계에 놓여 있는 것은 사실이기 때문이다. 그러니까 식민지 당국은 법률을 통해서 지배를 효과적으로 수행할 수 있지만 그것은 식민지인의 욕망을 어느 정도 반영하지 않을 수 없었고, 마찬가지로 식민지인들은 법률을 활용하여 자신의 복리와 욕망을 실현시켰지만 그것은 제한적이었던 것이다. 이 텍스트는 바로 이러한 근대 법률이 가진, 해방적이면서 동시에 억압적인 성격을 잘 드러내준다.

근대적 법률은 새로운 양식의 권력과 지배의 특성을 보여준다.[11] 그것은 국가가 폭력을 독점하고 체계화하여 과거에는 관여하지 않았던 다양한 생활 영역으로 통제의 정보 수집과 손길을 뻗쳐나간 것을 의미한다. 채영신이 주도하는 농촌 공동체와 주재소 순사와의 갈등은 이러한 규율 권력으로서의 식민지 법체계와 전통적인 자율적 질서와의 갈등으로 해석할 수 있다. 그 속에서 차츰 식민지 법체계를 내면화하는

---

10 『상록수』, 129면.

11 이철우, 「일제하 법치와 권력」, 이영훈 외 엮음, 『해방 전후사의 재인식』, 책세상, 2006, 153면.

동시에 그것에 균열을 만들어내는 것이 교과서에 실린 부분이다. 채영신은 "하룻밤을 하얗게 밝히며" 식민지 법률을 내면화한다. 채영신이 합법의 영역에서 벗어나지 않으려고 한다는 것은 그러한 내면화를 잘 보여준다. 그러나 내면화는 곧 아이들(민중)의 저항에 부딪힌다. 근대적 법률에 대한 저항과 그것의 내면화의 아슬아슬한 타협점이 곧 뽕나무에 매달린 아이들에 대한 배려로 드러난다. 식민지 법률이 정한 한계 속에서 그것을 넘어서는 것, 그것이 『상록수』가 보여주는 세계이다. 식민지 법률은 새로운 지배의 양식이고, 식민지인은 그 경계에 서 있었다. 똑같이 저항과 억압이라고 하더라도 기존의 해석이나 국어 교과서의 의도처럼 『상록수』가 보여주는 저항과 억압은 오로지 민족적인 것만은 아니었던 것이다.

2. 교과서의 이분법적 인식—중등 교육에서의 '친일문학'

국어 교과서가 국가 이데올로기를 반영하고 있다는 말은 동어반복이다. '국가어'의 준말인 '국어'에 국가 이데올로기가 이미 내재되어 있을 뿐만 아니라 '교육'이란 '국가'를 유지시키는 명백한 '이데올로기 장치'이기 때문이다.[12]

국어는 일상생활에 필요한 말과 글을 익혀, 바른 말과 맞는 글을 잘 깨쳐

12 한수영, 「문학 교과서와 소설 교육의 이데올로기」, 『근대문학연구』, 2006.10, 39면.

> 알게 하고, 또 저의 뜻하는 바를 바르고, 똑똑하게 나타낼 수 있도록 힘을 길러 주고, 아울러 지혜와 도덕을 북돋우어 국민된 도리와 책임을 깨닫게 하며, 우리 국민성의 유다른 바탕과 국문화의 오래 쌓아온 길을 밝히어, 국민정신을 담뿍 길러 내기에 뜻을 둔다.(「국민학교 교수 요지」, 1947)[13]

> 교과서는 교육 과정의 목표를 달성하기 위한 자료이며, 국가의 이념을 반영하는 것이기 때문에 교과서는 국어 교육의 하나의 표준이요, 자료요, 때로는 어느 정도의 지침도 될 수 있다.
>
> 국어과 자체의 목적은 이런 자료를 이용하여 인간을 만들어 내는 것이기 때문에, 자료는 부수적인 위치에 있는 듯하나 반대로 자료의 선택이 알맞을 때는 더욱 목표를 달성하기 용이하다고 볼 수 있다.(「국어과 교과서의 내용」, 1962)[14]

문학교육을 포함한 국어 교육의 목표가 "국민된 도리와 책임을 깨닫게 하"는 것에, 또한 "국민 정신을 담뿍 길러 내기"에 있으며, 따라서 국어 교육은 "국가의 이념을 반영하는 것"임을, 즉 그 자체가 국가 이데올로기임을 위의 인용은 명확하게 표명하고 있다.

민족주의는 그러한 국가 이데올로기의 핵심 부분을 구성하고 있고, 이에 따라 교과서 제재의 선택과 해석은 제한되어 왔다. 한국의 민족주의가 '반일 민족주의'라고 부를 수 있을 정도로 대타적 자기 정체성 구축에 주력해왔음을 염두에 둔다면 국어 교과서가 일제에 대한 저항을 강조하는 것은 어떤 측면에서 자연스러운 현상이라 할 수 있다. 저항의 텍스트, 저항의 해석을 강조하는 것과 제7차 교육과정 이후 등장

13 강진호 외, 『국어 교과서와 국가 이데올로기』, 글누림, 2007, 43면.
14 위의 책, 46~47면.

한 협력의 텍스트, 협력의 해석을 강조하는 것은 동전의 양면으로서 서로 배타적이지 않다. 그러니까 '친일문학'을 수록해야 하는가에 대한 갈등은 존재하지만, 무엇을 왜 어떻게 가르쳐야 하는가에 대한 갈등은 존재하지 않고 그것들은 당연한 것으로 전제되어 있는 것이 국어 교육계의 현실이다. 이 때 대립은 민족적 주체(민족 부르주아 vs 민중)를 둘러싸고 일어나며 '친일문학'을 둘러싼 국어 교육에서의 갈등은 그것을 반영한 것이다.

1966년 임종국의 『친일문학론』 이전까지 문학 연구에서 일제 말기의 문학은 '암흑기 문학'이라는 명칭이 주류[15]였고 그것은 일제 말기를 체험한, 그 시대에 명시적으로 연루된 세대와 계급(민족 부르주아)의 논리였다.[16] 자신의 정체성 가운데 일제 말기를 지우는 것과 민족 정체성 형성에서 일제 말기를 지우는 것은 동시적 행위라 할 수 있다. 제1차에서 제6차에 걸친 교육 과정에서 중등 국어 교과서는 이러한 국가 이데올로기를 반영한다. 일제 말기에 식민지 통치에 협조함으로써 자신의 계급적 지위를 유지해왔던 부르주아 민족주의 세력은 독립 이후 식민지 협력의 흔적을 지움으로써 자신의 계급적 지위를 보존하려 했다. 그것이 『친일문학론』 이전의 '친일문학' 연구였는데 국어 교육에서 그것은 '친일문학'을 교과서에서 배제하고 저항의 문학과 '순수' 문학 텍스트만을 내세우는 결과를 낳았다. 이상하지만 당연하게도 이 시기는 저항의 문학을 언급하고 해석하는 것은 장려되었지만, '친일'의

15 백철, 『조선신문학 사조사』, 백양당, 1949 및 조연현, 『한국현대문학사』(증보개정판), 성문각, 1969.

16 '친일문학' 연구사에 관해서는 윤대석, 「1940년대 '국민문학' 연구」, 서울대 박사논문, 2006 참조. 민족 부르주아가 식민지 지배체제와 연속적인가는 포스트콜로니얼리즘에서 논쟁의 대상이 되어 왔다(B. Ashcroft 외, *Key Concepts in Post-colonial Studies*, London & New York : Routledge, 1998 가운데 'nationalism' 항목 참조).

문학을 언급하고 해석하는 것은 금기시되었다.

이에 대한 비판은 임종국의 『친일문학론』을 이어받아 일제 말기의 협력과 무관하다고 스스로를 규정한 세대와 계급(민중)에서 나왔다. 그들은 민족 부르주아의 '암흑기 문학'이라는 명칭을 버리고 '친일문학'이라는 대타적 개념을 설정하였다. 7,80년대 '친일문학'에 대한 언급과 비판은 반체제 행위였다. 그것은 일제 말기의 식민지 협력에 명시적으로 연루된 개인 및 계급(민족 부르주아)의 통치의 정당성에 대한 문제 제기였다. '친일문학'에 대한 언급과 비판은 일본과 대립적으로 민족 정체성을 형성하는 것이었을 뿐만 아니라 식민지 협력에 관련된 계급과 대립적으로 민족 정체성을 형성하는 행위였다. 곧 그것은 문단 주류에 대한 비판이자 교과서의 주체인 민족 부르주아에 대한 비판이었다. 국어교육에서 '친일문학'에 대한 비판이 민중 교육 진영에서 나온 것은 이 때문이다.

> 40여년에 걸치는 일본 제국주의의 식민 통치를 벗어나서 해방을 맞았을 때 우리에게 가장 시급했던 일은 일제 잔재를 청산하는 일이었다. (…중략…) 이러한 당면 과제를 풀어나가기 위해서는 과거 일제에 아부 · 협력하며 민족에 해를 끼친 반민족주의자—친일파들을 배척하고 다시는 득세를 못하게 민족 기강을 바로잡는 일이 무엇보다도 중요했다. 그러나 (…중략…) 6 · 25 동란을 거치면서 분단 체제가 고착되고, 이승만 독재, 유신 독재를 지나 오늘에 이르기까지 일제 잔재는 거의 한 번 제대로 손도 못 대고 우리 사회의 구석구석에 온존해 왔던 것이다.[17]

17 교육출판 기획실 엮음, 『교과서와 친일문학』, 동녘, 1988, 8면.

식민지 협력에서 자유롭다고, 따라서 순수한 민족주의를 보존하고 있다고 주장하는 세대와 계급의 논리로서 '친일문학'이라는 명칭은 문학 연구에서, 그리고 국어 교육에서 1980년대 후반 소위 민주화 이후 널리 유포되어 문학교육의 주도권을 겨루게 되었다. '친일문학'이라는 명칭을 주장하는 사람들은 정전의 교체를 요구하였고, 그러한 주장은 제7차 교육과정에서 납·월북 작가의 작품이 등장하고, 서정주 등의 '친일문학'자의 작품이 삭제되는 것으로 관철되었다.[18] 납·월북 작가의 작품이, 일제하의 사회주의가 민족주의적 맥락에서 읽히는 것과 마찬가지로, 계급문학으로 읽히기보다 오히려 진정한 민족문학으로 읽힌다는 것을 감안하면 이러한 현상은 민족주의의 세대 교체, 계급 교체라 할 수 있다.

그러나 이러한 민족적 주체의 교체는 자리바꿈에 지나지 않는다. 이것은 여전히 '친일'과 '반일'이라는 이분법에 근거해 있다. 이전 세대에게, 그리고 민족 부르주아 계급에게 '친일'이 잊어야 하는 것이고 그러한 망각을 통해 민족과 자신의 정체성을 보존할 수 있었다면, 지금 세대에게, 그리고 민중 계급에게 '친일'은 강력한 대립적·배제적 타자로서 자기 정체성 형성에 개입하고 있는 것이다. '친일'을 내세움으로써 민족의 정체성을 보존하고자 하는, 그러니까 '민족 정기'를 세우고자 하는 시도는 민족문제연구소의 『친일인명사전』 편찬 작업과 친일반민족 행위 진상규명 위원회의 활동으로 정점에 달하였는데, 그것을 제도권 국어 교육에서 실현하고 있는 것은 상문연구사의 『문학』 교과서이다.

18 손진은, 「문학교육과 제재 선정의 문제」, 『우리말글』, 2005. 4, 367~369면.

3. 교과서의 '친일문학' 처리방식 – 상문연구사 『문학』을 사례로

상문연구사의 『문학』은 '친일문학' 작품을 두 편이나 수록하고 있는 독특한 교과서이다. 이 교과서가 국정인 『국어』 교과서와 검정인 『문학』 교과서를 통틀어 '친일문학' 작품을 수록한 유일한 교과서라는 점에서 그러하다. 그렇기 때문에 이 교과서가 모든 문학교육을 대표한다고 볼 수는 없다. 그러나 또한 이러한 독특함이 '친일문학'을 내세우는 진영의 영향력이 적음을 의미하는 것은 아니다. 앞에서도 말했듯이 2000년대 들어 '친일문학'을 대립적 타자로 내세운 민중 진영이 주도권을 쥐었지만, 다만 '정전'을 싣는다는 교과서의 특수성 때문에 '친일문학' 작품이 광범위하게 교과서에 실리지 못했던 것이다. 다만 일제 말기 문학에 국한해서 말하면 민중 진영이 힘써 할 수 있었던 것은 네거티브한 방식, 즉 '친일문학'자의 작품을 교과서에 싣지 못하게 하는 방식(이는 '친일문학'자의 문학비와 문학관 건립 반대 운동과 연동되어 있다)이었다. 그에 반해 상문연구사의 『문학』 교과서는 '친일문학'을 비판적 평가를 가한 문학사로만 소개하던 것에서 벗어나 직접 텍스트로 보여주었다는 점, 즉 학생들이 그 실물을 보고 제한적 정보하에서나마 그에 대해 직접 판단할 수 있도록 했다는 점에 그 의미를 부여할 수 있다.

여기에 실린 '친일문학' 텍스트는 김용제의 시 「님의 부르심을 받들고서」(『매일신보』, 1943.8.3)와 김팔봉의 시 「가라, 군기 아래로, 어버이들을 대신해서」(『매일신보』, 1943.11.5)이다.[19] 두 사람은 일제 말기에 활약

19 여기에 수록된 두 편의 시는 『친일문학작품선집』(김규동 외 엮음, 실천문학사, 1986)의 각각 제1권, 제2권에 수록된 것을 사용하고 있다.

한 대표적인 시인들로서 민족문제연구소에서 편찬한 『친일 인명사전』(2009)에 실렸을 뿐만 아니라 '친일반민족행위진상규명위원회'라는 국가 기구에 의해 '친일 반민족 행위자'로서 행정처분을 받은(2010) 문학자들이다. 그러나 그들은 그 이전에도 여러 연구 논문을 통해 논란의 여지가 없이 '친일문학'자로 인식되어 왔다. 임종국의 『친일문학론』, 김규동 등이 편집한 『친일문학작품선집(1·2)』 등에서도 언급되었다는 점에서 이 두 작품은 일단 '친일' 여부에 대한 논란은 피하고 있다고 할 수 있다. 더군다나 "신국 일본의 황민이 되었거든", "대동아전쟁은 침략의 전쟁이 아니다"(「가라, 군기 아래로, 어버이들을 대신해서」)와 같은 구절들은 해석의 여지조차 남기지 않고 있다.

그럼에도 불구하고 이러한 작품들의 수록이 '정전'을 다룬다는 국어교과서의 원칙에서 벗어난 것은 아니다. 그것은 상문연구사의 교과서가 '친일문학' 텍스트를 다루는 방식에서 잘 드러난다. 우선 이 교과서가 '친일문학' 작품을 다루는 방식은 첫째 '저항 문학'과의 대조이다. 이는 앞에서 말한 '친일'과의 대립에서 민족적 정체성을 형성하는 대타적 민족주의의 특성을 잘 보여준다. 김용제의 시는 심훈의 「그날이 오면」과 대조하여, 김팔봉의 시는 윤동주의 「십자가」와 대조하여 소개된다. 구체적으로는, 김팔봉의 시는 하권 'V. 문학과 삶' 가운데 '2. 역사 속의 삶과 문학'에서 '학습활동2. 다음 작품을 〈십자가〉 화자의 시각에서 비판해 보자'라고 하여 저항과 협력, '친일'과 '반일'의 사례로 윤동주의 시와 대립적으로 제시되고 있다. 한편 김용제의 시는 상권 'Ⅰ. 문학의 본질' 가운데 '3. 문학의 기준과 가치'에서 심훈의 시와 대조적으로 제시되어 이 두 시가 추구하는 가치가 서로 다르며, 후자가 우월한 가치임을 학생들이 깨닫도록 구성되어 있다. 정전을 돋보이기 하기 위해 그것의 대극점에 있는 것으로 '친일문학' 텍스트를 제시하는 방식이다.

그러나 이런 대조의 교육 방법은 '친일문학'의 내적 논리를 알 수 없게 한다. 이항 대립으로만 두 작품이 제시될 경우, 더군다나 그것이 서로 대조된다는 것을 전제로 한다면, 두 텍스트 모두 그러한 이항 대립에 의해서 해석될 수밖에 없다. 그러한 이항 대립적 구조는 '친일문학'은 물론, '저항 문학'에 대해서마저, 고정된, 그러니까 반사적인 해석 이외에 학생들의 반응을 이끌어낼 수 없다.

이러한 해석의 고정은 교과서 집필자가 각 텍스트의 해석을 유도하는 설명을 통해서도 이루어진다. 김팔봉의 시에서는 "〈십자가〉 화자의 시각에서 비판해 보자"라는 직접적인 언사를 통해 「가라, 군기 아래로, 어버이들을 대신해서」를 해석하는 것이 아니라 비판할 것을 유도하고 있다. 이를 통해서 이 시에 드러난 "동아 10억의 전위"라는 자부심, '일화기본조약'(1940.11)에 기초하여 "대동아 전쟁은 침략이 전쟁이 아니다"라고 한 의기는 집필자에 의해 '친일적인 가치관'으로 추상화되고 만다. 김용제의 시에 대한 소개는 보다 직접적이다.

> 문학 속에서 가치는 작가의 철학과 사상, 작품의 역사적, 사회적 배경과 밀접한 연관을 가지며 작품에 담긴 세계관이나 인간형에 의해서 구현된다. 다음 두 작품은 일제 강점기라는 동일한 현실을 다루고 있으나 추구하는 가치는 서로 다르다.
>
> (가) 김용제, 「님의 부르심을 받들고서」
> (나) 심훈, 「그날이 오면」
>
> (가)는 조선 청년들에게 일제의 징병 정책에 목숨을 걸고 적극적으로 응하기를 독려하는 작품으로, 친일적인 가치관을 담고 있다. 반면, (나)는 같

은 시대를 살면서도 해방의 그 날을 간절히 기다리는 민족적 가치관을 담고 있는 작품이다.[20]

여기서는 김용제의 시를 "친일적인 가치관을 담고 있"는 것으로 확정하여 다른 해석을 처음부터 봉쇄하고 있다. 이를 통해 '친일적인 가치관'과 '민족적인 가치관'을 대립시키고 후자를 토대로 전자를 비판하게 하는 방식이 상문연구사 『문학』의 특징이라 할 수 있다. 이는 국어교육에서 친일시를 어떻게 가르쳐야 하는가에 대한 정책적 제의의 연장선상에 있는 것으로 보인다. 예를 들어 김유중은 "교육 현장에서 우리가 그것을 다루는 것은 민족사의 반성 차원에서 시 문학 쪽의 예를 수집함으로써 그로부터 역으로 현재와 미래 역사에 대한 비판적 교훈을 얻고자 하는 이유"[21]라고 말하고 있는데 '친일문학'은 해석해야 하는 것이 아니라 반면교사로서의 성격, '저항 문학'을 도드라지게 하는 역할을 수행할 뿐이다.

상문연구사 『문학』 교과서가 '친일문학'을 다루는 두 번째 특징은 가장 선정적이고 선동적인 작품을 선택한다는 것이다. 이는 해석의 여지를 없애고 그와 대조되는 '저항 문학'을 부각시키기 위한 장치이겠지만, 그로 인해 "그 반응은 문학적 사유, 곧 상상을 경유하지 못하게 된다."[22] 앞에서 말했듯이 이러한 대조는 '친일시'는 물론 '저항시'에 대한 사유조차 봉쇄하고 반사적인 해석밖에 유도하지 못한다고 할 수 있다. 이 교과서 집필자들이 시를 선택한 것은 이 때문이다. 시가 그러한 선

20 『문학』, 상문연구사, 2003, 51~53면.
21 김유중, 「저항시와 친일시 지도의 쟁점」, 김은전 외, 『현대시교육론』, 시와시학사, 1996, 419면.
22 최지현, 「'친일시'의 생명유지 장치」, 『배달말』 32호, 2007, 22~23면.

동성을 선명하게 드러내는 데 적합하기 때문이다. 텍스트 선정 자체에 이미 의도가 개입해 있는 것은 말할 것도 없지만, 이를 통해 1940년대 전반기의 시에 대한 왜곡된 인식을 학생들에게 주입하게 된다. 또한 선동성이 두드러진 텍스트를 선정하기 위해 발표 시기를 한정하고 있다. 이 두 편의 시는 모두 일본군이 전선에서 수세에 처하게 되는 1943년 이후에 발표되었다. 김용제의 시가 1943년 8월 1일부로 실시된 해군 특별지원병령(가미가제 포함)을 배경으로 하고 있다면 김팔봉의 시는 같은 해 10월 실시된 조선학도병령을 배경으로 하고 있다. 이러한 시기적 특수성은 선동성의 강화로 드러난다.

1940년대 전반기의 문학은 다양한 스펙트럼을 가지고 있다. 상문연구사 교과서에 실린 시들처럼 선동적인 것도 있지만, 김종한의 시처럼 당대의 역사적 맥락에서 보지 않으면 해석하기가 애매한 작품도 있다. 작품 편수로 보아도 명백한 협력의 작품들보다 해석의 여지가 있는 작품들이 더 많다고 할 수 있다. 특히 일본군이 수세에 처하기 이전에, 혹은 1942년 징병제 실시 결정 이전에 발표된 작품들, 시기적으로 보자면 1939년부터 1942년까지 발표된 작품들은 '친일문학'이라는 단순한 개념으로 접근하는 것이 부적절할 정도이다. 그러나 극단적인 '친일문학'을 대타적 존재로 내세운 것은 그 반대 극에 존재한다고 가정된 '저항 문학'을 강조하기 위해서이다. 그러한 극단적 작품 선정과 미리 전제된 해석은 민족적 가치가 무엇인지, 협력이 무엇인지를 묻지 않고 한쪽을 숭앙하고 또 다른 한쪽을 배척하는 극단적 민족주의자를 양산해낼 뿐이다. 이는 '친일문학'이라는 이름과 개념하에서 이 시기의 텍스트를 교과서에 수록하는 것에서 이미 예견된 것이라고 할 수 있다.

4. '친일문학' 개념의 재조정 혹은 폐기 — 왜, 무엇을 가르칠 것인가?

이유는 다르지만 "경직된 논리로 선동하는 텍스트"[23] 위주로 되어 있거나 '친일문학' 자체를 배제하는 문학교육의 문제점에 대한 지적은 충분히 공감할 수 있다. 그것은 학생들로 하여금 사유하지 않게 만드는 것, 무조건 받아들이도록 만드는 것이라 할 수 있다. 그러나 '친일'이라는 말이 붙으면 어떤 방식으로든 사유는 정지된다[24]는 사실을 염두에 둘 필요가 있다. 어떤 자료를 동원하든, 어떤 시각을 가져오든 '친일문학'은 도덕적 · 역사적 단죄의 대상밖에 되지 못하는 것이다.

이런 이유로 '친일문학'의 개념과 시각에 대해 끊임없는 문제 제기가 있어왔다. 김재용은 제3세계적 맥락에서 저항 / 협력의 이분법을 주장했고,[25] 김철 등은 식민지 규율권력론을 바탕으로 '파시즘 문학'이라는 용어를 제안했다.[26] 전자는 민족주의라는 협소한 기존에서 벗어나 '전쟁 동원'이라는, 어느 곳에 두어도 그 책임을 물을 수 있는 행위와 '황국신민화'라는 식민주의 사상에 대해 그 책임을 묻고자 했다. 후자는 민족주의와 제국주의가 공모하고 있는 규율 권력에 의한 국민화를 근본적으로 비판하면서 근대성을 넘어서는 원리를 모색하고자 했다. 이에 따르면 '친일'이 아니라 '동원'과 '관리'가 지금 한국 사회에서 가장 중요한 문제점이라 할 수 있다. 또한 한수영은 '친일문학'이란 제국주의 담론으로의 흡수가 아니라 그것과의 고투에 의한 전유임을 잘 보여주었

---

23 위의 논문, 21면.

24 류보선, 「친일문학론의 역사철학적 맥락」, 『한국근대문학연구』, 2003년 상반기, 12면.

25 김재용, 『저항과 협력』, 소명출판, 2004.

26 김철 외, 『문학속의 파시즘』, 삼인, 2001.

고,[27] 윤대석은 '친일문학'에서 주목할 점은 그것의 부정적인 측면이 아니라 긍정적인 측면, 즉 그것이 타자의 논리였기에 탈근대적・탈민족적 논리 구성이 가능했음에 주목할 필요가 있다고 주장한다.[28]

각 주장의 차이는 '친일문학'에서 우리가 반성하고 청산해야 할 것이 무엇인가, 혹은 계승해야 할 것이 무엇인가에 대한 입장 차이에서 비롯된다. 민족주의의 폐기에서 수정까지 그 스펙트럼이 넓긴 하지만, 최근의 연구에서 일치하고 있는 것은 '친일문학'에서 우리가 길어 올릴 가치가 민족주의의 배타적이고 본질적인 특권성은 아니라는 사실이다. 최근의 이 시기 문학 연구자들 사이에서는 '친일' / '반일'의 논리는 이미 폐기된 구시대의 유물처럼 취급받고 있다. 물론 그것에도 문제가 없는 것은 아니지만, 이에 비해 국어 교과서는 그에 대한 반성 없이 여전히 '친일 / 반일'의 이분법에 집착하고 있다. 그것은 국어 교육이 여전히 국가 이데올로기를 주입하는 것이며 그것도 배타적 민족주의에 입각해 있기 때문이다. 그러나 새로운 변화도 역시 일어나고 있는 것이 현실이다.

> 국어 교과는 한국인의 삶이 배어 있는 국어를 창조적으로 사용하는 능력과 태도를 길러 국어를 정확하고 효과적으로 사용하게 하고, 미래 지향의 민족 의식과 건전한 국민 정서를 함양하게 하며, 국어 발전과 국어 문화 창달에 이바지하려는 뜻을 세우게 하기 위한 교과이다.[29]

제6차 교육 과정에서는 '올바른 민족 의식'이라 되어 있던 것이 제7

---

27 한수영, 『친일문학의 재인식』, 소명출판, 2005.

28 윤대석, 『식민지 국민문학론』, 역락, 2006.

29 교육과학기술부, 『고등학교 국어과 7차 개정 교육과정』, 교육인적자원부 고시 제2007-79호, 24면.

차와 제7차 개정에서는 '미래 지향의 민족 의식'으로, 제8차에서는 '미래 지향적 공동체 의식'으로 바뀐 것에 주목할 필요가 있다. 여전히 '민족 의식' 혹은 그것을 추상화한 '공동체 의식'임에는 틀림없지만, 전자가 선험적이고 본질적인 것이라면 후자가 다소 열려 있는 구성적인 것임을 알 수 있다. 아전인수의 해석임에는 틀림없지만, 자신의 운명은 미리 결정된 것이 아니라 자신이 결정한다는 원리, 이에 따라 공동체의 원리도 국가가 주입하는 것이 아니라 구성원들이 결정한다는 원리로 '미래 지향의 민족 의식'을 받아들인다면 그것을 변화의 근거로 삼을 수 있다. 그 변화는 '친일' 개념을 폐기하는 것에서 비롯될 수 있다.

문제는 '친일'이 아니라, 식민주의이다. 우리가 지금 '친일문학'에서 반성해야 할 것은 민족 의식의 결여가 아니라 과잉의 민족주의, 즉 식민주의이다. 김팔봉의 국민국가 내면화에 대한 비판[30]과 "민족의 힘을 욕망한 친일 내셔널리스트"라는 이광수에 대한 평가[31]를 쉽게 무시할 수 없다. 일제 말기에 습득한 국민동원의 기제와 식민주의를 민족이라는 주체의 교체만을 통해 그대로 이어받은 것이 한국의 근대화 과정이었다고 할 수 있다. 주권의 회복이 곧바로 탈식민을 의미하는 것은 아니다. 탈식민은 근대에 대한 반성을 통해 도달할 수 있는 과제라 할 수 있다.

일제 말기의 문학을 '친일문학'이 아니라 '국민 문학'으로 불러야 하는 이유는 거기에 있다. 거기에는 대문자의 국민 문학(National Literature)으로 상징되는 국가주의와 식민주의가 드러나는 동시에 그것으로부터 벗어나고자 하는 소문자의 '국민 문학'(national literature)으로 상징되는 탈민족주의・탈식민주의가 포함되어 있다.[32] 예를 들어 일본어로

30 김철 외, 앞의 책, 11~14면.

31 조관자, 「'민족의 힘'을 욕망한 '친일 내셔널리스트' 이광수」, 이영훈 외 편, 앞의 책 참조.

32 이에 대해서는 윤대석의 「1940년대 '국민문학' 연구」를 참조.

된 김사량의 문학에는 모든 것을 획일화하는 일본의 국가주의에 대한 비판이 포함되어 있다. 그 속에서 소수 문화로서의 조선적인 것은 민족주의적 의미에서가 아니라 탈민족주의적 의미에서 긍정된다. 「빛 속으로」(1939)는 일본적인 것과 조선적인 것의 공존을, 혼혈을 통해 주장하고 있는데, 이것은 결혼이주자가 늘어나고 있지만 하나의 문화로의 통합을 강요하는 폭력적인 한국 민족주의에 대한 적절한 비판이 될 수 있다. 주인공 하루오는 일본적인 것의 강제 앞에서 놓인 일본·조선인의 혼혈이면서 동시에 우리가 흔히 볼 수 있는 결혼 이주자의 자녀이기도 하다. '국민 문학'에서 우리가 계승해야 할 것은 바로 이러한 탈민족주의·탈식민주의이다. 이 시기의 '국민 문학'은 조선의 민족주의를 주장하지 않고서도 어떻게 조선의 문화를 보존할 수 있을 것인가에 대한 고민을 치열하게 전개했던 것이다.

그러나 이 시기 문학자들은 제3세계에 대한 태도에서 식민주의를 드러냈다. 만주나 중국, 동남 아시아에 대해서는 일본인의 시각에서 그들을 바라보고 침략의 의도를 숨기지 않았다. 우리가 '국민 문학'에서 반성해야 하는 것은 그러한 식민주의이다. 이러한 시각에 입각해서 상문연구사 『문학』에 실린 김팔봉의 시를 보면, "가라! 아들아, 군기 아래로! / 신국 일본의 황민이 되었거든 / 동아 10억의 전위가 아니냐. / 불발의 의기, 필승의 신념이 네 것이로다"라는 대목에 대한 해석이 가능해진다. "대동아 전쟁은 침략의 전쟁이 아니다"라는 의식은 주체의식의 결여로서 일본적 시각에의 굴종을 의미하기보다 조선 민족이 "신국 일본의 황민이"됨으로써 "동아 10억의 전위"가 되었다는 주체 의식에서 나온다. 우리가 '국민 문학'에서 반성해야 할 것은 바로 그러한 주체적인 식민주의이다.

5. 미래지향적인 국어 교과서

지금까지 문학교육 속에서 '친일문학'이 어떻게 다루어져 왔는가를 비판적으로 살펴보고, '친일문학'과 대상을 같이 하는 1940년대 전반기 문학에 대해 어떠한 접근법이 가능한지를 논해 왔다. 이를 통해서 '친일문학'이라는 접근법 자체가 수용자의 상상력을 제한하고 이미 정해진 역사적 평가만을 되풀이해왔음을 알 수 있다. 이는 교과서와 국어교육이 갖는 일반적인 한계와 연관되어 있다. 그러한 한계는 사회적 합의를 통해 돌파해야 할 문제이지, 정책상의 제안이나 학문적 연구결과로 해결할 수 있는 것은 아니다.

이 글은 문학 연구의 최신 경향에 비추어 '친일문학' 교육의 한계와 그 방향을 모색한 것이다. 연구자의 개인적 학문 역량이 가진 한계 때문에 실제 수업에서, 그리고 7차 개정 과정에서 어떻게 '친일문학' 교육에 이루어지고 있는지를 살펴보지 못했다. 그 점은 차후에 기회가 있을 경우 더욱 자세히 살펴보도록 하겠다.

한편 이 글은 민족주의에 입각한 문학교육이 더 이상 진보성을 획득하고 있지 못함을 '친일문학'을 사례로 다소나마 이야기할 수 있었다. 민족주의나 민족문학은 더 이상 독보적인 가치관이 되지 못하고 또 다른 가치관 아래에 편입되어 그것의 비판적 시각을 통과해야 하는 것이다. 민족주의에 대한 가치부여는 과거의 가치를 발굴하거나 평가하는 것이 아니라 철저하게 현재적 시각에서 구성된 것이다. 당대의 민족주의가 저항 민족주의였음은 분명하다. 그러나 민족주의를 저항의 유일한 방법으로 절대화하는 것은 현재의 민족주의를 또한 절대화하는 것이기도 하다. 물어야 하는 것은 현재 민족주의적 가치관을 교육하는 것이 어떠한 이데올로기가 되고 있는가 하는 것이다.

현재적 시점에서 보면 '친일적인 가치관'이나 '민족적인 가치관'이란 존재하지 않는다. 오히려 1940년대 '국민 문학'에는 다음과 같은 질문에 대한 가치 판단이 존재할 뿐이다. 공동체의 구성원을 균질화하는 것이 옳은 것인가(내선일체), 대의를 내세워 공동체의 구성원을 전쟁에 직간접적으로 동원하는 것이 옳은 것인가(국민동원 · 전쟁동원), 민족 등의 차이를 이유로 인간을 차별하는 것이 옳은 것인가(식민주의)에 대한 가치 판단. 이에 대해 민족주의가 늘 "그렇다"는 대답을 내놓은 것은 아니다. 그러나 그에 가까운 판단을 내려왔음을 우리의 근대사는 보여주고 있다. 국어 교과서가 미래지향적이 되려면 '친일' / '반일'에 입각하여 민족주의를 확대 · 재생산할 것이 아니라, 조금씩 이러한 민족주의 · 근대주의를 상대화할 필요가 있다. 우리가 『상록수』를 해석하는 틀도, '친일문학'을 국어 교과서에서 다루는 시각도 거기서 새롭게 마련할 필요가 있다.

IMF 이후 신자유주의의 세계적 물결과 보수주의 정부의 등장으로 인해 사회적 연대의 고리가 점차 약해지고 있는 이 시점에서 문제는 인간 정신을 황폐화시키는 무한 경쟁, 효율성의 절대화에 있다고 이야기되고 있다. 또한 그를 해결하기 위해 민족주의라는 연대감, 친밀성에 기반한 공공성이 여전히 필요하다고도 이야기되고 있다. 그러나 그러한 연대와 공공성은 사이비 연대이다. 칸트에 의하면 자신의 공동체의 이해에 반하는 의견을 표명할 자유를 옹호하는 것이 계몽의 프로젝트이며 본래적 의미의 공공성이다.[33] 자유로운 개인의 연대를 방해하는 것이 오히려 민족이라는 사이비 연대인 것이다. 이를 생각하는 장

33 사이토 준이치, 앞의 책, 48면.

도 오히려 '국민 문학'을 교과서에 수록함으로써 마련할 수 있다. 그것이 타자의 논리이기 때문인데, 이에 대해서는, 그러니까 중등 교육에서 1940년대 전반기 문학을 어떻게 가르칠 것인가에 대해서는 차후의 과제로 미루기로 하자.

3부_ 작가/텍스트

일본이라는 거울

아카데미시즘과 현실 사이의 긴장

김기림 시론에서의 '과학'

최인훈 소설의 정신분석학적 읽기

일본이라는 거울

이광수가 본 일본, 일본인

1. 소설과 상상의 공동체

한국소설 속에는 일본이 없다.[1] 한국소설에서 일본인은 성격(character)으로 등장하지 않는다. 일본인이 등장하더라도 정형(stereotype)화되어 있다. 「질소비료공장」(이북명)의 공장 감독이나 『상록수』(심훈)의 순사처럼 일본인은 한국소설에서 과도하게 추상화된 존재이다. 이러한 정형성은 사회적 통념과 일치한다. 이것은 근대문학의 상상력이 언어와 민족의 경계를 넘어서지 못하고 그 안에 안주하며 상상의 공동체를 재생산하고 있음을 보여준다.

근대 이후 세계 규모의 식민지화는 대량의 인구 이동과 그에 따른

1 한국문학에 나타난 일본과 일본인상에 관해서는 이 책에 수록된 「일본과 일본인을 바라보는 분열의 시선, 단일한 시선」 참조.

인종과 민족의 잡거를 탄생시켰다. 그러나 식민지화는 잡거(혼종)와 더불어 공간 분할도 가져왔다. 식민지 본국에서는 식민지인이 거주하는 게토가 생겨났고 식민지에서는 식민자가 거주하는 특권적인 공간이 생겨났다. 개풍 출신인 소설가 박완서는 「내 소설에 나타난 일본인 그리고 식민지 시대」에서 일제 시기에 일본인을 볼 수 있는 기회가 드물었다고 했는데, 이러한 경험은 경성을 비롯한 대도시를 제외하면 일반적인 현상이었다. 이것이 한국소설에서 일본이나 일본인이 경찰이나 공무원 같은 공권력이라는 추상적 존재로 드러난 주된 이유라 할 수 있는데, 경성 같은 대도시에서도 이러한 공간 분할은 지켜졌다.

소위 남촌과 북촌이라고 불리는 경성의 식민지적 공간 분할은 박태원의 「소설가 구보 씨의 일일」에서 주인공 구보 씨로 하여금 명치정(明治町)이나 본정(本町)과 같은 당시의 최첨단 거리를 걷지 못하도록 했다.[2] 박태원이 소설 창작의 방법으로 빌려온 곤 와지로(今和次郎)의 고현학이 당대의 최첨단 풍속을 기록하는 것이었음에도 불구하고 말이다. 고현학을 배반한 식민지 고현학의 상상력은 민족을 벗어날 수 없었던 것이다. 이처럼 한국소설에서는 일본이나 일본인을 추방하거나 단일하고 추상적인 존재로 고정시킴으로써 소설적 주체(민족)의 정체성을 형성해왔다.

물질적인 공간 분할과 민족적 공동체의 상상, 이 두 가지 요소는 한국소설에서 일본과 일본인이 추방된 사정을 엿보게 해준다. 1940년대 이광수가 일본 국민이 되는 '내선일체'의 두 가지 요건으로 제시한 것은 이러한 공간적·상상적 분할을 넘어서는 것이었다.

2 이에 대해서는 이 책에 수록된 「경성의 공간 분할과 정신 분열」을 참조.

군이 만일 동경에 산다면 동경에 있는 조선 학생들을 군의 가정에 불러 주지 않겠나. 따듯하고 깨끗한 군의 가정에서의 하루는 능히 그들 마음의 결빙을 녹일 것이네.

그러나 조선에서조차 내지인과 조선인 간의 개인적, 가정적 접촉은 아주 적다네. 관공서나 회사 같은 데서는 친구처럼 보이지만, 서로가 가정에 초대하는 일은 주저하고 있는 듯하네.[3]

조선 병합 이래 조선인이 일본 국민이었음은 말할 것도 없지만, 은근히 문화 단위로서 민족 관념을 지지해 왔던 것이었다. 이를 민족주의라고 부르지만, 이 민족주의는 정치적인 것이 아니라 문화적인 것이었으며, 위정 당국도 그런 의미에서 인정해왔던 것이었다. 즉 언어, 풍속, 관습, 따라서 문학, 사상, 예술, 건축양식, 의상, 예의 등에 있어서 조선인은 민족적 단위를 인정받았다고 생각해 왔던 것이다.[4]

앞의 인용문은 공간적 분할의 문제를, 뒤의 인용문은 상상적 분할의 문제를 제기하고 있는데, 36년간의 식민지 지배로 인해 가능했던 한국인·일본인의 잡거 경험은 서로를 이해하는 데 기여했다기보다 서로에 대한 일그러진 상을 구축하는 데 기여했음을 이를 통해 알 수 있다. 일제 말기 약 10년 동안 시도되었던 '내선일체'는 이러한 상황을 더욱 악화시킬 뿐이었고 1945년의 해방(한국)과 패전(일본) 이후 그렇게 구축된 서로에 대한 상은 고정화되었을 뿐만 아니라 확대 재생산되기도 했다.

한국과 일본은 과도하게 추상적이고, 또한 과도하게 일그러진 서로

---

3 李光洙, 「同胞に寄す」, 『京城日報』, 1940.10.9; 이경훈 엮음, 『춘원 이광수 친일문학 전집 II』, 평민사, 1995, 137면.

4 李光洙, 「朝鮮文藝の今日と明日」, 『京城日報』, 1940.9.30; 이경훈 엮음, 앞의 책, 118면.

의 상을 설정함으로써 거꾸로 자신의 정체성을 구축해왔다. 식민지 지배라는, 제노사이드(민족 절멸)와 더불어 근대 국민국가가 자행할 수 있는 최대의 악행이 그것을 가능하게 했고 또 정당화해왔다. 1892년생인 이광수는 그러한 시대를 앞자리에서 온몸으로 경험해왔던 문제적 인물이고, 따라서 그의 일본관을 살펴보는 것은 근대 이후의 한국의 일본관을 살펴보는 것이라 할 수 있다.

2. 해방과 억압—최초의 경험

1892년 평안도 정주 출생인 춘원 이광수가 일본과 처음 마주친 것은 1904년 러일 전쟁 시기였다. 그의 고향 정주에 러시아군이 몇 개월 주둔하고 있으면서 온갖 행패를 부리다 정주 전투의 패배로 의주 방면으로 물러난 후 일본군이 입성했던 것이다. 이광수는 한 회고록에서 일본군의 입성을 다음과 같이 기록하고 있다.

> 일병이 입성하자 피난 갔던 주민들은 이삼 일 내에 다 돌아왔다. 일병은 군기가 엄하고 우리나라 사람에게 호의를 보였을 뿐더러, 그 흉악한 아라사를 쫓아 주었다 하여 주민의 환영을 받은 것이었다.[5]

약탈과 겁간을 자행하는 러시아군과 군기가 엄하고 한국인에게 호

5 이광수, 「나의 고백」, 『이광수전집』 7, 삼중당, 1971, 220면.

의를 보인 일본군이 대조되어 서술되어 있는 것에서 볼 수 있듯이, 이광수가 처음 만난 일본은 호의적인 해방자였다. 심지어 그는 일본 병정을 구경하러 일부러 읍내에 들리기도 할 정도였다. 이인직의 「혈의 누」(1906)에서 드러나는 야만적인 청군과 문명(해방)적인 일본군의 대조가 여기서도 반복되고 있는데, 이광수가 동네 어른들의 말을 들었다며 기록한 것에 따르면 평안도 주민들이 청일전쟁에서 경험한 일본도 「혈의 누」에서 그려지고 있는 일본과 그리 다르지 않았다.

그러나 일본에 대한 이광수의 경험은 이런 호의적인 해방자의 모습에 멈추지 않았다.

> 어떤 집 앞에 사람들이 모여 선 것이 눈에 띄었다. 나도 호기심을 가지고 사람들의 틈에 끼어서 그들이 보는 데를 바라보았다. 거기는 길다란 종이에 먹으로 쓴 방목이 붙어 있었다. 그것을 읽고 나는 깜짝 놀랐다. 그것은 나를 잡으라는 일본 헌병의 방목이었다.[6]

일본군 헌병이 이광수를 잡으려 했던 것은 그가 동학 조직의 연락책이기 때문이었다. 이후 이광수는 일본 헌병을 피해 서울로, 그리고 다시 동학의 장학금을 받아 일본으로 유학을 가게 된다. 러일 전쟁 당시 동학이 일진회를 중심으로 일본군을 지원하였음은 잘 알려져 있는데[7] 이광수의 회고는 이러한 역사적 기술과는 달라 주목된다. 한국 정부의 탄압을 일본군의 탄압으로 착각했을 수도 있고 그 이후의 경험을 거꾸로 투영한 것일 수도 있지만, 이는 그리 중요하지 않다. 중요한 것은 이광수가 일본과의 첫 만남을 해방과 억압의 동시적 경험으로 기억하

6 위의 책, 같은 면.

7 강창일, 『근대 일본의 조선침략과 대아시아주의』, 역사비평사, 2002, 212면.

고 있다는 사실이다. 이 최초의 장면을 통해 이광수는 일본이 조선이 지향해야할 문명이면서 동시에 조선에 대해 억압적인 존재임을 깨닫게 된 것이다.

이광수가 일본을 접한 두 번째 사건은 일본 유학이다. 손병희가 주선한 일진회 유학생으로 선발되어 이광수가 일본으로 떠난 것은 1905년 8월이었다. 그는 1906년 2월 학비 중단으로 귀국하고 방랑하다가 1907년 다시 도쿄로 가서 메이지 학원 중학부에 입학하여 1910년 3월에 졸업하고 오산학교 교사로 간다.[8] 그는 일본 유학 시절 톨스토이와 바이런, 고리키, 나쓰메 소세키를 읽으며 서구 근대와 일본의 문명과 문예, 그리고 제도를 배웠다. 동시에 그는 유학 시절 을사늑약(1905)과 군대해산(1907) 소식과 그에 대한 일본인과 일본 언론의 반응을 현지에서 보고 들었다. 조선 병합의 과정을 일본에서 직접 경험한 것이다. 그러면서 "동급생인 일본 아이들의 내게 대한 태도도 변하고 내가 그들에게 대한 생각도 변하였다. 그들은 내게 적의를 보이거나 그렇지 아니하면 경멸하는 눈으로 나를 보았다"[9]라고 기록하였다. 가장 선진적인 문명이 또한 가장 억압적임을 직접 경험한 이광수는 그것이 근대, 혹은 식민 체제 자체가 가진 양가적인 성격임을 깨닫는 것으로 나아가지 않고 나 혹은 우리 민족이 강해져야 한다는 진화론으로 나아간다.

> 나는 다윈의 진화론이 마땅히 성경을 대신할 것이라고 생각하고 해켈의 『알 수 없는 우주』[10]라는 책을 읽을 때에는 비로소 진리에 접한 것처럼 기

---

8 김윤식, 『이광수와 그의 시대』 1, 한길사, 1986, 186면.

9 『이광수전집』 7, 228면.

10 원문에는 헤겔로 되어 있으나 해켈의 오식이다. 해켈(Ernst Haeckel, 1834~1919)은 독일의 생물학자이다. 『알 수 없는 우주』는 *Welträtsel*을 일본어로 번역한 『宇宙の謎』(有朋館)를 가리킨다.

빠하였다.

"Struggle for life.(살려는 싸움)"

"Survival of the best.(잘난 자는 산다)"

이러한 진화론의 문구를 염불 모양으로 외우고 술이나 취하면 목청껏 외쳤다.

이렇게 되매 내 도덕관념은 근거로부터 흔들렸다. 착하신 하나님이 계셔서 세계를 다스린다는 믿음 위에 섰던 도덕은 여지없이 무너지고 말았다. 선이 어디 있느냐, 악은 어디 있느냐.

"Might is Right.(힘이 옳음이다)"

마키아벨리, 트라이치케의 정치론이 마음에 푹푹 들어갔다.

"힘이 옳음이다. 힘 센 자만 살 권리가 있다. 힘 센 자의 하는 일은 다 옳다!"

이러한 도덕관을 가지게 되었다.[11]

이러한 진화론적 논리 속에서 문명으로서의 일본과 억압으로서의 일본은 분리된다. 전자에 대해서는 철저하게 배움의 자세를 견지하고 후자에 대해서는 저항했다. 또한 전자에 대해서는 동화(同化)를 후자에 대해서는 이화(異化)의 욕망을 드러냈다. 그 어느 것이든 이광수에게 일본은 거울이었다. 일본은 조선의 미래를 보여주는 거울이면서 동시에 그 시선이 되돌아와 조선의 현재를 비춰주는 거울이기도 했으며, 그것을 배제하거나 고정함으로써 자신의 정체성을 유지하게 하는 거울이기도 했던 것이다.

---

11 이광수, 「그의 자서전」, 『이광수전집』 6, 1971, 422면.

3. 문명과 지배

이광수가 본 일본은 지금까지 우리 사회가 바라본 일본이기도 하고, 이것은 한국의 근대가 걸어온 길이기도 했다. 우리는 일본을 거울로 하여 민족을, 그리고 국민국가를 형성해 왔던 것이다. 그것은 모델이면서도 저항의 대상이었으며, 문명이면서도 동시에 억압이었다. 이광수의 글 가운데 전자의 면모를 가장 잘 보여주는 것은 「동경잡신」, 그리고 「민족개조론」이다.[12]

이 두 편의 글을 보기 전에 또 다른 이광수의 경험을 보도록 하자. 그것은 일본 유학에서 만난 조선과 일본의 관계를 다시 반복하는 것이었는데, 아래에 서술된 이광수의 경험은 유학 생활을 마치고 조선으로 돌아온 그가 본 조선의 첫 모습이다. 그것은 문명의 결여(야만)로서의 조선을 거울로 해서만 문명으로서의 일본이 발견될 수 있음을 보여준다. 거꾸로 그것은 문명으로서의 일본을 거울로 해서만 문명의 결여로서의 조선이 발견될 수 있음을 보여준다.

> 그때에 내가 부산역에서 차를 타려 할 때에 역원이 나를 보고 그 차에 타지 말고 저 찻간에 오르라고 하기로, 연유를 물었더니, 그 찻간은 조선인이 타는 칸이니 양복을 입은 나는 일본 사람 타는 데로 가라는 것이었다. 나는 전신에 피가 거꾸로 흐르는 분격을 느꼈다. 나는,
>
> "나도 조선인이오."

---

12 「대구에서」나 「농촌계발」, 「조혼의 악습」, 「신생활론」 등도 일본을 표본으로 하여 조선을 개혁 · 계몽하고자 하는 이광수의 생각을 잘 드러내고 있다.

하고 조선인 타는 칸에 올랐다. 때는 삼월이라 아직도 날이 추워서 창을 꼭 꼭 닫은 찻간에서는 냄새가 났다. 때 묻은 흰 옷을 입은 동포들이었다. 그 때에는 머리 깎은 사람도 시골서는 흔치 아니하였고 무색 옷을 입은 사람은 더구나 없었다. 실로 냄새는 고약하였다. 그리고 담뱃대를 버티고, 자리 싸움을 하고, 침을 뱉고, 참으로 울고 싶었다. 나는 이 동포들을 다 이렇지 아니하도록, 그리고 모두 깨끗하고 점잖게 되도록 가르치는 것이 내 책임이라고 생각하였다. 그러고는 내가 할 수 있는 대로는 말로 몸으로 그들을 도우려고 애를 썼다.

오랫동안 일본에 있다가 본국에 건너오면 언제나 가슴 아픈 것은 우리나라 산에 나무가 없는 것이었다.[13]

염상섭 소설 「만세전」 주인공 이인화의 경우도 그러했지만, 민둥산과 비위생은 관부 연락선으로 부산에 내린 조선 유학생들이 발견하는 조선의 첫 모습이다. 그것은 조선에 있을 때는 발화되지 않는 것으로서 일본과의 차이를 통해서만 '발견'되는 것이고 그러한 차이는 '문명 / 야만(半문명)'이라는 이분법적 렌즈를 통해서만 발견되는 것이다. 야만이 있어야만 문명이 발견되며 문명이 있어야만 야만이 발견된다. 그것은 동시적인 일이라 할 수 있다. 야만적인 조선과 문명으로서의 일본이 거울로서 서로 마주보고 있을 때 그것은 가능하다.

조선인 차별에 대한 분격과 조선을 야만으로 재발견하는 것은 서로 모순된다. 조선이 야만이라면 차별은 당연한 것이고, 차별에 대해 분격을 느낀다면 조선은 야만이 아니어야 한다. 거꾸로 일본이 문명이라면 차별은 당연한 것이고, 차별에 대해 분격을 느낀다면 일본은 문명

---

13 『이광수전집』 7, 230면.

이 아니어야 한다. 이러한 모순 속에 이광수는 놓여 있었고, 평생 여기서 벗어나지 못했는데, 이는 한국의 저항 민족주의가 가진 특징이기도 했다. 1910년대 이광수의 논설은 이 범위를 벗어나지 않는다.

『매일신보』(1918.9.6~10.19)에 실린 「동경잡신」은 도쿄에 유학 중인 이광수가 조선을 개조하는 방안을 단편적으로 제시한 글이다. 학교, 유학생의 사상계, 공수(工手) 학교, 학생계의 체육, 총망(忽忙), 목욕탕, 경제의 의의, 근이기의(勤而己矣), 명사의 검소, 가정의 예산 회의, 후쿠자와 유키치의 묘를 배함, 문부성 미술전람회기, 지식욕과 독서욕, 일반 인사의 필독할 독서 수종이라는 항목으로 구성된 이 글은 시종일관 '일본=문명' / '조선=야만'의 이분법과 일본을 모델로 하여 조선을 개조하자는 내용으로 되어 있다. 그러한 대조는 다음 인용처럼 철저하다.

> 대개 차교(此校, 도쿄 제1고등학교를 말함-인용자)는 천하 수재의 집합처니, 수재는 흔히 신경질이라, 실의라든지, 나게(投げ, '투신자살'을 뜻하는 일본어-인용자)라든지, 인생 문제 등 복잡 유현한 철학 문제에 정신을 과로하면 자연히 예민한 신경이 상궤를 탈하기 용이한 것이라. 조선에는 자살자가 희소하니, 차는 자긍할 바가 아니요, 사상 정도의 저(低)함을 수치하게 여길 것이니, 인류 이하 저급 부분에는 번민도 무하고 자살도 무하니라.[14]

> 일본인의 안색을 견하면 우선 형형한 안모(眼眸)에 예기가 충일하며, 바싹 다문 입에 의지력이 표현되나니, 차는 오래 교육을 수(受)하고, 또 생존경쟁이 격렬한 실사회에서 오래 단련한 결과라. 반드시 체육의 효과라 언(言)키 불능하거니와, 시(試)하여 그 나체를 관하라. 흉부가 돌출하고, 양

14 『이광수전집』 10, 300면.

완에 근육이 발달하여 울뚝불뚝하고 견(堅)하기 석(石)과 여하지 아니한 가. (…중략…) 반(反)하여 조선을 관(觀)하라. 과연 어떠하뇨.[15]

앞의 인용문은 자살조차 문명적 현상으로 파악하고 자살이 없는 조선을 야만으로 위치 짓고 있으며, 뒤의 인용문은 "반(反)하여 조선을 관(觀)하라"에서 볼 수 있듯이 이 글의 서술 방법을 잘 보여주고 있다. 또한 이 글은 수없이 문명 혹은 문명인, 야만 혹은 야만인이라는 단어를 사용하여 일본과 조선을 대조하고 있다. 예를 들어 "총망(悤忙, 분주함–인용자)은 실로 문명인의 휘장이니, 하국(何國)이 총망하면 그 국은 문명국이요, 하인(何人)이 총망하면 그 인은 문명인이라"[16]라거나 "문명인과 야만인의 별(別)은 오직 지식 정도와 인격의 여하에 재(在)하므로"[17]라든가, "조선인은 아직도 청결 사상이 보급치 못하여 입욕의 선(善) 습관이 무(無)하니, 차는 문명인의 체면에 심히 수치할 바이라"[18]라는 식이다.

조선과의 대조 속에서 문명으로서의 일본을 발견한, 거꾸로 일본과의 대조 속에서 야만(半문명)으로서의 조선을 발견한 이광수에게는 일본은 문명과 근대, 그 자체였다고 할 수 있고, 그것을 표본으로 하여 조선의 개조를 노골적으로 역설한 것이 「동경잡신」이었다. 「민족개조론」(1922)은 문명의 범위가 서구의 근대 국가로까지 확장되어 「동경잡신」만큼 노골적이지는 않지만, "역사상에 현저한 민족 개조 운동의 실례"로서 "일본의 명치유신"[19]을 내세우고 있다는 점에서 「동경잡신」과

15 위의 책, 306면.
16 위의 책, 303면.
17 위의 책, 302면.
18 위의 책, 309면.
19 위의 책, 120면.

궤를 같이 하고 있다고 할 수 있다.

근대와 문명의 빛과 그림자를 모두 본 나쓰메 소세키나 루쉰[20]과는 달리 이광수가 그것에 대해 맹목이었다는 점은 이광수 연구자들을 망연하게 한다. "제국주의의 세계를 민주주의의 세계로 개조하라. 생존경쟁의 세계를 상호 부조의 세계로 개조하여라. 남존여비의 세계를 남녀평등의 세계로 개조하여라"[21]라고 주장하는 「민족개조론」과 「상쟁의 세계에 상애의 세계에」에서도 이 점은 다를 바 없었다. 근대와 문명에 대한 맹목은 일본에 대한 맹목을 가져왔고, 이는 일본의 실상을 직시한 결과가 아니라, 어떤 점에서는 조선의 개조와 문명화를 위해 상상 속에서 문명으로서의 일본상을 만들어 온 것이라도 볼 수 있다. 그런 점에서 다음과 같은 참회는 역설적으로 진실한 마음의 표출이라 할 수 있다.

> 필자는 전후 십일 년 간 동경에서 생활했다. 대부분은 학생 생활이었으나, 그때 일을 회상할 때 나는 두 가지 유감을 느낀다. 한 가지는 나 자신이 일본을 배우고자 노력하지 않은 것으로, 이는 정말 바보스럽기 짝이 없었다고 후회하고 있다. 이는 특히 나 한 사람에 국한된 일은 아니다. 당시의 유학생 거의 전부가 나와 똑같은 멍텅구리였다.[22]

이 인용문은 일본의 전통을 간과하고 일본 속에서 서구적 근대를 찾았음을 반성하는 맥락으로 발화된 것이다. 이는 서구적 근대로서의 일본의 근대를 비판하고 고대로 돌아가자는 일본 낭만파의 논리에 닿아

---

20 히야마 히사오, 정선태 옮김, 『동양적 근대의 창출』, 소명출판, 2000, 89~128면.

21 『이광수전집』 10, 116면.

22 李光洙, 『內鮮一體隨想錄』, 中央文化協會, 1941, 16면; 이경훈 엮음, 앞의 책, 250면.

있는 것으로서 또 다른 일본상을 발견 / 구축하는 것이라 할 수 있다. 그러나 이러한 진술 속에서 이광수가 그동안 봐온 일본은 조선 민족의 개조 방향인 문명으로서의 일본이었지 현실의 일본은 아니었음을 역으로 확인할 수 있다.

문명으로서의 일본상과 더불어 이광수에게 공존하는 일본상은 억압자였다. 이광수에게 문명으로서의 일본상과 억압으로서의 일본상은 공존하는 것이었지만, 논리적으로는 연관되어 있지 않았다. '근대=문명'이 내재하고 있는 억압성을 그는 보지 못하거나 않으려 했던 것이다.

관부 연락선에서 내린 후의 조선 체험에서도 드러났듯이 억압으로서의 일본은 차별과 식민지 통치에 대한 분격으로 표현되었다. 이러한 일본상은, 검열 하에 놓인 조선의 언론과 출판에서는 잘 드러나지 않고 이광수가 기초한 2·8 독립선언문(「조선 청년 독립단 선언서」[23])이나 상해 임시정부가 발행한 『독립신문』에 실린 글에서 엿볼 수 있다.

> 사기와 폭력으로 행한 우리 민족의 철천의 원한인 한일합병도 잠깐 말 말고, 합병 후 10년래 귀국 정부가 우리 민족에게 행한 포학도 말 말고, 3월 1일 이래로 귀국 정부의 잔인불의한 행동이 우리 2천만 민중의 골수에 박힌 원한과 적개심만 하여도 수 세기를 지나기 전에는 없어질 수 없는지라. 만일 귀국이 대학살을 실행하여 우리 민족을 섬멸하면 되거니와 그렇지 않고 다만 귀국 정부의 소위 불령선인을 감옥에 가두며, 유위한 학생의 머리를 난타하여 뇌에 고장을 일으키게 하라는 수단으로는 우리 민족을 영원히 강압하기 불가능할지라. 귀국 정부가 보기에 우리 민족은 극히 열물(劣物)

23 『이광수전집』 10에 수록.

하고 우준(愚蠢)하여 칼의 위엄에 쉽게 전복(摺伏)할 듯하거니와 우리들은 실로 귀국보다 2배나 오랜 문화의 역사를 갖고 있는 민족이라. 비록 쇠약하였다 하더라도 귀국의 울흥(蔚興)에 강렬한 자격(刺激)을 받고 세계를 풍미하는 자유의 사상에 민족 정신의 새로운 불꽃을 얻은 우리 2천만 민중이 결코 다른 민족의 통치하에 만족할 수 없음이 분명치 아니하뇨.[24]

여기에서도 문명과 억압은 공존하고 있으나 논리적으로는 연관되어 있지 않다. 독립 선언이 조선 민족의 근대 국가 건설을 목표로 하는 이상 근대=문명이 가진 억압적인 성격에 눈을 감는 것은 어떤 측면에서는 당연하다고 할 수 있다. 이광수의 일본상은 문명과 억압으로 극단적으로 분리되어 있으면서 이 두 극을 왕래한다. 그렇기 때문에 이광수에게 일본을 배우는 것과 일본을 배척하는 것 사이에는 아무런 모순도 존재하지 않는다. 「동경잡신」과 독립 선언 및 『독립신문』 논설, 그리고 또다시 「민족 개조론」으로 이어지는 극단적인 변신은 이러한 사실을 잘 보여준다.

억압자로서의 일본상과 문명으로서의 일본상의 모순은 문명(문화)과 정치의 분리에 의해, 또한 후자의 유보에 의해 해결된다고 이광수는 생각했던 듯하다. "조선 병합 이래 조선인이 일본 국민이었음은 말할 것도 없지만, 은근히 문화 단위로서 민족 관념을 지지해 왔던 것이다. 이를 민족주의라고 부르지만, 이 민족주의는 정치적인 것이 아니라 문화적인 것이었으며, 위정 당국도 그런 의미에서 인정해 왔던 것이었다"[25]라는 말에서 볼 수 있듯이 이러한 문명(문화)과 정치의 분리

24 이광수, 「일본국민에게 고하노라」, 김사엽 엮음, 『춘원 이광수 애국의 글—상해 임시정부 기관지 '독립'에 무기명으로 쓴 항일논설 모음집』, 문학생활사, 1988, 57면.

25 李光洙, 「同胞に寄す」; 이경훈 엮음, 앞의 책, 118면.

와 후자의 유보가 이광수의 수양동우회 활동이었고 「민족개조론」의 사상이라 할 수 있다. 그러나 비록 유보되어 괄호 속에 놓여 있었다고 해도 주권의 회복에서 자치 획득과 차별의 시정으로 이어지는, 일본에 대한 분격은 사라지지 않았다. 오히려 그러한 분격이 더욱더 강렬한 일본=문명에 대한 지향으로 이어졌다고 해도 과언이 아니었다.

지금까지 보아온 이광수의 일본·일본인상은 1930년대 후반 이후에도 기본적으로는 변하지 않았다. '민족주의자'에서 '친일파'로의 변신도 일본이라는 강한 문명에 대한 선망과 억압과 차별에 대한 반발은 변화시키지 못했다고 할 수 있다.

4. (의붓)아버지와 (양)아들

1938년 4월부터 시행된 제3차 조선교육령에 의한 조선어의 수의 과목화, 1939년 『동양지광』을 필두로 한 일본어 매체의 등장, 조선 문인협회의 설립(1939.10)으로 인한 조선인 작가와 일본인 작가의 동서(同棲) 등은 내선일체의 문학적·문단적 표현이었다. 이로 인해 조선어·조선문학은 경계 변화를 피하지 않을 수 없었다. 그것은 일본 제국의 확장과 또 다른 식민지의 등장에 따른 지역의 새로운 배치에 영향을 받은 것이었다. 일본인측은 조선어·조선문학을 독자적 민족어·민족문학에서 일본의 지방어·지방문학으로 위치 지었고, 조선인측은 독자성과 지방성 사이에서 다양한 스펙트럼을 가지고 있었다. 조선측의 이러한 반응은 일찍이 쓰다 가타시에 의해 동화일체론과 평행제휴론이라는 명명을 얻었다.[26] 전자가 지방성을 강조한다면 후자는 독자성 쪽으로 기울어 있었다.

민족의 경계 변화로 인해 문학에서도 이전과는 달리 어떤 방식으로든 일본을 새롭게 배치하지 않을 수 없었다. 동시에 그러한 배치에 따라 조선의 정체성도 새롭게 모색하지 않을 수 없었다. 이 둘은 동시적인 것인데, 문학에서의 가장 큰 변화는 일본어의 수용이고 내용에서는 일본과 일본인을 작품 내부로 끌어들이는 것이다. 일본어의 수용이라는 측면에서는 수용 불가론(1938년 10월의 『경성일보』 좌담회)에서 조선어 8, 일본어 4의 배분(1941년 11월의 『국민문학』 창간)으로, 다시 일본어 전용(1942년 5월 이후 『국민문학』의 일본어 전용)으로 변해갔다. 그러나 작가 개인으로 보면 조선어 고수에서 이중어 사용, 일본어 전용으로 다양한 스펙트럼을 가지고 있었고 그 이유도 제각각이었다.

> 조선어를 폐지한다고 일부에 떠드는 자가 있지만 이런 정책은 조선인의 감정을 도리어 악화해서 반대의 효과를 낳지나 않을까 우려합니다. 조선의 언어 문화 등 이런 것은 끝까지 보존하지 않으면 안 되리라고 생각합니다. 조선의 문화, 언어 등은 끝까지 보존하면서도 조선인은 진심으로서 일본을 사랑하는 일본 백성이 되고 천황 폐하를 진심으로 자기의 임금으로 경배하는 마음을 가질 수 있다고 생각합니다. 또 이리하는 것만이 내선일체의 진정한 길이라고 저는 믿습니다.[27]

위 인용문에서 볼 수 있듯이 이광수는 언어 문제에 있어서만은 일본어 수용 불가론이었다고 할 수 있다. 1944년에도 "사투리란 둘째 셋째

---

26 津田岡, 『內鮮一體の基本理念』, 綠旗聯盟, 1939, 35면.
27 좌담회 「시국유지 원탁회의」, 『삼천리』, 1939.1, 44면.

의 문제이고 무엇보다 국어(일본어－인용자)로 소설을 쓰고자 하는 것 자체가 도대체 무모하"[28]다고 말하는 것으로 보아 이것은 일관된 생각이었던 것으로 보인다. 다르게는 "조선인의 생활, 조선인의 감정은 당분간은 조선어가 아니고는 완전히 표현되지 않는다는 것만은 이해할 수 있을 것이니, 여기 조선문학의 존재 이유의 제일조가 있는 것"[29]이라는 말로 표현되는 이광수의 이러한 언어관은 쓰다로 하여금 그를 평행제휴론자로 분류하게 했다. 그러나 이러한 민족의 경계 조정기에서 이광수가 취한 입장은 동화일체론에 가깝다.

> 내선일체란 조선인의 황민화를 말하는 것이지 쌍방이 서로 접근함을 의미하는 것이 아니다. 무슨 일이 있더라도 천황의 신민이 되겠다, 일본인이 되겠다고 힘차게 나아가는 조선인 쪽의 기백에 의해서야말로 내선일체는 이루어지는 것이다.[30]

이는 일본 국민, 혹은 일본제국 신민이라는 이름 하에 조선 민족과 일본 민족이 각각의 문화를 보존한 채 하나의 국민이 된다는 평행제휴론과는 거리가 먼 것이다. 이러한 평행제휴론을 거부하며 이광수가 "조선인은 단지 일본 국민이 되는 것에 멈추지 않고 야마토 민족이 된다"[31]라고 말하는 것으로 보아 그것은 명백하다고 할 수 있다. 심지어 "저마다 신체의 어느 부분을 바늘 끝으로 찔러도 일본의 피가 흐르는

28 「東京對談」, 『朝鮮畫報』, 1944.1; 김윤식 옮김, 『이광수의 일어창작 및 산문선』, 역락, 2007, 226면.
29 이광수, 「심적 신체제와 조선문화의 진로」, 『매일신보』, 1940.9.10; 이경훈 엮음, 앞의 책, 105면.
30 이광수, 「內鮮一體隨想錄」; 이경훈 엮음, 앞의 책, 244면.
31 이광수, 「朝鮮文藝の今日と明日」; 위의 책, 119면.

일본인이 되지 아니 하여서는 아니 된다"[32]라는 데까지 나아간다. 그것은 조선 민족이 "혈액적으로 정신적으로 병합되"는 "민족의 발전적 해소"[33]를 목적지로 삼고 있다.

이러한 민족의 발전적 해소론은 어떤 측면에서는 1920년대의 '민족개조론'과 동일한 논리에 의해 이루어져 있다.

> 나는 '천황의 신민이다'라는 새로운 굳은 신념 속에서 새로운 감격과 새로운 활력을 얻어서 새로운 생활을 건설하지 아니하면 아니 된다.
>
> 조선인은 저마다 저를 개조하여야 한다. 제 인생관, 사회관을 한번 근본으로부터서 두들겨 고쳐서 행주좌와(行住座臥)에 몽매에라도 나는 천황의 신민이다, 일본인이다, 제국의 운명을 부담한 국민이다 하는 생각이 떠나지 아니하면 아니 하는 그러한 사람이 되도록 저를 개조하지 않으면 아니 된다.[34]

이러한 '민족개조론'으로서의 '내선일체'론이 이광수의 이 시대의 담론을 특징짓고 있는데, 이는 개인적 차별의 해소로서 일본화를 주장한 현영섭과 대비된다.[35] 즉 민족 단위의 개조가 역으로 이광수의 민족적 정체성을 형성하고 있는 것이다. "자기 한 사람만 툭 튀어나와서 일본인이 될 리는 없는 것입니다. 조선인 전체가 한 사람도 남김없이 일본인으로 완성되었을 때, 그때 비로소 그들은 완전한 일본인이 되는 것입니다"[36]라는 말은 황민화를 주장하면 할수록 민족적 정체성을 확인

32 이광수, 「황민화의 조선문학」, 『매일신보』, 1940.7.6; 위의 책, 76면.

33 이광수, 「朝鮮文藝の今日と明日」; 위의 책, 119면.

34 이광수, 「황민화의 조선문학」; 위의 책, 76면.

35 현영섭의 동화일체론에 대해서는 이승엽, 「조선인 내선일체론자의 전향과 동화의 논리」, 윤해동 외 엮음, 『근대를 다시 읽는다』, 역사비평사, 2006 참조.

하는 역설을 잘 보여주고 있다. 또한 "네가 만일 민족주의자일진댄 금후의 조선의 민족 운동은 황민화 운동임을 인식하여야 할 것이다"[37]라고 하여 이광수는 '내선일체'를 민족 운동으로 위치 짓기까지 한다.

여기서도 일본은 또다시 조선인이 지향해야할 모델, 다시 말해 개조의 목표가 된다. 그러나 그 목표 지점은 문명으로서의 모델이 아니라 강한 민족으로서의 일본[38]이다.

> 조선인은 이제는 결코 식민지인이 아니다. 약소 민족도 아니다. 패전 국민도 아니다. 패전국민도 아니다. 위세가 융융한 대일본 제국의 신민이다. 이것은 결코 허장성세가 아니다. 왜 그런고 하면 이제부터는 우리 자신의 역량 여하로는 일본 제국의 모든 사업과 모든 영광에 참여할 수가 있게 된 것이 아니냐.[39]

해방 이후에는 일본 민족에 협력함으로써만 조선을 보존하고 강한 민족으로 만들 수 있다는 논리로 바뀌지만, 여기서는 일본 민족이 됨으로써만 조선을 보존하고 강한 민족으로 만들 수 있다는 논리를 펼친다. 이 둘 사이에는 깊은 심연이 있지만, 반대로 연속되는 측면이 있는데, 그것은 '강한 민족'에 대한 선망이다. 이는 문명으로서의 일본을 모델로 했을 때에도 마찬가지였다. 그것을 우리는 진화론에 대한 이광수의 견해에서 살펴보았다는데 거꾸로 보면 앞 시기의 문명에 대한 선망

---

36 李光洙, 「行者」, 『文學界』, 1941.3; 이경훈 엮음, 앞의 책, 201면.

37 이광수, 「국민문학의 의의」, 『매일신보』, 1940.2.16; 위의 책, 63면.

38 강한 민족에 대한 선망에 의해 황민화를 주장한 이광수를 어떤 연구자는 '친일 내셔널리스트'라고 부른다(조관자, 「'민족의 힘'을 욕망한 '친일 내셔널리스트' 이광수」, 박지향 외 엮음, 『해방 전후사의 재인식』, 책세상, 2006).

39 이광수, 「황민화와 조선문학」; 이경훈 엮음, 앞의 책, 76면.

은 강한 민족으로 가기 위한 방편이라고 볼 수 있고 이것은 1940년대에도 마찬가지였던 것으로 보인다.

모델로서의 일본은 이 시기 '(의붓)아버지'로 표현된다. 그렇게 표현하는 것은 자동적으로 조선을 '(양)아들'로 위치 짓는다. "조선, 대만 등 신부(新附)한 신민은 천황의 수양(收養)으로 하여서 신민이 된 것이니 이를테면 양자에 비할 것이"[40]고 "그것(꼬인 것－인용자)은 모두 양아들 근성"[41]이었다는 것이다. 심지어 해방 이후의 글인 「나의 고백」에서도 일본을 '의붓아비'로 표현하고 있다.[42] 고아 혹은 양자, 서자에서 적자로, 의붓아버지에서 진짜 아버지로 가는 길이 1940년대 이광수의 민족개조론인 것이고 일본은 의붓아버지와 진짜아버지 사이에 놓인 존재였다.

여기서도 일본은 모델이 된다. 문명 / 문명의 결여(야만)라는 잣대는 일본성 / 일본성의 결여로 바뀌지만 거울로서의 일본이라는 점에서는 동일하다. 조선은 일본의 시선을 통해 보아야만 조선이 되며 그 반대도 성립한다.

> 식사도 일본식 식사로 개량하자는 것입니다. 왜 그러냐 하면 일본식 식사는 다 먹을 수 있는 분량만 떠 놓으니까 퍽 경제적입니다. (…중략…)
>
> 다음은 식사 예의인데 식사 예의가 없는 것은 조선뿐입니다.[43]

이러한 구절들은 「동경잡신」에 옮겨 놓아도 조금도 이상하지 않다.

---

40 이광수, 「일본문화와 조선」, 『매일신보』, 1941.4.22~5.1; 위의 책, 230면.
41 李光洙, 「同胞に寄す」; 위의 책, 126면.
42 이광수, 「나의 고백」; 『이광수전집』 7, 227면.
43 이광수, 「생활도 결전적」, 『매일신보』, 1942.1.13; 이경훈 엮음, 앞의 책, 320면.

놀랍도록 논리 구조가 동일하기 때문이다. 다른 글에서는 조선인은 거짓말을 한다, 책임 관념이 희박하다, 이기적이다, 심사숙고가 없다는 결점을 가지고 있다고 말하며 이것을 "일본인의 혼이 결여"된 때문이라고 한다.[44] 이는 '문명=일본 / 문명의 결여=야만=조선'의 구도가 변형된 것이라 할 수 있다. 그 둘 다 일본을 거울로 하여 조선을 개조하려는 것이라고 할 수 있는데, 문명으로서 일본을 거울로 삼았을 때나 지금이나 이광수는 일본을 이상화시키고 있다고 할 수 있다. 이것이 일본에 대한 찬양이 아니라 조선을 개조하기 위한 방법이라는 점에서도 이광수 사상의 연속적인 측면이 발견된다.

이광수에게 일본은 조선을 바라보기 위한 거울이었다. 거꾸로 일본은 조선을 거울로 해서만 바라보이는 상이었다. 거울은 고정되지 않으면 자신을 비춰주지 않는다. 자신을 비추기 위해, 그러니까 자신의 정체성을 형성하기 위해 이광수는, 그리고 우리들은 일본을 단일한 상으로 고정시켜 왔던 것이다. 어떨 때는 문명으로서, 또한 어떨 때는 억압으로서 단일하고 고정된 일본이라는 거울을 통해 우리 자신의 모습을 보아 왔던 것이다.

44 李光洙,「兵役と國語と朝鮮人」,『新時代』, 1942.5; 위의 책, 337~341면.

아카데미시즘과 현실 사이의 긴장

1. 문제제기

박치우(朴致祐, 1909~1949)는 초기 한국 철학계에서 박종홍, 안호상 등의 관념론적 경향과 더불어 뚜렷한 두 계보를 이루는 유물론적 경향을 대표하는 철학자이다.[1] 그의 업적은 철학계에만 머물지 않았다. 1930년대 중반부터 다양한 문화론을 펼치며 문화계를 진단하거나 선도하는 글을 썼다. 1930년대 후반에는 신체제론을 펼쳐, 비합리적 파시즘 사상에 맞서 지성을 옹호하는 입장을 대표하는 문화론자였다. 또한 해방 후에는 남로당의 노선과 문화 정책을 수립하는 위치에 있으면서, 문학가동맹 계열의 문인에게 큰 영향을 끼쳤다.[2] 그러나 문화론에

---

1 김재현, 『한국 사회철학의 수용과 전개』, 동녘, 2002, 13면.

2 『신문학』 창간호(1946.4)에 실린 '조선 민족문화 건설의 노선(잠정안)'은 전문 11개 항으로 이루어져 있으며, 남로당 계열의 문학자에게 지침으로 작용했는데, 이 문건 작성에 박치우

대한 이러한 커다란 역할에 비해 문학 연구자들은 박치우에게 큰 관심을 보이지 않았다. 그에 대한 연구 대부분은 철학계에서 이루어졌고,[3] 문학 연구자들 사이에서는 손정수의 연구[4]를 제외하고는 단편적인 언급에 그치고 있다. 더군다나 손정수의 연구도 1930년대 후반기의 역사철학 비평에 그치고 있어 박치우의 전체적인 모습을 파악하는 데 미흡한 점이 있다. 또한 어느 연구자도 박치우의 사상을 낳은 그의 삶을 연구한 적은 없다.[5] 이 논문은 거의 시도된 바 없는 박치우의 삶에 대한 고찰을 바탕으로 그의 사상을 종합적으로 논의하고자 한다.

2. 철학자에서 빨치산까지 – 박치우의 생애

박치우는 1909년 8월 22일 함경북도 성진에서 태어났으며,[6] 본적은 함경북도 경성군 나남면 미길정 7번지이다.[7] 아버지 박창영(朴昌英)은

가 깊이 관계한 것으로 알려져 있다(김재현, 앞의 책, 91면). 또한 그는 민주주의 민족전선의 선전부원이었으며, 전국문학자대회에서도 특별보고를 하는 등, 남로당 문화 정책의 생산자였다고 할 수 있다.

3 철학계에서 이루어진 박치우에 대한 연구는 다음과 같은 것들이 있다.
조희영, 「현대 한국의 전기 철학사상 연구」, 『용봉논총』 4집, 1975.1.
_____, 「현대 한 · 일 철학사상의 비교 연구」, 『용봉논총』 12집, 1982.12.
이만근, 「서양 철학의 수용 과정과 철학의 주체성」, 『동원논집』 창간호, 1988.
엄정식, 「식민지 시대의 한국 철학과 민족주의」, 『동아연구』 37호, 1999.6.
권용혁, 「철학자와 '사회적 현실'」, 『사회와 철학』 4호, 2002.10.

4 손정수, 「일제 말기 역사 철학자들의 문학비평 연구」, 서울대 석사논문, 1996.

5 최근에 박치우의 삶과 철학을 집대성한 위상복의 『불화 그리고 불온한 시대의 철학』(길, 2012)이 간행되었음을 밝혀둔다.

6 「조선 문예가 총람」, 『문장』, 40.1.

당시 전도사였으며, 그가 태어나자 곧 목사 수업을 위해 평양 장로회 신학교에 입학했다.[8] 박창영의 목사 안수는 신학교를 졸업한 1913년이었으며, 첫 부임지는 성진 중앙교회였다. 이후 박창영은 함북 노회장에 선출되는 등 함경북도 기독교계의 지도자가 된다. 그러나 박창영의 삶은 그리 안정되지는 않았던 것 같다. 1917년 이후로 이원, 솔내, 서호 등 함경북도의 벽촌에서 전도 활동을 해왔던 것, 1922년에는 함북 노회장으로 있으면서도 자원해 시베리아에 17년 동안이나 선교활동을 떠났던 것 등을 고려해 볼 때 기독교에 대한 그의 헌신은 남달랐던 것으로 보인다. 박창영은 1940년 함북 온성군 훈계교회에서 시무하던 중 별세한다.

1928년 3월 3일 함경북도 경성(鏡城) 고등보통학교를 졸업하고, 4월 1일 경성제대 예과 문과 B조에 입학한다. 입학 동기로는 시인 조중흡(趙重洽), 역사학자 신기석(申基碩)이 법학과로 진학하는 문과 A조에 있었고, 문·사·철로 진학하는 문과 B조에는 국어학자 이숭녕(李崇寧), 심리학자 이진숙(李鎭淑),[9] 해방 후 한국 축구협회 부회장을 역임하는 박정휘(朴廷徽)가 있었다.[10] 예과 시절 박치우는 축구에 열중했다.[11] 대학이 사회주의 사상의 온상이 되는 것을 막기 위해 일본 문부성은 1928년 각 대학 총장들을 모아 학생들의 모임을 통제할 것을 지시한

---

7 서울대학교가 소장하고 있는 박치우의 경성제국대학 학적부(윤대석 · 윤미란 엮음, 『박치우전집』, 인하대 출판부, 2010 수록)에 따름.

8 박창영에 대한 기록은 『기독교 대백과 사전』 7(기독교문사, 1982)을 참조했다.

9 이진숙과의 교우 관계는 남달랐던 것으로 보인다. 그 편린이 박치우의 「지식인과 직업」(『인문평론』, 1940.5)에서 보이는데, 이진숙은 이 글 속에서 R이라는 익명으로 등장한다. 참고로 이진숙은 심리학을 전공하고, 해방 이후 서울대 심리학과 교수로 재직하면서 한국 심리학회를 조직하는 등 한국에서 심리학의 설립자로 기록된다(서울대 심리학과 홈페이지 참조).

10 5회 입학인 1928년의 경성제대 예과 입학자에 관해서는 『동아일보』(1928.3.30)의 입학관련 기사를 참조.

11 이충우, 『경성제국대학』, 다락원, 1980, 144면, 172면.

다. 그 일환으로 경성제대 당국도 학생 모임인 '문우회'를 해산시키게 되는데,[12] 그에 대응해 축구부가 '문우회'를 대신하게 되었다고 한다.[13] 당시의 기록을 보면 전선(全鮮) 중등학교 축구대회, 만주・일본 원정 경기 등에 박치우가 선수로 참가한 것으로 되어 있다.[14] 또한 2학년 때 예과 잡지인 『청량』에 「돌아가는 맹자」를 쓰는 등 한문 실력도 뛰어났으며,[15] 음악에도 조예가 있었던 듯하다.[16]

1930년 4월 1일 박치우는 경성제대 법문학부 철학과에 진학하여 서양철학을 전공한다. 학적부에는 두 차례의 등학 정지가 기록되어 있는데 사유는 알 수 없다. 優, 良, 可, 不可의 네 단계로 나뉘어져 있는 성적에서 우가 17, 양이 8, 가가 2, 불가는 없을 정도로 성적은 좋았다. 그리고 학적부에서는 박치우가 졸업 단위수인 21단위를 초과하여 27단위나 수강했음을 알 수 있다. 예과 시절과는 달리 전공 공부에 열중했음을 보여주는 것이라 할 수 있다. 대학 시절 그는 사회주의 사상과는 거리가 있었으며 당시 제도적 학문이던 독일 관념론, 특히 신칸트 학파에 관심을 많이 가지고 있었다. 식민지 본국의 대학과 마찬가지로 경성제대에서도 철학과는 신칸트 철학이 주류였다. 경성제대에서 철학을 강의했던 아베 요시시게(安倍能成), 미야모토 와키치(宮本和吉), 하야미 히로시(速水滉), 우에노 나오아키(上野直昭) 등은 일본에서도 이름

12 『동아일보』, 1928.5.2. '문우회' 해산기사 참조.

13 이충우, 앞의 책, 144면.

14 위의 책, 144~151면 및 『동아일보』, 1930.9.9, 9.24 기사 참조.

15 재러시아 학자인 박일은 해방 직후의 박치우에 관해 다음과 같이 증언했다고 한다. "특히 한문 실력이 뛰어나 개인적으로 한문을 배운 적도 있다"(이한우, 「잊혀진 철학자」, 『문학동네』, 1996.11)

16 『조선일보』(1931.11.28)에는 새로 부임하는 야마다(山田) 총장 환영 음악회 소식이 실려있다. 1931년 11월 29일 낮 2시 대학 강당에서 열린 이 음악회에는 음악가뿐만 학생들도 연주자로 참가했는데, 박치우의 이름도 보인다. 식민지 시대 서양음악이 교회를 통해 보급된 것을 생각하면, 목사의 아들인 박치우가 서양음악에 친숙한 것은 어쩌면 당연하다고 할 수 있다.

높은 이와나미(岩波) 그룹의 철학자들이었다.[17] 그 가운데 미야모토 교수가 "일본에서도 볼 수 없는 천재"라고 하며 박치우를 칭찬했다는 이야기가 전해지고 있다.[18] 박치우는 미야모토의 지도하에 신칸트학파인 하르트만에 대한 졸업논문 「니콜라이 하르트만의 존재론에 대하여」를 쓴다.[19] 학적부에서 또한 특이한 점은 문학 강좌 수강은 '문학개론' 1단위에 불과하다는 사실이다. 이는 박치우가 문학에 관해 거의 언급하지 않았고, 쓰더라도 문화의 일종으로만 취급했던 것과 무관하지 않다. 그의 수강 과목은 거의 전공인 철학에 국한된다.

1933년 3월 31일 대학 졸업과 함께 미야모토 교수의 연구실 조수가 된다.[20] 경성제대 연구실은, 1930년대 후반에 가서야 생기게 되는 대학원을 대신한 것이며 유급(有給)이었다.[21] 이처럼 그가 유학을 가지 않고 조수로 대학에 남게 된 것은 경제적 이유가 큰 것 같다. 그의 경력을 보면 중간에 조금의 틈도 없이 직업을 가지는데, 이는 선교 활동을 위해 시베리아를 떠돌고 있는 아버지로부터 경제적 지원이 없었기 때문일 것이다. 대학에 다닐 때에는 방응모에게서 장학금을 받아서 경제적 문제를 해결했다.[22] 이러한 경험을 그는 「지식인과 직업」(『인문평론』, 40.5)에서 소명과 생계, 혹은 호구와 이념의 이율배반이라는 용어로 풀이하고 있다. 1933년 박치우는 '철학연구회'의 창립에 참가한

---

17 경성제대와 박치우 사상의 관계에 대해서는 손정수, 「신남철 · 박치우의 사상과 그 해석에 작용하는 경성제국대학이라는 장」, 『한국학연구』 제14집, 2005 참조.

18 이충우, 앞의 책, 172면.

19 학적부에서 졸업논문의 점수를 매기는 곳에 미야모토(宮本)라는 사인이 보인다.

20 그의 조수 임명과 면직 기록은 경성제대 서무국에서 발행한 『경성제국대학 학보』에서 확인할 수 있었다.

21 제국대학의 조수는 관제 가운데 판임관(判任官)에 해당한다. 요즘의 호봉에 해당하는, 박치우의 급봉(給俸)이 6급임을 감안하면, 그의 급여는 75엔이었다(朝鮮總督府, 『朝鮮總督府及所屬官署職員錄』, 1933년판 · 1934년판 참조).

22 이동욱, 『민족계몽의 초석 방응모』, 지구촌, 1998, 151면.

다.[23] '철학연구회'의 멤버는 경성제대의 박치우, 신남철, 박종홍(선과), 도쿄제대의 김두헌, 교토제대의 전원배, 미 남가주대학의 한치진, 시카고대학의 갈홍기, 독일 예나대학의 안호상 등이었다. '철학연구회'는 잡지 『철학』을 3회 발간하고 1936년 11월 발행인 이재훈의 피검으로 해체된다.

박치우는 1934년 9월 19일 경성제대 조수를 그만둔다. 2년 계약이던 조수를 계약기간 만료 전에 그만두게 된 것은 9월 12일부로 평양에 있는 숭의실업 전문학교 교수로 가게 되었기 때문이다.[24] 그가 기독교 계통의 숭실전문 교수로 가게 된 것에는 목사였던 아버지의 영향력이 작용했을 것으로 추측된다. 이 시기가 박치우에게는 학문과 인생에서 커다란 전환점이 된다. 그동안 아카데미시즘 속에서 사고하던 것에서 벗어나 현실과의 긴장 관계 하에서 철학을 하는 것, 그의 표현대로 한다면 "이 땅, 우리에게 있어서 철학은 무엇인가"를 질문하는 "실천 개념의 철학적 해명"을 지향하게 되기 때문이다.[25] 그가 경성제대 조수를 그만두는 것도 그것의 실천적 행위이며, 「'아카데믹' 철학을 나오며」(『조광』, 36.1)는 그것에 대한 선언문이라고 할 수 있다. 그가 신칸트학파의 영향권에서 벗어나 변증법을 수용하는 것은 이 무렵이다. 박치우의 숭실전문 동료 교수로는 양주동(영문학, 한문, 조선어문학), 이효석(조선어문학) 등이 있었다.

1938년 3월 31일 신사참배 문제로 인한 숭실전문학교의 강제 폐교로 박치우는 교수직을 상실한다. 그와 동시에 4월 1일자로 『조선일보』

---

23 조희영, 「한국의 현대 사상에 미친 서양철학의 영향」, 『전남대 문리과대학 논문집』, 1968 참조. 잡지 『철학』은 한국 최초의 철학 전문 잡지였으며 1933년 7월 17일 1호가, 1934년 4월 1일 2호, 1935년 6월 20일 3호가 발간된다.

24 숭실전문학교에서의 박치우에 대한 기록은 『숭전대학교 80년사』(1979)를 참조했다.

25 박치우, 「'아카데믹' 철학을 나오며」, 『조광』, 1936.1.

학예부 기자로 사령을 받는다.[26] 이는 서중회의 일원이었기 때문에 가능했을 것으로 짐작된다. 같은 날 그는 다시 사회부로 발령받는데 이유는 확실하지 않다. 잠시 사회부 기자로 활동한 후 곧 학예부 기자로 부서를 옮겨, 『조선일보』 폐간 때까지 이원조, 김기림을 상사로 모시며 기자생활을 한다.

1940년 『조선일보』의 폐간(8월 10일)을 맞아 실직하게 된[27] 박치우는 경성제대 대학원에 진학한다.[28] 그러나 실제로는 그의 입학이 이미 6월 22일 허락되어 있었다는 점으로 미루어 보아,[29] 『조선일보』의 폐간이 없었더라도 대학원 진학은 예정되어 있었다고 할 수 있다. 아카데미 철학에서 벗어날 것을 선언했던 박치우의 아카데미로의 복귀는 당시의 현실과 연결해서만 설명이 가능하다. 파시즘에 대해 비판적 입장을 견지하고 있던 박치우에게 아카데미는 일종의 도피처 구실을 했던 것이다. 그의 전공이 고대 철학으로 되어 있는 점도 이와 무관하지 않다.[30] 그의 대학원 생활은 서류상으로는 해방까지 계속된다. 그러나 해방 직후 벌어진 좌담회에서 그는 일제 말기에 중국으로 건너가서 활동하다 1945년 8월 8일 베이징에서 일제가 패망했다는 소식을 듣고 창춘(長春)에서 해방 소식을 들었다고 한다.[31]

---

26 『조선일보』 사원으로서의 박치우에 대한 기록은 『조선일보 사보 1936.6~1940.2』(조선일보사, 1940)를 참조했다.

27 『조선』·『동아』 두 한글신문의 폐간과 더불어 양 신문사 사원들에게 고액의 퇴직금 겸 위로금이 지급되었다. 폐간 직후 경기도 경찰부장이 작성한 비밀문서에 따르면(京高秘第二七五六號, 1940.10.15) 박치우는 천 엔이라는 거액을 받은 것으로 되어 있다.

28 「어디로 갔나?-조선·동아 양사 사원 동정」, 『조광』, 1940.10.

29 경성제대 서무국, 『경성제대 학보』, 1940.6.

30 그의 연구테마는 아리스토텔레스였다. 경성제대 대학원 잡지인 『學叢』(43.1)에 그는 「아리스토텔레스의 산문론」을 게재한다.

31 좌담회 「건국 동원과 지식 계급」(『대조』, 1946.7)을 참조. 이 부근의 행적에 대해서는 객관적인 기록이 없다.

해방 후 박치우는 남로당에서 활동한다. 그가 박헌영의 비서라는 이야기도 있으나 확인되지는 않는다.[32] 확인된 자료에 의하면 그는 세 차례 박헌영의 평양 방문을 수행한다.[33]

1946년 1월 31일 박치우는 민전 결성대회 준비위원으로 1차 회의에 참석하고, 2월 3일 결성대회 준비 2차 회의에서는 민전 결성대회 준비위원회 사무국 선전부원으로 임명된다. 같은 달 8일에는 전국문학자대회에 참석하여 특별 보고 「국수주의의 파시즘화의 위기와 문학자의 임무」를 발표하고 문학가동맹에 가입한다. 15일에는 YMCA 회관에서 열린 민전 결성식에 조선문화협의회 대표 자격으로 출석하여 민전 중앙 위원으로 선출된다. 24일에는 조선문화단체총연맹 결성대회에 참석하여 「민족문화 건설과 세계관」을 발표한다.[34]

3월 25일 『현대일보』의 창간과 함께 박치우는 발행인과 주필을 겸임한다.[35] "현대일보는 자유조선의 소리다. 세계 민주주의의 전령이다. 새나라 건설의 전령이다"를 슬로건으로 내세운 『현대일보』는 주간에 이태준, 편집국장에 이원조, 고문에 김기림을 기용했다. 이원조, 김기림은 모두 『조선일보』 시절 박치우와 함께 일했던 적이 있었던 사람들이다. 『현대일보』의 논조는 좌익적 색채를 띠고 있었으며 미군정의 공산주의 탄압과 우익들의 파시즘적 행태를 신랄하게 비판하였다.

---

32 강동정치학원 출신이며 간첩으로 활동하다 체포된 김용구의 증언이다(『북괴간첩 밀봉교육의 전모』, 신명, 1982).

33 1945년 12월 25일에서 1946년 1월 1일까지, 1946년 4월 3일에서 6일까지, 1946년 6월 27일의 박헌영의 평양 방문을 수행한다. 1946년 6월 27일 현재 박헌영의 평양 방문이 4회이다(임경석, 『이정 박헌영 일대기』, 역사비평사, 2004). 그 가운데 박치우가 3회 수행한 걸로 보아 비서라고 할 수 있을지도 모르겠다(중앙일보 특별 취재반, 『조선민주주의 인민공화국』, 중앙일보사, 1992).

34 김남식, 『남로당 연구』, 돌베개, 1984 및 신형기, 『해방 직후의 문학운동론』, 제3문학사, 1988을 참조했다.

35 한국신문연구소, 『한국신문백년』, 1975.

그러한 논조 때문에 박치우는 우익 청년들에게 테러를 당하기도 한다.[36] 그 모습을 김남천은 "(박치우가—인용자) 『현대일보』 주필로 있을 때 사무실이 같아서 나는 테러를 맞는 박 씨를 먼발로 바라보았다. 그 불굴한 신념과 초탈한 면모가 가위 현대의 소크라테스였다"[37]라고 기록하고 있다. 결국은 9월 6일 미군 헌병들에 의해 『현대일보』가 수색당하고 박치우는 입건된다.[38] 『현대일보』는 다음날로 정간 조치되며 미군정은 우익인 대한독립 청년단의 서상천에게 발행을 맡기게 된다. 같은 해 11월 20일 백양당에서 박치우의 논문과 논설을 모은 『사상과 현실』을 발행한다.

1946년 10월 인민항쟁으로 지명 수배된 박치우는 1947년 초순 월북하여[39] 해주 제1인쇄소를 설치하는데 관여한다. 10월에는 박헌영의 지시에 따라 대남 유격대를 양성하기 위해 평남 강동군 입석리 탄광촌에 강동정치학원을 설치하는 데 관여한다.[40] 강동정치학원은 10월 인민항쟁으로 남로당의 조직이 드러나게 되자 월북한 남로당원을 중심으로 만들어진 군사학교였다. 1949년 9월 당시 원장은 소련 공산당원이었던 표드르 박(본명 박병률)이었으며 군사부원장은 북로당계 서철이었다. 박치우는 정치부원장으로 명목상 서열 2위였지만, 박헌영의 직

---

36 『조선일보』, 1946.7.13. 이는 7월 13일 『현대일보』에 「지방열을 타파하자」라는 제목의 기사를 게재한 데서 발단되었다. 테러를 가한 청년들은 서북청년회 소속이었으며, 『현대일보』는 16일자로 서북청년단체 대표에게 사과문을 보내고 17일자로 문제의 기사를 취소한다.

37 김남천, 「변혁하는 철학」, 『독립신보』, 1946.12.10.

38 『조선일보』, 1946.9.7. 좌익계열이던 『인민보』, 『중앙신문』도 『현대일보』와 같은 날 같은 시각에 수색과 발간정지를 당한다.

39 러취 군정장관은 기자회견에서 "현대일보가 정간된 후 대표자인 박치우가 법정에 호출될 혐의를 피하기 위하여 자취를 감추었으므로"(『조선일보』, 1947.1.18)라고 말하고 있어 월북 시기가 1946년 말일 가능성도 있다.

40 중앙일보 특별 취재반, 앞의 책, 275면. 이것은 전직 북한 고위관리인 서용규의 증언에 따른 것이다.

계로서 강동정치학원을 장악했다고 한다. 군사부는 군사 훈련을 담당하고 정치부는 사상 교육을 담당하는 기구였다.[41]

1948년 8월 15일 남한의 단독 선거로 대한민국 정부가 수립되자, 박헌영은 세력만회를 위해 해주 남조선 인민 대표자 대회를 준비하는데, 그 실무진의 한 사람으로 박치우가 기용된다. 회의는 8월 21, 22일 이틀 동안 열렸으며 박치우는 서기국원으로 일한다.[42] 그 외 기간에는 강동정치학원의 부원장직을 계속 수행한다.

북한정권의 수립과 남한 혁명의 후퇴로 벼랑 끝에 몰린 남로당은 1949년 9월 총봉기를 위해 강동정치학원 출신으로 구성된 대남 유격대를 투입한다. 강동정치학원에서는 그해 6월에 4백 명을 오대산 지구로 투입시킨 것을 비롯해 1950년 3월까지 2천 명에 가까운 유격대를 남파한다.[43] 그러한 가운데 남로당계는 1949년 9월 6일 흩어진 남한의 빨치산들을 규합하고 통솔하기 위해 제1군단을 조직하여 360명을 태백산 지구로 보낸다. 군단장은 남조선 민청위원장을 역임했던 이호제였고, 참모장은 강동정치학원 군사부원장이었던 서철이었다. 박치우는 정치위원으로 이 유격대에 참여한다. 쌀, 담요, 우의, 농구화, 건빵, 발싸개, 바늘, 실을 갖춘 배낭과 M1 소총, 실탄 150발을 각기 소지한 360명의 유격대는 6일 강동 정치학교가 있던 승호역을 출발하여 기차로 양양에 도착한 다음, 인민군으로 하여금 국군과 접전을 벌이게 하여 그 틈을 타 삼팔선을 넘었다. 낮에는 자고 밤에는 행군하는 방법으로 오대산, 건봉산, 태백산으로 향하던 제1군단은 국군 8연대의 토벌

---

41 김용구, 「내가 받은 밀봉 교육」, 『신아일보』, 1970.8.1.

42 중앙일보 특별 취재반, 앞의 책(하권), 381면.

43 김남식, 앞의 책; 김용구, 앞의 책; 전쟁기념 사업회, 『한국전쟁사』 2, 행림출판, 1992. 유격대 파견 시기, 구성 등에 관해서는 세 책이 일치된 견해를 보이나, 침투 인원에 관해서는 다소 차이가 드러난다.

전에 거의 섬멸되고 100여 명은 북행하거나 이전에 침투했던 김달삼 부대와 합류하여 전투를 계속 벌인다.[44] 박치우는 김달삼 부대와 합류하여 태백산 지구에서 전투를 벌이다 11월 말경 국군과 경찰로 구성된 토벌대에 의해 사살된다. 『동아일보』 1949년 12월 4일자 신문은 그 소식을 다음과 같이 간단히 전하고 있다.

> 약 1주일 전 태백산 전투에서 적의 괴수 박치우(朴致祐)를 사살하였다.

3. 현실에 대한 철학적 개입—박치우의 사상

1) 아카데미시즘을 넘어서

한국 근대철학사를 기술한다면, 박치우는 아카데미시즘의 논리로 현실에 개입하려 했던 첫 번째 철학자로 꼽아야 할 것이다.

> 철학은 설명하는 데 그쳐서는 아니 된다. 세계를 변혁해야 한다는 명구는 이미 유명해져서 누구나 지껄이는 말이다. 그러나 대학과 대학원에서 철학을 전공한 아카데미시앙이 저널리즘과 가두에 진출하여 현실과 싸우며 새것을 위하여 세계를 변혁하려는 분은 한 분도 없었다. 박치우 씨가 처음인 것이다.[45]

---

44 이 전투에 관해 토벌대의 관점에서 쓰여진 기록으로는 『공비토벌사』(육군본부 전사감실 발행, 1956), 『공비연혁』(육군본부 정보국 발행, 1956)이 있다.

45 김남천, 앞의 글.

그가 아카데미시즘의 논리를 가졌다는 말은 단순히 대학과 대학원에서 근대 학문의 하나로서 철학을 교육받았다는 점에 멈추지 않는다. 그의 관심과 사상은 현실에서 출발한 것이 아니라, 이론적인 것에서 비롯된 것이며, 그 이론을 현실 해석에까지 확장하려는 태도를 보였다는 점, 그가 스스로를 끊임없이 학자로서 의식했다는 점에 더 큰 중요성을 두어야 할 것이다. 그는 철학과 사상을 구분하여 철학을 테오리아의 산물이며, 사상은 이즘의 산물이라고 설명한다. 그가 말하는 테오리아는 진리 추구를 목표로 하며 객관적인 것이라면, 이즘은 진리보다 현실상의 선을 추구하는 것이어서 주관적이다. 철학과 사상은 각각 논리와 현실에서 출발하여 서로 상대방을 향한 지향성은 있지만, 근본적으로 다른 원리에 놓여 있는 것이다.[46]

박치우는 자신이 학적 논리에 기반하고 있음을 명확히 한다. 이 때 학(學)은 신칸트학파의 철학, 즉 자신이 대학에서 배웠던 것을 의미한다면, 사상은 파시즘, 맑시즘 같은 현실적 요구에 의해 만들어진 논리를 의미한다.

> '테오리아'에 있어서는 인식이 결정적인 사명임에 반하야 '이즘'에 있어서는 일반적으로 가장 본래적인 사명으로 요청되는 것이다. 그러기 때문에 '테오리아'의 가치는 '진위' 여하에 의하여 결정되는 것이나 '이즘'의 가치는 오히려 '선악' 여하에 의하여 결정되는 것이다.[47]

그가 현실에 대해 관심의 끈을 놓지 않으면서도 철학적 엄밀성을 견지한 것은 이러한 범주 구분에서 온다. 또한 1930년대 후반과 해방 공

---

46 박치우, 『사상과 현실』, 백양당, 1946, 12~13면.
47 위의 책, 13면.

간에서 박치우의 논의가 이채를 띠는 점도 현실을 철학적 개념으로 풀어서 설명하려는 그의 학적 태도에서 비롯되는 것이다.

그러나 동시에 박치우는 아카데미시즘에만 머물지 않고 끊임없이 시선을 외부로 돌렸다. 그의 논법에 따르자면 학적 인식은 행동적·사상적 방향으로 지향성을 가지는데, 기존의 아카데미시즘은 그 지향성을 차단했다는 것이다. '철학은 무엇이냐'라는 물음이 아카데미시즘의 관심을 대표하는 질문이라면, 그것은 철학함을 통해서만 풀 수 있는 문제이나, 지금 더욱 중요한 것은 "철학은 오늘, 이 땅, 우리에게 마땅히 무엇이어야만 될 것인가"라는 문제라고 한다.

> 사상가란 별다른 사람이 아니라 현실의 강박, 현실이 그의 해결을 위하야 우리를 향하야 부르짖고 있는, 그 소리를 '심장'을 통하여 힘 있게 들을 수 있는 인간을 말함이나 아닐까요?[48]

그리하여 그가 내린 결론은 현실을 문제 삼되 철학적인 방식으로 문제 삼는다는 것이다. 그러나 이것은 철학의 전능함을 말하는 것이 아니라, 오히려 그 한계를 명확히 하는 것이다. 철학을 가지고 문제 삼을 수 있는 것만을 문제 삼는다는 것을 그는 명확히 한다. 이 과정은 학적 인식과 실천적 인식, 즉 철학과 사상의 원환 운동으로 파악할 수 있다. 아카데미를 나온다는 말은 아카데미를 버린다는 것이 아니라, 아카데미와 현실 사이의 긴장 관계를 끊임없이 유지함을 의미한다.

그가 학적 인식이라고 했을 때, 그것은 이성적 인식만을 의미했다. 신칸트학파의 산물인 진·선·미 가운데 진을 말하는 것이라 할 수 있

48 박치우, 「'아카데믹' 철학을 나오며」, 『조광』, 1936.1.

다. 이성적 인식만이 철학이며 그 외의 모든 비합리주의 철학은 철학이라기보다 사상, 즉 선을 문제 삼는 것이라는 논리이다. 이러한 논리는 해방 공간에까지 이어지며, 사회주의 이론을 그가 내면화하지 못하는 중요한 원인이 된다. 사회주의 이론이란 사상이기도 했지만, 실천의 논리이기 때문이다. 이 점은 그의 한계이면서도 장점으로 작용한다.

2) 휴머니즘론

박치우는 당대의 담론에 끊임없이 참여해왔다. 이는 현실의 철학적 개념화라는 그의 철학적 태도에서는 당연한 일이었다. 그를 평론가라고 할 수 있다면, 그가 당대의 유행 담론에 대해 메타적 시각을 보여주었다는 점에서 찾아야 할 것이다. 그는 1930년대 후반기에 있었던 휴머니즘론과 그에 연계된 지성론, 세대론, 고전론과 동양문화론, 동아협동체론에 활발하게 참여한다. 또한 해방 공간에서는 민족문화 건설이라는 담론에 적극 참여한다.

박치우가 휴머니즘론에 관해 언급한 글은 「현대 철학과 '인간' 문제」(『조선일보』, 1935.9.3~11)이다. 이 시기는 카프의 정론성이 약해지고 그 자리에 인간의 문제를 취급해야 한다는 휴머니즘이 활발하게 논의되던 시기이다. 박치우는 이러한 시기에 철학에서 인간의 문제가 어떻게 취급되어 왔는지에 관해서 살피고 있다.

박치우는 르네상스에 비로소 인간의 문제가 고대 희랍의 인간상으로 돌아가 자각적으로 발견되었다는 것에 관해 검토한다. 르네상스는 인간성, 개성, 자유성, 자각성과 같이 단순한 '성(性)'으로서의 인간이 발견된 것이 아니라, 즉 시공을 초월한 '순수 인간'이 아니라 시민제 사회, 시민적 사회라는 시공(時空)적으로 완전히 국한된 세계에서만 살 수 있는 그러한 '시민으로서의 자아', '시민적인 인간'을 찾아냈음에 불과했다. 근대에 와서 비로소 인간이 발견된 것이 아니라, 근대 시민은 시민으로서의 자아를 찾았음에 불과하다는 것이다. "봉건인은 봉건인답게 살았던 것이요, 시민인은 시민인답게 살았"던 것이다. 따라서 순수 인간이라든지, 인간 일반으로서의 자아 발견이라는 말은 최초부터 어떠한 의도가 있었다고 할 수 있을 것이다. 박치우의 이러한 입장은 이론이라는 것이 학적 인식이지만 또한 이즘적 성격을 지닌다는 그의 철학적 태도와 관련되어 있다. 모든 이론은 사회적, 역사적 맥락을 가지는 것이지, 그것이 어떤 순수한 탐색에 그치지 않는 것이다. 또한 모든 이론은 이데올로기이며, 당파성을 가지고 있는 것이다. 따라서 그는 '정황성'에 주목한다.

> 될 수 있는 대로 시공에 제약됨이 없이 순수한 자아성에 탐닉하는 것이 자각인 것이 아니라, 자아의 본래적인 자태인 '정황성'에 눈뜨는 것, 자신이 갖는바 역사적 사회적 '위치'를 깨닫는 것, 즉 '정황에 있어서의 자아의 발견'만이 참된 자아를 발견하는 소이이며, 따라서 참된 의미의 자각인 것이다.[49]

그 다음으로 그가 검토하고 있는 것은 고대로의 복귀라는 의미이다. 르네상스인들이 탐색했던 고대의 인간상은 고대의 인간상이 아니라, 그들의 요구에 의해 재구성된 고대의 인간상이다. 즉 복귀가 아니라, 새로운 인간상의 창출이었던 것이다.

49 박치우, 『사상과 현실』, 61면.

> 고대에로! 뒤에로! 라고 외치면서 그들은 그들 자신의 손으로 지여진 증기선과 화차에 몸을 실은 채 끝없이 앞으로 앞으로 달음질치고 있었던 것이다.[50]

따라서 르네상스가 복귀라고 주장하는 것은 근대 시민이 자신이 발견한 인간상을 순수한 것, 즉 고대에도 있었던 순수한 인간상, 본연의 인간상으로 은폐시키는 것이 된다. 즉 자신의 사회적, 역사적 맥락을 가리고, 영원성을 획득하는 방법으로서 복귀・귀환을 주장한 것이다.

박치우가 이처럼 순수 인간상이란 허위의 것, 자신이 처하고 있는 사회적, 역사적 맥락을 은폐하기 위한 것이라고 주장하는 것은 당대의 휴머니즘론을 겨냥한 것이다.

> 근자 새로운 '르네상스'라는 미명하에 새로운 인간을 마치 '자아의 완성' 또는 '개성에로의 침잠'에서나 찾을 듯이 망상하는 나머지 '순수 자아의 발굴'에만 여념 없는 일부의 철학도 급 문학인을 우리는 많이 보게 되는 것이나, 새로운 '르네상스'를 이같이 순수 자아의 발굴에서밖에 찾지 못하는 한 그들의 소위 인간 탐구, 자아 발견은 시간과 공간을 초월한 '순수 인간'의 발견에 그칠 따름일 것이다.[51]

그렇다고 해서 박치우가 인간 탐구라든지 개성 탐구라고 하는 휴머니즘론이 필요 없다고 말하는 것은 아니다. 그에 따르면 새로운 시대에는 새로운 인간형의 탐구가 일어난다. 즉 시대의 전형기에는 언제나 인간 타이프의 문제, 인간에 대한 새로운 반성이 강요된다. 거꾸로 말하면 이처럼 현대 철학이 새롭게 인간의 문제를 자신의 긴급한 문제로

---

50 위의 책, 64면.
51 위의 책, 65면.

문제 삼지 않으면 안 되는 것은 현대가 바로 전형기이기 때문이다.

그렇다면 새로운 인간형의 탐구는 현실적인 시공, 혹은 실천적인 시공을 고려함으로써만 가능하다. 실천적 시간과 공간의 가능한 형태는 역사 생성적 시간과 사회 형성적 공간이다. 이러한 시간과 공간만이 우리에게 가장 근원적이고 구체적이다. 이처럼 박치우가 역사적 시간, 사회적 공간을 강조하는 것은 당대의 휴머니즘론이 비합리주의에 빠지는 것을 막기 위해서이다. 실제로 백철의 경우 「풍류인간의 문학」(『조광』, 37. 6)에서 볼 수 있듯이 동양적인 멋과 사색에다 새로운 인간형을 찾으려고 했다. 이 문제는 곧바로 동양 문화론과 고전론으로 이어진다.

당대 지식인들은 내선일체를 통해 이룩되는 국가주의적 인간형을 근대의 인간형을 대체하는 새로운 인간형으로 보았다. 그러나 박치우는 인간형의 사회적 성격이 무엇인지를 끊임없이 질문함으로써 근대적 인간형을 반성할 수 있었지만, 거꾸로 국가주의적 인간형마저 상대화시킬 수 있었다고 할 수 있다. 이러한 휴머니즘론은 유진오의 '시정편력의 문학'의 문제의식으로 이어진다.

3) 동양 문화론 · 고전론

당시 학계는 '조선학의 독무대'라고 할 만큼 조선학, 혹은 고전에 대한 열풍이 유행처럼 불고 있던 시대였다.[52] 이는 전형기의 특징, 즉 불안하고 급변하는 세계 속에서 새로운 가치를 옛것에서 찾으려는 경향

52 박치우, 「조선학의 독무대—학계 1년 보고서」, 『조선일보』, 1939.12.15.

을 잘 보여준다. 새로운 인간상을 동양적인 멋과 풍류에서 찾는 백철의 논의가 대표적인 예이다. 앞에서 보았듯이 새로운 인간상을 당대의 사회적, 역사적 맥락에서 찾아야 한다고 생각했던 박치우에게 고전으로의 회귀는 달가운 것이 아니었다. 그의 고전에 대한 논의는 「고문화 재음미의 현대적 의의」(『조선일보』, 1937.1.1~4), 「고전의 성격인 규범성」(『조선일보』, 38.6.14)에서 전개된다.

박치우는 고전에 대한 관심의 근거 중 하나를, 잃어버린 시간에 대한 회고에서 찾는다. 그러한 것의 대표적인 예가 골동 취미이다. 그에 따르면 골동 취미라는 것은 "결국은 유물 애호의 한 개 중독적인 과장에 지나지 않"는다. 즉 그것은 "잃어버린 시간에 대한 인간의 미련을 유물을 통하여 풀어 보려는 인간 고유의 자연적인 충동 즉 유물애가 중독적으로 과장될 때" 나타나는 것이다. 고전 연구의 또 다른 경향은 선양주의인데, 이는 그 목표가 민족 정신의 고양에만 놓여 있다. 여기서는 모든 발굴과 선택이 '선양'이라는 목적에 수단으로만 작용하기 때문에 사료의 왜곡과 과장, 묵살이 빈번하게 이루어진다. "그러므로 고문화 연구에서 얻을 것은 언제나 반드시 진실보다도 도리어 보다 많은 왜곡일 것이다."[53] 선양주의는 왜곡에만 그치는 것이 아니라 가치 기준까지 바꾸어 놓아 객관적 진실의 기준이 흔들리는 결과를 초래한다.

> 한 개의 학설 내지 사관의 가치는 거기서는 진위에 의해서가 아니라, 오로지 선악—다시 말하면 정신 작흥, 사상 선도 등 선양을 위하여 좋으냐 나쁘냐에 의해서만 단정된다. 옳은 학설이냐, 틀린 학설이냐가 문제인 것이 아니라 좋은 학설이냐 언짢은 학설이냐가 관심의 전부가 되는 것이다.[54]

53 박치우, 『사상과 현실』, 41~43면.

54 위의 책, 42면.

선 · 악의 가치 판단으로 진 · 위를 판단할 수 없다는 것은 신칸트학파의 대표적인 논리이다. 박치우에 따르면 선 · 악에 대한 판단은 사상, 혹은 이즘의 문제이지 결코 학문으로서의 철학의 과제가 아니다. 선에 기준을 둔 판단은 현실적인 문제 해결, 즉 한 국가, 혹은 한 민족에게 이득이 되느냐, 해가 되느냐에 따라 달라진다. 이것이 파시즘의 인식 방법이다. 즉 파시즘은 선 · 악의 판단에서 자신의 민족, 혹은 국가에 이로운 행위를 참으로, 해가 되는 행위를 거짓으로 판단한다는 것이다. 그러한 실제적이고 실천적인 문제의식에서 출발하여 테오리아 쪽으로 다가서는 것이 사상이다. 그러나 그것은 결코 진위의 판단으로 치환되지는 않는다. 이 점에서 박치우의 고전 연구에 대한 분석은 파시즘, 즉 동아협동체론의 분석과 맞물린다. 박치우가 분석한 고전 연구에 나타나는 두 가지 경향은 당시의 현실적인 고전 연구의 모습이었다. 조선에서의 고전 연구가 골동취미에 빠졌다면, 일본에서의 고전 연구는 일본 낭만파의 사례에서 볼 수 있듯이 군국주의의 이론적 밑바탕이 되었다.[55]

박치우에 의하면 고전은 역사적 성격과 함께 규범적인 성격을 갖는다.[56] 고전의 역사성은 직선적이고 진보적인 시간관이 아니라 원환적인 시간관에 따른다. 즉, 고전은 반복해서 재생되는 것으로서 파악된다. 그러나 그 반복과 재생은 고전의 성격을 그대로 재현하는 것이 아니라, 일종의 단절과 재창조를 겪는다. 그것은 '비연속의 연속의 양식'을 밟게 되는 것이다. 그와 함께 고전은 규범성도 갖는다. 규범성의 범형의 모습으로 나타나는데, 이것에 얽매이게 될 때, 고전의 적용에 그치고 만다.

---

55 히로마쓰 와타루(廣松涉), 김항 옮김, 「절망의 여염과 낭만주의적 자조」, 『근대초극론』, 민음사, 2003을 참조할 것.

56 박치우, 「고전의 성격인 규범성」, 『조선일보』, 1938.6.14.

이러한 고전 인식은 『인문평론』으로 대표되는 주지주의적 고전 인식의 밑바탕이 된다. 그런 점에서 보면 『문장』의 고전 인식과 대비되는 또 하나의 고전 인식, 즉 최재서, 김기림, 유진오, 임화, 김남천의 그것과 박치우의 고전 인식은 같은 계열에 놓여 있다고 할 수 있다.

4) 동아협동체론

1930년대 후반의 비평론은 시민 문화의 위기와 파시즘의 대두에 논리적으로 반응한 것이다. 휴머니즘론, 세대론, 지성론, 고전론이 그러한 예인데, 이러한 모든 문제들은 파시즘을 어떻게 파악할 것인가, 혹은 파시즘이 등장하게 된 시대를 어떻게 파악할 것인가에 초점이 모인다. 앞에서 보았듯이 박치우의 휴머니즘론, 고전론의 논리 전개도 파시즘과 맞물려 진행되고 있다.

파시즘이 등장하게 된 시대는 시민 문화가 위기에 도달한 시기이다. 근대성이라든지, 근대 시민사회에 대한 비판적 인식 없이는 당대의 사회를 파악하는 것이 어려웠을 것이다. 박치우는 「동아협동체론의 일성찰」(『인문평론』, 40.7)에서 이러한 시민 사회의 위기를 당연한 것으로 판단하고 있다.

> 현하의 난국을 타개하고 새로운 질서를 건설하려면 무엇보다도 먼저 구질서의 이데올로기인 개인주의, 자유주의부터 처분해야 한다는 것은 지금은 한 개의 상식인 것이다.[57]

57 박치우, 「동아협동체론의 일성찰」, 『인문평론』, 1940.7.

개인주의, 자유주의가 위기에 처한 것은 그것이 가진 형식 논리가 한계에 도달했다는 내적 원인과 파시즘이라는 새로운 사회 형태가 등장했다는 외적 상황에 기인한다.[58] 박치우는 근대적 이성을 오성, 즉 형식 이성으로 파악한다.[59] 고대인의 인식 방법인 '운명' 개념 속에 깊이 매몰되어 무자각적으로 용해되어 있던 우연성과 필연성이 점차로 각각 명확한 형태로 자각되어 분화·정련된 것이 자유율과 인과율이다. 이것은 동전의 양면적인 성격을 가진 것으로 근대적 자유주의와 자연주의를 낳았다. 이 가운데 근대적 자유주의는 형식적 자유, 즉 한 사람에 한 표를 행사한다는 정치적 민주주의와 결부되었다. 또한 이 원리에 의해 공공선이 최고의 가치가 되었지만, 이때 자유의 개념은 시민 계급의 역사적 자유를 의미할 뿐이다. 그러나 시민 계급은 이러한 근대적 자유 개념을 절대화시킴으로써 자유 개념의 역사적 사회적 맥락, 즉 기원을 은폐한다. 시민 계급이 다수일 때 시민적 자유는 현실적이고 실천적인 요소가 될 수 있지만, 지금처럼 시민 계급이 소수가 된 상황에서는 시민적 자유는 억압 기제에 지나지 않는다. 시민 계급은 그러한 자유 개념을 더욱 추상화하고 이념화함으로써 하나의 픽션을 만들어 간다.

근대 시민 사회의 위기는 새로운 사회의 원리를 요청하는데 그 대안으로 등장한 것이 전체주의 혹은 파시즘이다. 현대 전체주의는 실재와 실재에 대한 인식에서 그 동기를 구하는 것이 아니라 그것은 출발부터 실제적인, 예를 들면 나치스, 파시스트의 강렬한 현실적인 의욕에 제약되어 있는 하나의 주장이며 그 때문에 사상 운동이라 할 수 있다. 앞

---

58 박치우, 「자유주의의 철학적 해명」, 『조선일보』, 1936.1.1.

59 박치우, 「형식 논리의 패퇴—분유 이론의 부활, 구라파 문화는 어디로?」, 『조선일보』, 1939.2.22.

에서 본 테오리아와 이즘의 구분을 생각한다면 이즘에 속하는 것이라 할 수 있다. 형식 논리였던 근대 시민사회가 공동체와 개인의 연결에 실패한 것에 비해, 현실적으로 보아 파시즘은 공동체와 개인의 연결에 성공하고 있는 듯이 보인다. 그러나 그 연결고리로서 '피', 혹은 '신화'라는 비합리주의적이고 신비적인 유기체설에 의존하지 않을 수 없다.

> 전체 대 부분의 관계라는 각도에서 현대 전체주의라는 것을 규정해 본다면 그것은 적어도 철학적으로는 '신비적 유기체설'이라는 일어(一語)로 표현할 수가 있다.[60]

그러나 유기체설로는 전체와 부분의 관계를 해명할 수 없게 된다. 왜냐하면 인간이 만든 공동체는 유기체와는 달리 부분과 전체가 모순 관계에 놓이더라도 유지되어 갈 수 있기 때문이다. 또한 박치우는 유기체설이 국가와 국가를 연결하는 논리를 어떻게든 처리할 수 없다는 근본적인 의문을 던진다. 국가나 민족보다 넓은 인류라는 전체는 어떻게 위치 지을 것인가를 유기체설은 해명할 수 없다는 것이다. 따라서 결국 유기체설은 신비주의적 · 비합리주의적 요소를 채용함으로써 상대주의에 빠져버리게 된다.

박치우가 유기체설을 대신해 주장하는 것은 변증법적인 방법이다. 그에 의하면 변증법은 싸움과 화협(和協)의 논리이다. 그것은 본질적으로는 부정의 논리이고, 거기서 주장하는 대립 통일은 모순을, 그리고 모순만을 매개로 삼는 그러한 본질의 대립과 통일이며 이 의미에서 그것은 싸움의 논리이며, 모든 모순과 대립을 지양한다는 점에서 화협의

60 박치우, 「전체주의의 이론적 기초」, 『조광』, 1941.4.

논리이다. 그것은 또한 이성의 논리이지만, 근대적 오성과는 차별점을 지니며 시민 사회의 논리를 넘어서는 논리가 된다.

요약하면 근대적 오성의 논리와 자유주의, 개인주의가 막다른 지점에 다다른 지점에서 등장한 파시즘은 새로운 세대의 원리가 되기에는 부적합하며 변증법만이 이를 해결할 수 있는 방법이란 것이다. 이는 그의 이성 개념이 좀 더 포괄적인 정당성을 가지고 있었다는 것을 보여준다. 이성은 역사적인 것이며, 고대에도 중세에도 각 시대에 맞는 이성을 가지고 있었으며 근대 이성은 시민 계급이 중세 사회의 이성으로부터 분절화한 형식 논리에 기반하고 있다는 것이다. 따라서 이성은 결코 근대성의 원리가 아니며, 근대성이 탈각되어도 이성은 의연히 힘을 가지게 된다. 박치우가 하이데거 등의 생철학, 미키 키요시(三木淸), 니시다 키타로(西田幾多郞) 등의 교토학파의 논리를 받아들일 수 없었던 것도 그 때문이라 할 수 있다.[61]

---

61 박치우의 이러한 견해는 당시 지식인들에게 폭넓게 받아들여졌다. 유진오도 「조선문학에 주어진 새길」(『조선일보』, 1939.1.13)에서 "사실의 격류에 편승하야 비합리적인, 그럼으로써 '신화'적인 철학을 힘 있게 내두르는 것은 가장 평이한 처세술이기는 하리라. 그러나 문학은 처세보다는 진실의 애호자요 형자(荊棘)의 혈족이다"고 하여 동아협동체론과 그를 따르는 조선 지식인들을 비판한다.
그러나 일본 내에서는 동아협동체론이나 일본 낭만파는 결코 비합리적거나 고전적인 것을 추구하는 논리로서 받아들여지지 않았다. 청년 시절을 전쟁 시기에 보낸 한 일본인 지식인은 "우리들이 체험한 일본 낭만파가 당시 일종의 반봉건운동으로 느껴졌다는 선명한 기억"(橋川文三, 『日本浪漫派批判序說』, 東京: 講談社, 1998, 31면)이 있다고 하며 복구 보수를 주장하는 일본 낭만파가 가장 참신한 근대주의자라는 시각을 전개하고 있다. 이러한 조선 지식인과 일본 지식인의 실감의 낙차야말로 식민지 본국－식민지의 관계를 드러내주는 지표라 할 것이다.

5) 민족문화론

행동적이고 실천적인 상황인 해방 공간에 처해서도 박치우의 입장은 커다란 변화를 보이지 않는다. 이는 그가 학적 논리인 테오리아에 그 근거를 구축하고 있었기 때문이다. 테오리아는 국가나 민족의 차이에 따라 달라지는 것이 아닌 보편성을 지향한다. 그러한 보편성 때문에 '학'이라는 명칭을 얻게 되었기 때문이다. 그렇기 때문에 국가가 일본 국가이든, 미군정, 대한민국이든 그의 철학의 입장은 달라지지 않는다. 다만 현실적 요구에 의해 발생한 사상적 변화만 있을 뿐이다. 이러한 입장의 완고함은 장단점을 모두 가진다. 장점은 그는 주장의 근거를 민족에 두지 않는다는 것, 즉 민족을 절대화시키지 않기 때문에 객관성을 유지할 수 있다는 점이다. 단점은 부정해야 할 대상으로서의 권력을 추상화시킴으로써 전술적 오류를 범하기 쉽다는 점이다.

박치우는 「전체주의와 민주주의」(『사상과 현실』 수록)에서 새로 건설될 국가의 성격에 대해서 논하고 있다. 여기에서는 그는 피와 신비주의적 초인 사상, 멸사봉공이라는 파시즘의 원리를 부정한다. 일제 말기 그의 논의 대상이 독일과, 스페인, 이탈리아의 파시즘에 그쳤다면, 해방 공간에서는 일본 군국주의가 포함된 것에 차이가 있을 뿐 전체적인 구도와 논리는 해방 이전과 차이가 없다. 또한 시민사회의 논리인 형식적 민주주의도 마찬가지로 픽션의 논리라고 비판한다. 소수가 되어 버린 시민 사회의 민주주의는 역사적으로 보았을 때 최대선이 될 수 없다는 것이다. 그 대신 "근로 대중이 각자의 능력에 의해서 노동하며 노동에 의해서 분배하는" 것이 현실적인 공평이 된다.

박치우의 민족문화에 대한 파악은 국수주의=파시즘이라는 인식에 놓여 있다. 일제 말기 군국주의를 비판하던 그 논리가 우익 국수주의자에게 그대로 적용되는 것이다. 지금 시점에서 보면 이 점은 해방 이후 민족이 신성시되던 분위기 속에서 자신의 입장을 타자화하여 객관적인 입장에서 바라보지 못했던 민족주의자의 입장에 비해 신선하게 보인다. 그는 문학자 대회에서 특별보고로 발표된 「국수주의의 파시즘화의 위기와 문학자의 임무」(『조선일보』, 1946.2.11~12)에서 민족 감정에 모든 것을 호소하는 국수주의의 입장을 파시즘으로 규정한다. 파시즘이란 비합리적인 것을 매개로 하여 개인과 공동체를 유기체적으로 융합하려는 정치적 원리이다. 이러한 파악은 독점 금융자본주의의 산물로서 파시즘을 논의하는 정통 마르크스주의의 입장과 어긋난다.

> 영국이나 미국에서는 맥도 못쓰면서 이들보다는 훨씬 후진국일 터인 서반아에서는 도리어 프랑코의 파시스트 정권이 성공되지 않았는가. 이 사실을 어떻게 설명할까. 그렇기에 독점 금융 운운만을 고집할 것이 아니라 좀 더 넓게 정의를 줄 필요가 있는 것이어서 가령 계급 대신에 민족의 이름으로써 비상 사태를 처결하려는 반역사적인 폭력 독재—이렇게나 규정하는 편이 훨씬 더 타당할 것이 아닌가 한다.[62]

파시즘의 분석으로 박치우는 금융 독점 자본주의의 위기설을 폐기하고 민족주의를 파시즘의 원천으로 내세운다. 즉 개인과 공동체를 연결하는 원리를 비합리적인 민족 감정으로 환원하는 입장을 파시즘으로 보는 것이다. 이는 식민지 내지 반식민지의 피억압 민족이 해방될 때 대부분 국수주의적 방향으로 달리기 쉽다는 역사적 사실에 기반을 둔다. 또한 금융 독점 자본주의의 선진국이 아니라, 후진 사회일수록

62 위의 책, 151면.

파쇼적 폭력 정치가 지배적이라는 것을 근거로 내세운다. 전국 문학자 대회에서 박치우는 특별 보고 후 다음 다섯 가지 사안을 제안하였는데 이것이 결정서로 채택된다. "1. 국수주의의 파시즘화를 경계하자, 2. 비합리성의 원리를 분쇄하자!, 3. 합리성의 원리로써 무장을 하자!, 4. 감정을 민주주의적으로 훈련하자!, 5. 민족 신비주의의 유혹에 속지 말자!"의 다섯 항목이 그것이다.

국수주의와 파시즘에 대한 박치우의 비판은 민족이 절대적인 존재가 아니라 상대적 존재라는 인식에 기인한다. 민족은 혈연 공동체나 지연 공동체가 아니라 문화 공동체이며, 더군다나 역사적인 문화 공동체이다. 한민족은 역사적으로 보아 단일민족이 아니라 잡종이며 근대적 문화 공동체를 형성해 나가는 가운데 발견된 근대화의 산물이다.[63]

> 요(要)는 단적으로 '민족'이 아니라 '사람'이라는 것이 중요한 것이며 그렇기 때문에 '민족' 운운이야 어찌되었든 간 필요하기에 만들어 내고 만들어 내어서는 그것을 향유하는 개인 내지 개인의 집단만 있고 보면 민족 운운이야 어찌되든 문화는 생성·향유·발전하는 그러한 것이라는 점이 중요한 것이다.[64]

그렇기 때문에 민족문화 건설에 있어서 중요한 것은 현재의 입장이다. 지금 소용되는 것만을 민족적인 것으로 받아들이는 것이 필요한 것이라는 주장이다.

이러한 박치우의 민족 이해는 상대주의적 입장에 근거하고 있으면서도 어느 측면에서는 민족 본질주의로 환원한다. 즉 문화 공동체로서

---

63 박치우, 「민족문화 건설과 세계관」, 『신천지』, 1946.6.
64 박치우, 「민족과 문화」, 『중외일보』, 1946.4.19.

의 민족을 역사적인 측면에서만 이해하는 것이 아니라, 지금 현재 이룩해야 될 가치로서 설정하고 있다는 것이다. 그럼으로써 문화 공동체는 단일한 문화 공동체로 수렴해야 하는 것이 되며, 서로 다른 문화가 공존할 수 있는 여지는 조금도 없게 된다.[65] 이는 해방 공간이라는 특수성 속에 그가 놓여 있었기 때문에 발생한 일이라 할 수 있다.

65 그의 이러한 문화관은 민족문화를 종족이 아니라 공통적인 감각에 기초하려는 태도에서 비롯되고 있다. 「아메리카 문화」(『신천지』, 1946.9)에서도 그는 미국의 문화를 종족에 기반을 두고 않고 다양한 종족들이 미국이라는 테두리로 묶일 수 있는 공통 감각을 '아메리카 문화'라고 보고 있다. 이러한 태도는 피에 근거한 문화론보다는 훨씬 본질주의적 성격이 약하나, 여전히 문화 근본주의적 성격은 가지고 있다고 할 수 있다.

김기림 시론에서의 '과학'

1. 문제 제기

김기림의 시론과 이에 관한 연구들을 비교해 보면, 이 둘 사이에 '과학'이라는 말을 둘러싸고 서로 어긋나는 견해가 있음을 알 수 있다. 김기림의 글에서는 '과학'이라는 단어가 많이 등장하고 거기에 상당한 의미를 부여한 데 반해, 연구자들은 여기에 거의 의미를 부여하고 있지 않다는 점이 그것이다.

김기림이 쓴 글 가운데 과학이라는 말을 최초로 언급한 글은 「비평의 재비평—'딜레탄티즘'에 대하여」(『신동아』, 1933.5)이다. 여기서 그는 과학의 정신이 무엇인가에 대해 언급할 뿐이고,[1] 그것을 문학의 영역

1 여기서는 "과학의 정신은 부여된 사물을 냉정하게 분석하여 개개의 의미를 발견하는 데 있다."(『김기림전집』 2, 심설당, 1988, 351면)라고 하여 과학이 가진 일반적 의의를 언급하고 있음에 불과하다.

에 도입해서 비평의 준거로 삼지는 않는다. 김기림이 비평은 과학적이어야 한다고 하여 비평의 올바른 태도로서 '과학'을 언급하는 것은 「현대 비평의 딜레마」(『조선일보』, 1935.11.29~12.6)에서이고,[2] 본격적으로 '과학'을 비평의 준거로 도입해야 한다고 주장하기 시작한 것은 「과학과 비평과 시-현대시의 실망과 희망」(『조선일보』, 1937.2.21~26)에서부터이다. 이 글 이후로 그의 비평, 특히 나중에 『시론』(1947)이라는 제목으로 묶인 글들에서는 '과학'이라는 말이 빈번히 나타날 뿐만 아니라 김기림이 여기에 대단히 큰 중요성을 부여하고 있다는 것을 어렵지 않게 볼 수 있다. 나아가 그는 스스로가 주장하는 시론에 '과학적'이라는 한정사를 부여하기까지 하는 것이다.

이에 반해 연구자들은 김기림이 자신의 시론에 사용하는 '과학적'이라는 한정사에 별다른 의미를 부여하지 않았다. 물론 김기림이 '과학'이라는 말을 빈번히 사용한다는 사실은 누구도 놓치지 않았다. 그럼에도 불구하고 그의 시론을 검토한 연구자들은 그게 한갓 수사의 수준이라고 파악하거나, 체계적인 것에 대한 막연한 지향으로 판단하여 그것이 가진 의미에 대해 자세히 살펴보려 하지 않았다. 혹은 김기림 시론에서 '과학'이 의미하는 바에 천착했던 연구들도, 김기림이 '과학적'이라고 할 때 그것이 리차즈의 시론을 의미한다고 판단하여 리차즈와의 비교로 연구 방향을 잡았던 것이다.

김기림에 대해 본격적으로 언급하기 시작한 최초의 글인 『시학 평전』(1963)의 저자 송욱은 리차즈와 김기림을 비교하는 가운데 김기림이 주장한 '과학적 시론'에 대해, 특히 '과학'이라는 주장에 대해 다음과 같이 악평을 퍼붓기를 주저하지 않았다.

2 "비평가는 먼저 분석자이다. 다음에는 판단자이다. 시종일관 과학적인 객관적인 입장에 서야한다. 그는 그의 시론을 초월해야 한다."(위의 책, 41면)

> 기림이 이룩하려던 '시의 과학'은 끝내 몽상에 지나지 않았으며, 그의 『시론』은 리처즈 기타 외국문학에서 얻은 단편적 지식의 두루뭉수리를 꿰뚫고 나오는 과학과 새로운 것에 대한 소박한 신앙고백이 되풀이 된 것에 지나지 않았다.[3]

리차즈와의 검토 하에서 김기림의 시론이 가진 공(功)과 실(失)을 살펴보는 가운데 한계전은 김기림이 가진 과학에 대한 맹신이 리차즈와 다른 점이라고 지적하면서[4] 그것이 리차즈를 과대 해석함으로써 빚어진 현상이라고 한다. 따라서 김기림의 시론에서 '과학'이 차지하는 의미를 리차즈 수용에만 국한시키고 그 나머지의 부분은 리차즈를 과대 해석한 것으로서 김기림의 오류로 판단한다. 김윤식은 리차즈와의 비교에서 벗어나서 30년대의 상황과의 관련성을 중심으로 논의하는 가운데 김기림의 '과학적 시론'을 "심리적인 것과 사회적인 것의 종합을 도모하는 형식논리학적 사고"[5]의 소산이라고 판단한다. 김유중은 김기림의 시론에서 과학이 의미하는 바에 대해 몇 가지 특성만 나열하고 과학적 태도를 '지성'으로 환치시켜 설명하고 있다.[6]

크게 보아 대략 이 세 가지 방향으로 나눌 수 있는 기존 연구는 모두 김기림의 시론에서 '과학'이 의미하는 바를 부당하게 축소 해석하고 있다. 그러나 김기림 시론의 방법론은 리차즈에만 국한되지 않았고, 그가 말하는 '과학'은 '지성'을 벗어나는 경우가 상당히 많았다. 이처럼 김기림의 시론에 대한 논의들의 공통점은 거기에 나오는 '과학'이라는 말

---

3 송욱, 「김기림 즉 모더니즘의 구호」, 김유중 엮음, 『김기림』, 문학세계사, 1996, 239면.

4 한계전, 『한국현대시론연구』, 일지사, 1983, 168면.

5 김윤식, 『한국근대문학사상사』, 한길사, 1984, 476면. 조달곤은 이를 이어받아서 김기림의 시론을 '절충론'이라고 결론내린다(『의장된 예술주의』, 경성대 출판부, 1998, 77면).

6 김유중, 「김기림의 주지주의적 시론 연구」, 서울대 석사논문, 1989.

에 그다지 큰 의미를 부여하지 않았다는 사실에 있다. 김기림이 과학에 부여한 중대한 의미에 비한다면, 이는 이상한 일이라 하지 않을 수 없다.

김기림이 말하는 '과학'이라는 것이 리차즈에만 국한되는 것은 아니라는 것은 확실하다. 결론을 미리 말하면 그것은 오히려 자연과학을 지칭하는 것이다. 김기림은 막연히 체계적인 것, 확실한 것이라는 의미로만 '과학'이라는 말을 쓰지는 않았다. 김기림은 자연과학의 방법론을 시론에 직접 도입하려고 했는데, 그것이 연구자들에게 이해되지 못했던 것이다. 혹은 연구자들 모두가 김기림이 말하는 과학이 '자연과학'이라는 것을 의미한다는 사실을 전제로 하기 때문에 그에 대한 논의가 부족했는지도 모르겠다. 그러나 김기림이 말하는 '과학'이 리차즈가 말하는 의미의 '과학'과는 다른 의미를 내포하고 있으며, 오히려 김기림은 자연과학의 방법론에 비추어서 리차즈를 해석하고 받아들이고 있다고 판단된다.

이 글은 '과학'이라는 용어를 통해 김기림이 무엇을 말하고자 했는지, 리차즈를 벗어나서 설명해 보고자 한다. 즉 리차즈와의 비교로 포섭되지 않는 김기림의 모습, 혹은 근대성이나 근대적 지성이라는 커다란 틀로 설명되지 않는 김기림의 모습을 포착하고자 한다. 그것은 당시 서양에서 논의되었던 과학 철학의 성과와 비교해봄으로써 가능할 것이다.

2. 과학적 시론의 배경

김기림은 과학을 근대 이성의 산물이며, 서양 사회를 이루는 핵심 가운데 하나로 파악하고 있다. 이때 김기림은 '과학'이라는 단어를 객관적인 것, 명확한 것, 체계적인 것이라는 의미로 사용하고 있다. 이를 두고 근대 이성이 가지는 하나의 성격으로 환원해도 관계없을 것이다. 즉 칸트류의 '오성의 범주적 체계'로 이를 파악할 수 있다. 김기림은 과학이 사물에 대한 명확하고 체계적인 인식이며, 인식하고 종합하는 능력은 있지만 판단 능력은 없는 것으로 파악하고 있다. 그는 조선문학의 장래를 논의하는 가운데, 두 가지 태도가 있을 수 있다고 하는데, 그것은 "첫째, 사태의 발전을 있는 그대로 객관적으로 관찰하는 경우"이고, "둘째, 관찰에 그 당자의 '모럴'(윤리)이 참가하여 '이러하리라'는 것보다 '이러해야 한다'고 하는 규범을 보이는 경우"라고 하면서 다음과 같이 이 둘을 명확하게 구분한다.

> 전자는 어디까지든지 사실의 객관성과, 실연(實然)성에 충실하는 과학적 태도요, 후자는 한 개의 가치론에서부터 사태의 필연성을 논하여 당위로서의 규범을 보여주는 철학적 태도다.[7]

초기의 시론에서 이 두 가지를 결코 혼동하고 있는 것은 아니며, 이는 1939년 이후로도 마찬가지이다. 여기서 우리가 볼 수 있는 것은, 김기림이 사물이나 현상을 볼 때 명확한 사실에 대한 인식이 선행되어야

7 『김기림전집』 3, 심설당, 1988, 131면.

하며 그에 대한 가치 부여는 나중의 문제라고 하여, 가치와 사실을 분리하고 있다는 사실이다. 따라서 그는 초기에는 비평의 문제를 논할 때만 과학을 들먹인다. 비평은 작품의 사실에 대한 인식이 평가에 앞서야 하며 그래야 올바른 비평이 될 수 있다는 것이다.[8]

여기서 김기림이 말하는 과학은 체계적이거나 객관적인 것에 대한 지향 정도로 파악해도 좋을 것이다. 그러나 이것은 가치와 사실의 분리라고 하는, 자연과학의 전유물은 아니지만 최소한 그에서 파생되어 나온 실증주의의 문제의식이라고 할 수 있을 것이다. 따라서 이를 구체적인 방법을 가지지 않는 하나의 '태도로서의 과학'이라고 말해볼 수 있을 것이다.

1937년 이후가 되면 김기림이 과학에 의존하는 경향은 폭발적으로 커진다. 과학적인 인생 태도, 과학적인 세계상을 가지라는 충고에 이어 "한 권의 미학이나 시학을 읽느니보다는 한 권의 아인슈타인이나 에딩톤을 읽는 것이 시인에게 얼마나 더 유용한 교양이 될는지 모른다"[9]라는 괴상한 주장까지 하게 되는 것이다. 그러나 이러한 과학에 대한 신앙적인 예찬은 시대와의 관련성을 떠나서는 이해될 수 없다.

> 서양적인 근대 문화가 다음 문화에 남겨줄 가장 중요한 유산의 하나는 '과학적 정신=태도=방법'이 아닌가 생각한다. 과학 문명이 아니다. 과학하는 정신, 과학하는 태도, 과학하는 방법이다. 과학 문명, 널리는 근대 문화는 물론 허다한 편견·미신·독단의 잡답한 족생을 만발케 하여 드디어 조화(造花)의 무리와 같이 무너지려 하지만 이러한 혼잡 가운데서도 그 가

---

8 "비평은 철학이기 전에 과학이라야 할 것이다. 다시 말하면 비평가는 대상으로서 제공되었거나 선택한 작품을 판단하기 전에 그것을 구성하고 있는 뭇 계기를 분석하여 그 상호간의 관계와 전체와 각 부분에 대한 관계를 구명하여야 할 것이다. 분해한 다음에는 해명해야 할 것이다."(『김기림전집』 2, 39면)

9 『김기림전집』 2, 33면.

치 있는 부분을 지지해온 것은 틀림없는 과학 정신이었고, 편협한 경향에서 사고를 정도로 몰아온 것은 과학적 태도였고, 정확한 해답에 가까워 온 것은 늘 과학적 방법의 혜택이었다.[10]

이 글은 1941년이라는 시점에서 발표된 글이라는 점에서 의미를 지닌다. 글 자체로는 다소 무리한 주장이라는 생각이 들기는 하지만, 크게 문제적이라고는 생각이 되지 않는다. 그러나 '근대의 초극'이 논의되고 있고 대동아공영권의 논리가 횡행하던 시점에 씌어졌다는 사실은 다른 사람들과의 입장과 뚜렷한 대조를 이룬다는 점에서 주목할 만하다. 당시의 입장을 요약하고 있는 '근대의 초극 좌담회'(1942.7)에서 과학이 어떤 대접을 받고 있는지를 보기로 하자.

과학은 초극되지 않으면 안 된다. ('근대의 초극' 좌담회에서의 물리학자 기쿠치 세이시菊池正士의 발언)

소위 자연을 고문하여 자연 자신에게 답하게 하고, 이런 의미에서 근대 과학의 인식은 오히려 순수하게 객관적인 관찰, 사물 그것의 본질의 직관이 아니라 말하자면 기술 형성적 인식이라는 성격을 가지고 있다.(시모무라 도라타로下村寅太郎의 발언)[11]

'근대의 초극' 좌담회가 근대 과학에 대한 의문을 배후에 깔고 있을 뿐만 아니라, 시대의 방향성 자체가 근대 과학과 그 성과를 부정하는

10 『김기림전집』 6, 53면.

11 인용문은 각각 히로마츠 와타루(廣松涉)의 『'近代の超克'論』, 東京: 講談社, 1989, 27면, 29면에서 인용했다.

방향으로 진행되고 있었다고 할 수 있다.[12] 과학적 사고 방식이 스스로를 체계적인 것, 확실한 것으로 내세우지만 그것이 근거가 없는 것이며, 또한 타자를 배제함으로써만 존립할 수 있다는 사실을 지적함으로써 이 시대는 근대 과학의 위상 변경을 도모하고 있는 것이다. 이런 사정은 식민지인 조선에서도 다르지 않았다.

> 이제 우리는 이 자연과학적 인식에서 해방되지 않고는 우리의 정신적 사고를 계속할 수 없게 되었다. 좀 더 고차적인 사고원리가 없이 우리의 정신적 위기는 제거되지 않을 것임으로써이다. 우리는 그저 덮어놓고 과학 정신을 요망해서는 안 된다. 실증적 정신과 합리적 정신은 이제 인과 법칙을 초월한 고도의 사고방법을 획득하는데서만 정신의 재건, 원리의 건설에 기여할 수 있는 것이다.[13]

김기림 또한 이런 사정을 모르지는 않았다. "전(前) 세기에는 사람들이 자연과학의 장래에 대한 절대한 희망을 가지고 역사학조차가 글자 그대로 자연과학을 복사하려고" 했지만 "현대의 구라파인은 과학 문명에 결국은 속았다고 생각한다. 전후의 불안 시대란 그런데서 온 것"[14]이라고 말한다. 그러나 그는 두 가지 점에서 이러한 '근대의 초극' 론을 배척한다. 첫 번째는 '새로운 시대'가 시작된 것은 아니고, '근대가 청산되고 있는 시점'이라고 당시를 판단하기 때문이다. 현재의 시점에서 보면, 섣불리 신체제론으로 나아갔던 사람들에 비해, 이 점에서는 김기림이 올바른 역사 인식을 가지고 있었다고 볼 수 있다.

---

12 위의 책, 24면.

13 김오성, 「원리의 전환」, 『인문평론』, 1941.2.

14 『김기림전집』 5, 432면.

이러한 역사 인식을 가지고 이전의 자신의 행위와 문학 운동 및 근대 자체를 반성하는데 그 일환의 하나가 '전체시론'이다. 이 논문이 모더니즘에 대해 그랬듯이, 동일한 문제의식에서 김기림은 과학 정신도 또한 그 비판의 도마 위에 올려놓는다. 그는 우선 "사실의 정확한 계산과 법칙에 대한 열렬한 경도로써 표현할 수 있는 과학 정신은 근대 그것의 청산장에서 어떻게 취급되어야 할 것인가"라고 질문한다. 이에 대한 대답이 '근대의 초극'론을 배척하는 두 번째 이유이다. 그는 "그것을 부려온 고주(雇主)의 실책은 오늘 와서는 감출 수 없으나 그렇다고 해서 기사의 지식과 지혜의 산모인 과학 정신조차를 고발하려는 것은 무모나 만용이 아닐까"라고 '근대의 초극'론을 외면적으로 비판한다. 그에 따르면 결국 근대의 청산 과정에서 남을 수 있는 것은 과학적 정신·태도·방법이며 "새로운 세계의 구조에 있어서도 과학 정신은 의연히 가장 정확한 지표일 것이고 또 과학은 가장 신뢰할 수 있는 조언자일 것이다."[15] 이러한 그의 신념은 별다른 근거가 없어서 시모무라(下村)나 김오성의 논리에 비한다면 오히려 억견이라 할 수 있겠지만, 이것이 그의 행위나 시론을 결정짓는다는 점에서 중요하다고 할 수 있다. 이러한 그의 신념 때문에 다른 문인들이 신체제로 전향할 때 그는 과학적 시론을 주장할 수 있었고, 1940년대 전반기에는 글을 발표하지 않고 『조선일보』가 폐간되자 고향으로 돌아가서 영어와 수학을 가르치는 교사가 될 수 있었다.[16]

여기서 그는 여전히 사실과 가치를 분리시키는 입장에 있었다. 즉 새로운 체제에 대해 가치 판단을 유보하는 입장에 있었고, 그러기 위해서는 철저히 사실에 몰입해야만 했다. 사실만을 탐구하고, 가치를

15 『김기림전집』 2, 49~50면.

16 김기림의 일제 말 행적에 관해서는 김유중이 쓴 「김기림 평전」(『김기림』, 문학세계사, 1996)을 참조할 것.

유보하는 것, 그것이 학문의 길이라 생각했고 그 결과가 그의 '과학적 시론'이었던 것이다.[17] 그는 신앙에 몰입하듯 여기에 몰입함으로써 시대를 헤쳐 나가고자 했다.

> 여하간에 현대인의 불행은 그들이 아무 신념도 가지지 못했다는 데 있다. 그러므로 우리는 각각 제 자신의 종교를 찾아냄으로써 얼마간은 구원을 받을 수 있다고 생각한다. 즉 전 정열을 기울여 열중할 수 있는 대상을 찾는 일이다. 그것이 학문이라도 좋다. 예술이라고 좋다. 기업이라도 좋다. 때때로는 연애라도 괜찮다. 이리해서 우리는 제 스스로 꽤 행복을 결의할 수 있다.[18]

뒤에서 보겠지만 그는 시에 관한 학문, 즉 시학을 세우는 것이 철저히 가치와는 상관없는 사실 확정의 문제라고 생각했다. 시를 객관적인 대상이라고 보고 그것의 사실만을 추구하는 것이 시학이라 여겼다. 그러나 결코 그는 이것을 확장하지는 않았다. 시를 과학적으로 써야 한다고 주장하지도 않았고, 비평을 과학적으로 써야 한다고 주장할 때에도 가치의 개입을 비난한 것이 아니라, 가치의 개입 이전에 사실 확정의 문제에만 과학적이어야 한다고 주장하였다. 또한 사실의 문제에 천착하다 보면 가치의 영역, 즉 비판의 정당성도 또한 구해지지 않을까 하고 생각했는데, 이야말로 '과학'에 대한 하나의 신앙에 지나지 않았지만 1930년대 후반 지식인들이 공통적으로 가지고 있는 요소이기도 했다.

이처럼 자연과학의 방법론을 인문학에 도입했던 김기림과 비교해

17 이를 두고 김윤식은 "이 순간 이미 그는 시인이 아니고 비평가도 아닌, 한갓 학자로 되어버렸다"라고 표현했다.(위의 책)

18 『김기림전집』 5, 432면.

볼 수 있는 인물로 자연과학의 방법론을 사회 원리로 수용하고자 했던 칼 포퍼를 들 수 있다. 칼 포퍼는 독일 나치즘을 피해 뉴질랜드로 망명한 유태인 철학자이다. 그런 만큼 전체주의에 대한 그의 증오심은 남달랐다고 할 수 있다. 망명지에서 포퍼는 전체주의 비판서인 『열린사회와 그 적들』(1945)을 썼는데 그는 현대 전체주의의 원천을 멀리는 플라톤, 가깝게는 마르크스 등의 역사주의에서 발견했다. 그가 보기에 역사주의는 목적론적이며 그 점에서 비합리적이며 신화를 내포하고 있다고 보았다. 이러한 '역사주의의 빈곤'을 탈출하기 위해 그가 주장한 것이 자연과학의 방법론을 사회 진화를 위해 도입하는 것이었다. 그는 이것을 '사회 공학'이라고 불렀다.

1930년대 후반은 영미 철학계에서 신실증주의가 태동하는 단계였다. 과학의 방법론을 여타 학문에 도입하려는 것이 신실증주의였기 때문에 당연히 여기에서 중심적인 분야는 과학 철학이었다. 김기림은 톰슨의 『과학개론』을 번역(1948)할 정도로 이러한 동향에 대해서 민감했는데, 이러한 감각은 그가 유학했던 도호쿠제대와 관련이 있지 않을까 추측할 수 있다. 그가 글 속에서 과학을 강조하게 되는 것이 1937년부터이며 그가 도호쿠제대를 졸업한 1939년 이후 집중적으로 과학적 시론이 주장되고 있는 것으로 그것을 짐작할 수 있다.

일본에서 제국대학은 서양 학문에 대한 체계적인 수입을 목적으로 계획적으로 만들어진 것인데, 「제국대학구상(帝國大學構想)」에 따라 도호쿠제대가 '이공 계통'의 학부를 중심으로 세워진 것이 1911년이며, 법문학부는 그로부터 11년 후에나 생기게 된다.[19] 숲으로 둘러싸인 고지(高地)인 센다이(仙臺)가 적격지로 선정된 이유가 "자연과학이라는 학문의

19 「東北帝大沿革」, 『東北帝大便覽』, 1939 참조.

성질상 실사회와 관계하는 바가 적어야 하기 때문"[20]이었다고 할 정도로 자연과학 분야에 대한 배려가 강했다. 실사회와 떨어져서, 즉 가치의 체계를 떠나 학문 연구에 몰두하는 것에 대한 김기림의 가치부여가 여기에서 발단되었다고 단정은 할 수 없겠지만, 추측은 가능할 것이다.

3.『시론』의 방법론

도호쿠제대를 마치고 김기림이 조선으로 돌아와『조선일보』에 복직한 것은 1939년 4월경이었다. 그가 시론의 방법론을 밝히고 있는 글들을 집필한 것은 이 직후로 집중되어 있다. 그는 이 글들을 모아서『시론』(1947)을 낼 때「방법론 시론(試論)」이라 이름 붙여 맨 앞자리에 내놓았다. 이 가운데서 방법론만 집중적으로 논의하고 있는 것은「과학으로서의 시학」(『문장』, 1940.2)이다. 이 글은『시론』의 맨 앞에「시학의 방법」으로 재수록되었다.

1) 소박한 귀납주의(歸納主義)

김기림은 시에 관한 논의를 나누고 배제함으로써[21] 과학적 시학을 구성하려고 한다. "과학으로서의 시학의 성질을 밝히기 전에 과학 아

---

20 城山三郎,「東北大學」, 朝日ジャーナル編輯部 編,『大學の庭(下)』, 弘文堂新社, 1964, 204면.
21 김기림의 표현에 의하면 '방역(防疫)'을 함으로써(『김기림전집』 3, 7면).

닌 시학 내지는 그것에 유사한 여러 가지 환영을 씻어 버리는 것이 옳겠다."[22] 그 분류는 박식, 형이상학, 시론, 시학으로 구성된다.[23]

김기림의 설명에 따르면 박식(博識)은 "방법과 체계가 없는 것"이며 "동양의 재래 학문이 모두 여기에 속"하는 것이다. 시로 한정해서 말하자면 "여러 나라의 시인의 이름과 경력과 일화에 정통하고 또 그들의 약간의 시를 외울 수 있는 지식"인 것이다. 이러한 지식의 단편적인 나열을 두고 우리는 시에 관한 상식이라 이름 붙일 수 있을 것이다. 여기에서 박식을 배제하는 원칙은 '체계성, 법칙성'이다.

두 번째로 그의 시론에서 배제되는 것은 형이상학이다. 이것은 체계(김기림은 '조직된'이라고 표현한다)는 가지고 있으나 객관적으로 검증할 수 없다는 점에서 시학에서 배제된다. 아리스토텔레스나 월터 페이터의 시학이 이에 해당한다. 여기서 배제의 원칙은 '검증 가능성'이다. 형이상학은, 김기림에 따르면 하나의 가설에 속하는 것이다. 형이상학은 가설인 한에서만 유용하지만 그 유용성도 제한되어야 한다. "과학서에는 오직 이상의 한도 한에서만 가설이 생길 수 있다. 그리고 그 가설은 이미 정해진 같은 체계 안의 다른 정설과 모순되어서는 안 된다."[24] 또한 형이상학이 가설로서 의미를 가진다고 하더라도 사실에 대한 엄밀한 관찰에서가 아니라 직관에서 출발한 이상, 그 사용 범위는 현저히 좁혀져야 할 것이다. 여기서 배제의 원칙으로 '가설의 관찰 의존성'이 첨가될 수 있을 것이다.

세 번째는 "한 시파의 혹은 한 시인의 그 자신의 시의 합리화" 혹은 "한 개인이나 유파가 그들이 있기를 원하는 시의 가상을 그리는 것"인

---

22 『김기림전집』 2, 11면.

23 위의 책, 13면, 28면.

24 위의 책, 16면.

'시론'이다. 이것은 현실적으로 시를 생산해내고 있기 때문에 충분히 검증 가능한 것이고, 자신의 논리를 가지고 있으므로 체계성을 가지고 있기는 하지만, 객관성을 상실하고 있다는 점에서 시의 과학, 즉 시학이 아니다. 이것은 자신의 유파나 해당 시론을 쓴 개인이 생산한 시에만 진실이기 때문에 부분적인 것에 지나지 않는다. 이를 실증주의의 용어로 표현하면 '단칭적 관찰 언명의 수적·조건적 제한'이다. 하나의 명제가 법칙으로 성립될 수 있기 위해서는 동일한 현상이 수적으로 많아야 하며 다양한 조건 속에서도 반복될 수 있어야 하는데[25] 시론은 거기에 부합되지 못한다. 여기서 배제의 원칙은 '일반화의 가능성'이다.

이 모든 것을 만족시키는 것이 과학이라 할 수 있고, 시에 관해서는 시학이라 할 수 있다. 과학과 시학의 방법론이 '소박한 귀납주의'에 기반을 두고, 그 이외의 것은 학문, 즉 과학이 될 수 없다고 하여 배제하는 것이다. 김기림의 배제의 원칙을 다시 정리하면 ① 체계성, 법칙성 ② 검증가능성 ③ 가설의 관찰 의존성 ④ 객관성, 일반성이다. 김기림이 말하는 바의 시학을 이를 바탕으로 재구성하면 다음과 같다. 시라는 객관적으로 존재하는 현상, 혹은 시라는 사물(학자에게는 이것은 사물과 같다)에 대한 투명한 가설을 세운 다음, 이 가설을 수적으로 많이 혹은 조건을 달리해 검증하고, 즉 시간적으로 공간적으로 지금여기가 아닌 곳에서, 혹은 다른 유파들에 의해 씌어진 시들도 모두 이 가설로 포괄할 수 있을 때 가설은 법칙으로 되며, 이 법칙을 체계적으로 정리하면 시학이 된다는 것이다.

> 과학적 방법에 의한 시의 연구는 시의 사실에서 출발할 것은 물론이다. 그래서 그것의 치밀한 관찰과 분석에서 일을 시작할 것이다.[26]

---

25 A. F. 차머스, 신일철·신중섭 옮김, 『현대의 과학철학』, 서광사, 1985, 35면.

26 『김기림전집』 2, 29면.

주장을 품은 모든 명제는 사실의 검증에 비추어서 그 진가를 결정하는 것을 안목으로 한다.[27]

시학이 문제삼는 것은 다만 이러한 특수한 사건이 아니고 시의 일반적 사실에 대한 인식이다.[28]

이 방법론에 '소박한'이라는 한정사가 붙은 것으로도 알 수 있겠지만, 과학 철학계 내부에서도 이러한 귀납주의적 방법은 2차 세계대전 후 상당한 반박과 함께, 포퍼의 반증주의 및 쿤의 패러다임 이론을 낳게 되지만, 김기림이 도호쿠제대에서 수학할 당시는 첨단의 과학 철학이 아닐 수 없었다. 따라서 이를, 가장 객관적이고 체계적이어서 학문의 지위를 보증해줄 방법론으로 김기림이 판단한 것은 그리 이상한 일이 아닐 수도 있다. 문제는 시의 이론, 혹은 문학의 이론, 크게 보아 인문학에 이러한 방법론이 도입될 수 있을 것인가 하는 것과 그것이 과연 생산적인 결과를 가져올 것인가 하는 것에 놓여 있다. 그러한 고민 속에서 그는 객관적 과학의 방법론을 '시학'으로 변형시킨다.

2) 본질주의(本質主義)에 대한 거부

귀납주의적 방법론으로 시학의 체계를 세우기 위해 형이상학과 시론을, 객관적이지 못하고 검증가능하지 않다는 이유로 배제시킨 김기림이 도달한 것은 시에 대한 비본질주의적 입장이었다. 김기림은 시론

27 위의 책, 28면.
28 위의 책, 15면.

이나 형이상학이 잘못된 결론으로 유도될 수밖에 없었던 이유를 시에 관한 잘못된 질문 방식에서 찾았다. 시에 관한 시론이나 형이상학의 질문 방식이 본질론적인 것이었기 때문이라는 것이다.

> 시란 '무엇'이냐.
>
> 시는 '왜' 있느냐.
>
> 이런 유의 설문에 대해서는 우리는 여러 종류의 서로 대립 혹은 모순된 해답을 예기할 수밖에 없다.[29]

이제까지 시에 관한 과학이 세워지지 못한 것은 그들의 질문 방식이 위와 같은 "본체론(本體論)적인 또는 목적론적인 성질의 것"이었기 때문이었고, 그런 이유로 "시에 대한 이론은 당파의 수만큼이나 많은 해답이 나왔다"라고 김기림은 주장한다. 이 수많은 해답을 주는 방식이 형이상학이나 시론인데, 그것은 "신학의 질문 방식과 닮아 있고 결국은 신학의 삼단 논법과 마찬가지로 모순 논법에 빠져 버렸다"라는 것이다. 그러나 그에 따르면 자연과학의 질문 방식은 이와는 다른 것이다.

이러한 상황은 신실증주의자라고 불리는 포퍼에게도 마찬가지로 생겼다. 그도 역시 과학의 입장에서 보니까 사회과학이 너무나 낙후되어 있다는 것이다. 그래서 사회철학 저서인 『열린사회와 그 적들』[30]에서 이 문제에 대한 해결을 구하고 있다. 그도 마찬가지로 사회과학, 혹은 철학의 질문 방식을 문제 삼고 있다. 즉 그 학문들은 대부분 본질주의에 빠져있는데 본질주의는 근본적으로 질문 방식, 즉 정의에서 문제

29 위의 책, 14면.

30 이 책이 출판된 것은 45년이지만 그 글이 쓰여지는 것은 30년대 후반이고 비슷한 문제의식은 이미 과학철학자들 사이에 만연해 있었다.

가 생긴다. '피정의항－종차－유개념'으로 이루어진 하나의 정의에서 본질주의의 질문 방식은 왼쪽에서 오른쪽으로 진행된다. 즉 피정의항의 대답으로서 정의항이 무엇인가를 묻는 것이 본질주의(essentialism)의 방식이라 할 수 있다. 그래서 '이것은 무엇인가'라는 질문이 나오고 그것은 결국 순환 논법이나, 시대에 대한 추측, 예측이 난무하는 역사주의를 낳을 뿐이다. 그가 플라톤, 헤겔, 마르크스, 히틀러를 싸잡아 '열린사회의 적'이라고 비난하는 근거의 하나가 여기에 있는 것이다.

그러나 '열린사회'에서는 다른 방식이 되어야 하는데, 그것은 자연과학의 방법을 도입함으로써 가능하다. 자연과학의 질문 방식은 오른쪽에서 왼쪽으로 진행되어 '이러이러한 정의항은 어떻게 불리는가, 혹은 어떠한 이름을 붙일 수 있는가'라는 식의 유명론(nominalism)적 해석이다. 유명론적 해석은 무한 소급에 빠지는 것을 피하기 위해 어느 단계에서는 정의를 그냥 받아들인다. 이러한 것에 의해 과학은 지금의 수준에까지 발전해왔다고 포퍼는 주장한다. 따라서 사회과학이나 인문과학의 영역에서도 이러한 자연과학의 방법론을 도입해야 하는데 이는 방법론적 자연주의, 혹은 사회공학(社會工學)이라 명명되며 '열린사회'의 논리가 된다.[31]

김기림에게 있어서도 "문제 제출의 방식 자체가 잘못되었던" 순환 논법을 벗어나서 과학적인 시학을 세우는 길은 포퍼와 같이 시에 대한 질문방식을 바꾸는 것에 의해 가능하다.

> 그러면 새로운 시학은 어떤 모양으로 물어야 할까. 그것은 '무엇' 또는 '왜'와 같은 방식의 물음은 일체 버려야 할 것이다. 그것은 다만 시는 '어떻

31 포퍼의 유명론적 견해에 대해서는 『열린사회와 그 적들』 2(이명현 옮김, 민음사, 1982, 35~48면) 참조.

게' 있는가 하는 물음에서 시작해서 거기서 끝나야 할 것이다.[32]

'이것은 무엇인가'와 같은 본질주의적 질문은 포퍼에게는 사회과학을, 그리고 김기림에게는 시학을 잘못된 길로 들어서게 하는 지름길이었다. 그 대신 '이것은 어떻게 존재하는가'와 같이 '어떻게'에 초점을 맞추어야 자연과학처럼 사회과학이나 시학이 성립할 수 있다고 생각했다. 그러나 포퍼가 본질주의를 비판하면서 언어의 유명론적 해석을 주장하고 있는 데 반해 김기림은 언어론으로까지 이 견해를 이어가지 못하고 시의 사실 자체에 멈추고 있다.

> 시에 대해서 무슨 환상이거나 이상을 그려내거나 만드는 것이 아니고 시의 사실에 실로 사실에만 육박할 것이다. 그것이 설정하는 명제는 형식 논리의 식에 맞느냐 안 맞느냐 하는 점으로써 완전함을 자랑할 수는 없다. 다만 참이냐 거짓이냐 하는 점에서만 긍정되거나 부정된다. 그것은 시에 대한 아름다운 꿈을 보여주는 것이 아니라 시의 사실만을 가리킨다. 명제들은 시의 사실 자체와 비추어 보아서만 그 참이고 아닌 것을 결정한다.[33]

포퍼와 김기림이 갈리는 지점은 이곳이다. 포퍼가 언어가 사회적 구성물이며 그 속에는 아무런 선험적 의미도 내포하고 있지 않다는 유명론적 언어관을 가지고 있었다면, 김기림은 이러한 견해를 시 자체에만 적용했다. 그러나 용어를 통일해야 시학이나 사회공학이 발전해 갈 수 있다는 점에서는 두 사람의 견해가 일치하고 있다. 이를 언어에 대한 유명론적 견해라고까지 하기는 어렵겠지만, 적어도 비본질주의적 견

32 『김기림전집』 2, 14면.
33 위의 책, 14~15면.

해라고는 할 수 있을 것이다.

> 사실 오늘의 문화과학을 자연과학보다 뒤떨어지게 하고 있는 원인의 하나는 문화과학이 아직도 정리하지 못한 조잡하고 몽롱한 그 어휘와 어법의 운무다. (…중략…) 문화과학이 그 상호간에는 물론 자연과학과의 공통된 관심 아래서 그 용어의 어휘를 일의적으로 정돈하고 아울러 통일된 문법을 세운다면 더 한층 높고 완성된 단계로 더 빨리 올라설 것은 자연한 추세다.[34]

위 인용문에서 말하고 있는 것은 합의로서 어의(語義)를 확정시키는 것(포퍼의 표현에 의하면 정의를 그냥 받아들이는 것)에 의해 과학적 시론, 즉 시학이 세워질 수 있을 것이라는 견해이다. 물론 김기림은 시의 언어는 다르다고 본다. 그것은 역시 정의(情意)적인 언어이므로 당연히 가치가 내포되어 있다는 것이다. 따라서 이러한 언어의 비본질주의적 견해는 학문의 경우에만, 그러니까 '과학적 시론'에만 해당한다고 보아야 한다.

3) 반증주의(反證主義)

시학에 관한 비본질주의적 입장은, 무작정 자연과학의 방법론을 도입하는 것이 아니라 어느 정도의 자의식, 즉 시학을 발전시키기 위해 그러한 방법론을 원용할 수 있다는 점에서 '소박한 귀납주의'에 비해 한결 세련된 태도라고 할 수 있을 것이다. 아래에서 보게 될 반증주의적 견해는 시학과 자연과학의 차이 때문에 김기림이 도출해낸 것이다.

---

34 위의 책, 23~24면.

그러나 그것도 또한 실증주의의 방법론을 전제로 깔고 있기 때문에 그 틀을 벗어나지는 못한다.

'시학은 어떻게 갱신될까'라는 항목에서 김기림은 "새로운 시가 계속해서 생산됨에 따라서 시학이 그러한 시들을 포섭하지 못할 경우에 어떻게 될 것인가"라고 질문한다. 이 문제는 시학, 혹은 과학이 어떻게 발전하는가 라는 문제와 연관되어 있다. 소박한 귀납주의는 사물에 대한 명징한 관찰과 분석에 의해 항상 새로운 이론이 개발될 수 있다고 믿는다. 그러나 핸슨에 의해 관찰이 항상 이론에 의존하고 있다는 것이 밝혀진 이후 신실증주의가 등장하게 된다. 그 대표자라 할 수 있는 포퍼는 귀납주의의 이론적 결함을 반증주의로 해결하고자 했다.[35] 반증주의는 관찰의 이론 의존성을 인정하고, 귀납적 방법에 의해 진리가 발견된다고도 생각하지 않는다. 모든 실험이나 관찰이 기존 이론에 따라 이루어지지만, 그러한 이론과 상충되는 실험 결과나 관찰 결과가 나올 수도 있다는 것이다. 그러한 반증에 의해 기존 이론은 무너지고, 이론은 새로운 발견을 설명해줄 수 있는 것으로 대체된다는 것이다. 이렇게 반증에 의해 과학이 발전한다고 하는 것이 반증주의, 즉 신실증주의이다.[36]

김기림도 이와 마찬가지로 시학이 새로운 시 경향을 포섭하지 못할 때 시학의 갱신은 불가피하다고 한다.

---

35 과학이론의 발전에 관한 논쟁은 챠머스의 앞의 책 참조.

36 이 이론은 다시 토마스 쿤에 의해 반박을 받게 된다. 즉 쿤에 따르면 새로운 관찰결과가 나왔다고 해서 과학이론이 폐기되지는 않고 오히려 새로운 관찰결과가 무시된다고 한다. 이것은 교육과 전문가 집단을 통해서 공고하게 된 정상과학(normal science)의 형식으로 하나의 패러다임이 존재하기 때문이다. 과학자 집단은 이러한 정상과학 아래에서 일정한 역할을 분담하는 수수께끼 풀이(puzzle solving)로서 과학 활동을 한다. 그러나 새로운 관찰결과가 축적되면 정상과학은 위기를 겪게 되고 이른바 과학혁명을 겪게 된다. 이 시기를 이상과학(abnormal science)의 시대라 하는데 이것이 인정을 받으면 다시 정상과학의 시대가 시작된다.(토마스 S. 쿤, 박정자 옮김, 『과학혁명의 구조』, 동아출판사, 1992 참조)

오늘의 문명 생활이 사람들의 문화적 충동을 더욱더 복잡다기하게 해갈 수록 어떤 문화부분의 일반성까지에 새로운 사태가 나타나도록 변천이 심할 수 있으며 그 문화 부분을 취급하는 일반적인 과학도 그 사태마저를 포용하고 남을 수 있게 체계의 확충·갱신을 해야 할 것이다.[37]

따라서 "영구한 시학은 없으며 시학은 끊임없이 갱신되어야 한다."고 그는 주장한다. 자연과학의 이론적 안정성에 비해 시학이 불안정한 것은, 이것이 문화적 현상을 포착하는 학문이기 때문이다. 문화는 "문명의 진도를 따라서 점점 더 의식적으로" 되고, 더 의식적으로 될수록 "그 변천은 더욱 급하고 심해"진다고 한다. 그 이유는 "자연에 있어서의 사태란 '나타나는 것'이고 문학에 있어서의 그것은 '만들어지는 것'"이라는 차이가 있기 때문이다. 자연과학의 경우 새로운 관찰 결과는 이론에 비추어 보아 틀린 것이면 관찰 결과를 의심받게 되지만, 문학에 있어서는 그럴 수 없다. 항상 새로운 것이 요망될 뿐만 아니라, 그 결과가 사실로 항상 인정되기 때문이다. 이러한 차이점으로 말미암아, 반증에 따라 시학이 항상 갱신된다고 하는 반증주의의 이론적 결과를 김기림은 선취하게 된다.

4) 리차즈 이론과의 관련성 - 시론의 전체적 구도

위에서 본 바와 같이 김기림의 시학의 방법론은 자연과학적 실증주의이다. 구체적으로는 귀납주의, 비본질주의, 반증주의이다. 앞에서 말했다시피 이러한 방법론이 『시론』 앞자리에 놓여 그 뒷부분의 논리

37 『김기림전집』 2, 18면.

전개를 어느 정도 통제하고 있다. 그러나 이 방법론은 제한적이다. 그 이유는 이것이 시학에만 적용되는 것이기 때문이다. 이것을 모든 국면에 적용하려는 것은, 김기림의 주장에 따르면, '범과학주의(汎科學主義)'이다. 그 반대의 극단은 이른바 '범시주의(汎詩主義)'라 지칭할 수 있다.[38] 그것은 시(문맥적으로 읽으면 형이상학도 포함한다)를 부당하게 높은 지위에 끌어올린다. 리차즈의 시론이 그것이다. 이 대목은 형이상학적인 면모가 있다는 점에서 리차즈를 비판하는 듯이 보인다.

그러나 대부분의 경우, 김기림은 리차즈의 논리를 수용한다. 그의 시론을 과학적이라 생각하기 때문이다. 리차즈의 시론이 과학적일 수 있었던 이유는 심리학을 도입했기 때문이다. 시인의 경험이 어떠한 통로를 통해 언어화되어 시 창작이 이루어지며, 어떠한 경로를 따라 독자들에게 전달되는가를 심리적으로 밝혀낸 것이 리차즈의 시론이라면, 김기림이 생각하기에, 그러한 이론의 성공 여부는 그가 차용한 심리학이 얼마나 과학적인가에 달려 있다. 그러나 심리학은 아직도 과학적이지 않다.

> 자연과학의 어느 것, 예를 들자면 물리학에서와 같이 통일성과 일의성이 아직은 없다는 점은 심리학의 가장 큰 약점일 것이다.[39]

가설의 영역이 너무 많을 뿐만 아니라 사실에 의해서 검증받지도 못하기 때문이다. 실험 심리학이 있지만 그것도 물리학, 화학의 실험에 미칠 것이 못되기 때문이다.[40] "그리하여 시를 과학적으로 파악하며

38 위의 책, 24면.
39 위의 책, 204면.
40 위의 책, 206면.

밝혀 체계가 선 시학 또는 더 분명하게는 시의 과학을 세우는 것은 아직도 미완성 상태에 있는 것이다."[41] 이를 통해서 보면 김기림은 자연과학적 방법론을 시학으로 도입하고, 다시 그 원리를 심리학으로 이전시키고 있는 것이다. 그렇다면 시학이 좀 더 과학적일 수 있는 다른 방법은 없을까. 김기림이 내린 결론은 과학적인 다른 학문을 하나 더 끌어오는 것이다. 사회학이 바로 그것이다. "시학에 가장 중요한 도움이 될 과학으로서는 언어학과 심리학과 사회학이 있다."[42]

> 나는 연래로 문학의 사실을 기술하는 과학은 심리학과 사회학의 두 지주 위에 서야 할 것이라고 생각하고 있다.[43]

여기서 주의할 점은 김기림이 주목하는 사회학 혹은 사회성이라는 말에는 가치 개념이 없다고 하는 사실이다.[44] 시를 형성시키는 하나의 원인으로 사회성이라는 말이 쓰인 것이라고 할 수 있다. 즉 어떻게 사회성의 요소가 시를 형성시키는가 라는 과정적인 것, 혹은 인과적인 것에만 집중하고 있는 것이다. 김기림에 따르면 어떠한 사회적인 면이 그 시를 형성시키는가를 면밀히 관찰하고 기록하는 것에만 시학의 임무가 놓여있는 것이고, 더군다나 그러한 사회적 경험 또한 추상화되기 때문에 그 과정만이 중요한 것이 된다.[45] 즉 인과 관계가 검증될 수 있느냐에 사회학의 성패가 놓인 것이다. 그 이후의 문제는 비평이 할 일

41 위의 책, 201면.
42 위의 책, 15면.
43 『김기림전집』 3, 12면.
44 따라서 '전체시론'에서 주장하는 '모더니즘과 사회성의 종합'이라고 할 때의 '사회성'과 이것은 차이를 지닌다. '전체시론'에서 그것은 비판의 정당성을 의미한다(『김기림전집』 2, 58면).
45 『김기림전집』 3, 23~27면의 「문학의 사회학」을 참조할 것.

이라고 할 수 있을 것이다. 이렇듯 사회학과 심리학이 시학에 도입된 가장 큰 이유는 그것이 과학에 가장 가까운 인문학이기 때문이다. 좀 더 과학적인 인문학이 있다면 얼마든지 그 목록이 첨가될 수 있을 것이다. 그러나 아무리 많이 다른 학문들의 성과를 가져온다고 하더라도 자연과학적 방법론을 시론의 방법론이라고 맨 앞에 내세운 김기림의 기대에 못 미칠 것은 당연한 것으로 보인다.

4. 결론

이상으로 김기림의 시론에서 과학이 의미하는 바를 살펴보았다. 그에게 있어 '과학'이란 단순히 과학적 방법론을 의미하는 것이 아니라 곧바로 자연과학의 방법론을 의미했다. 그것은 단순한 수사나 지성으로 환원되지 않는 구체적인 방법론을 가진 것으로서 당대의 자연과학 방법론에서 차용한 것으로 보인다. 물론 자연과학의 방법론이 시학이나 인문학에 아무런 여과장치 없이 도입될 수 있는가는 논란의 여지가 분명히 있다. 그러한 시도뿐만 아니라 자연과학의 방법론 자체가 회의되고 있는 시점이기 때문이다. 그러나 김기림에게 있어도 자신의 방법론 자체가 절대적인 위치를 차지하고 있는 것은 아니다. 오히려 그는 그것의 상대성, 즉 언제나 갱신될 수 있는 가능성을 열어두었다. 그가 자연과학의 도그마에 빠지지 않고 시학을 염두에 두고 있었기 때문에, 그리고 그가 현실의 시 창작과 관련을 가지고 있었기 때문에 그것은 가능했다.

김기림의 이러한 소박한 논리가 빛을 발하는 것은 1930년대 말, 1940년대 초반이라는 시대와의 긴장감 때문이다. 근대에 대한 파산 선고와 그것의 초극이라는 당대 담론의 장 속에 그의 논리가 어디에 어떻게 배치되는가는 앞으로의 연구 과제일 것이다.

최인훈 소설의 정신분석학적 읽기

1. 문제 제기

최인훈 소설의 특징으로 지적할 수 있는 것 가운데 하나는 작가의 유년기 체험이 작품에 반복・변주되어 나타난다는 것이다. 『회색인』, 『서유기』, 『구운몽』을 비롯하여, 1990년대에 씌어진 『화두』에서 그 전모가 드러나는 유년기 체험은 작가의 정신(의식과 무의식)에 큰 영향을 미친 것으로 판단된다. 그는 유년기를 식민지 조선, 북한, 남한에서 골고루 경험하였다. 작가가 집중하고 있는 문제가 식민 이후(post-colony)와 남・북한 이데올로기에 대한 비판인 점도 이와 밀접하게 연관되어 있다.

최인훈에 관한 연구가 대부분 이념의 차원에 집중되어 있기 때문에, 유년기 체험이 작가나 작품에 미친 영향도 의식의 차원에 국한되어 왔다. 그것은 유년기 체험과 작가 의식을 연결하려는 시도로 나타났다. 유년기 체험을 상상계적 질서라고 보아, 그것이 상징계적 질서를 드러내고 있는 이데올로기 비판의 근거가 된다고 하는 것이 대표적인 평가이다.[1] 유년시절의 체험에 중점을 두고 인간 행위 및 외부 세계를 설명하려는 것, 즉 의식의 밑바탕에 유년기 체험이 있고 그 유년기 체험은 세계를 보는 기준으로 작용한다는 논지이다.[2] 그러나 최인훈이 소설 등에서 기록하고 있는 유년기 체험이 대체로 8살에서 16살까지 이루어진 것으로 본다면, 상상계적 질서라는 라캉의 개념은 여기에서 타당해 보이지 않는다. 상상계적 질서에서 상징계적 질서로 돌입하는 것은, 언어를 습득하고 외디푸스적 억압을 거치는 단계에 해당하고, 이것은 대체로 유아기(8개월에서 2살)에 이루어진다.[3] 따라서 정신분석학 용어의 엄밀한 사용에서 볼 때, 이 관점은 재고할 여지가 있어 보인다. 상상계나 상징계를 비유적인 용어로 사용해도 결과는 마찬가지이다. 그의 유년기 체험에는 정신적 외상(psychological trauma)이라 불릴만한 경험이 중심에 놓여있기 때문이다. 따라서 행복한 유년기 체험이라는 관점은 전면적으로 받아들이기 힘든 것으로 보인다. 최인훈에게는 유년기로 돌아가고자 하는 충동이 존재하는 것은 사실이나, 그러한 충동이 에로스(생명 본능)적인 것만이 아니다. 이 글은 그의 유년기로의 퇴행이 에로스의 반대방향, 즉 타나토스(죽음 본능)에 의해서도 충동되고 있다는 입장을 가지고 있다.

최인훈 소설에서 보이는 자서전적인 요소는 대부분 사실과 부합하는 것으로 보인다.[4] 작가 스스로도 그러한 점을 밝히고 있다.[5] 그러나

1 이러한 연구성과 중, 최근의 것으로 김경욱의 「최인훈 소설의 이데올로기비판 담론 연구」(서울대 석사논문, 1998)가 있다.

2 김봉군 · 이용남 · 한상무, 『한국 현대 작가론』, 민지사, 1984, 534면.

3 아니카 르메르, 이미선 옮김, 『자크 라캉』, 문예출판사, 1994, 130~150면.

4 김경윤은 이러한 입장에서 작가 = 주인공이라는 관점을 견지하고 있다. 김경윤, 「최인훈 소설 연구」, 경북대 석사논문, 1984, 10면. 이 글도 작가 의식이라는 측면에서는 이 입장을 따른다.

5 최인훈 · 김현 대담, 「변동하는 시대의 예술가의 탐구」, 『신동아』, 1981.9, 210~228면. 『화

이러한 일치는 작가의 의식적인 면에서만 그러하다. 행복한 유년기적 상태의 지향으로서의 관념이라는 것은 억압된 것과 의식의 행복한 결합을 인정하는 것이 된다. 그러나 억압된 것과 의식의 행복한 결합이란 있을 수 없다. 타자로서의 억압된 것은 자아가 방심하고 있는 틈을 타서, 은밀히 등장하는 것이기 때문이다. 최인훈은 소설 속에 유년기 체험을 드러내면서도 숨기고 있다. 심하게 말하면 유년기 체험을 드러내기 위해서가 아니라, 숨기기 위해서 드러낸다고도 말할 수 있다.

그의 유년기 체험은 자아에 의해 재구성된 체험이다. 그는 유년기 체험을 숨기고 싶어 하지만 또 드러내고 싶어 하기도 한다. 드러내고 싶은 욕망과 숨기고 싶은 욕망은 그 기제가 다른 것이다. 전자가 이드의 욕망이라면 후자는 자아, 즉 에고의 욕망이며, 그 타협의 산물이 재구성된 체험인 것이다. 재구성된 체험의 여기저기에는 이드의 무의식적 욕망이 표상의 형태로 드러나 있다. 이 글은 이러한 시각에서 최인훈 소설에 나타난 유년기 체험을 따라가면서 그것이 가진 의미를 밝히는 것을 목적으로 하고 있다.

2. 죄의식으로서의 식민지 교육 체험

최인훈이 기록하고 있는 최초의 체험은 식민지 교육에 관한 것이다. 개인마다 차이가 있을 터이지만, 흔히 이 시기의 경험은 최인훈의 동

두』 서문에서도 이 소설이 대부분 사실에 근거하고 있는 것으로 적고 있는데(『화두』 1, 민음사, 1994, 6면), 『화두』에서 기술된 것이 여타 다른 소설의 기술과 거의 일치한다.

세대에게 정신적 외상으로 남았다고 이야기된다.

> 문학은 실감과 분리될 수 없는 것이고 보면, 우리 세대의 극히 짧은 식민지 시대에 받은 교육은 음미되지 않으면 안 된다. 가령 일제 시대 식민지 교육을 받은 세대는 우리 세대 이전에도 많다. 우리 세대는 기껏해야 국민학교 저학년일 뿐이었다. 2, 3년 간의 국민학교 교육에서 한글 시대로 진입하게 되었을 뿐이지만 그 짧은 기간이 일제의 막바지였다는 점과, 한 인간의 성장사에서 정신적 상처를 가장 깊게 입을 수 있는 시기였다는 점을 지적해 둘 수 있다.[6]

엄밀히 따지면 식민지 교육 자체가 정신적 외상으로 남아 있다는 이야기는 잘 이해되지 않는다. 의식은 외부의 자극으로부터 정신을 보호하는 것이 주요 임무인데, 외부로부터 침투한 정신적 충격을 의식이 감당해내지 못할 때 생기는 상처가 정신적 외상이다.[7] 외부에서 온 정신적 충격은 의식의 방어선을 뚫고 들어가 무의식 속에 저장된다. 정신적 외상을 이렇게 규정할 때 식민지 교육은 그 자체로 정신적 외상이 될 수 없다. 오히려 식민지 교육을 받았다는 것, 그러한 경험이 개인의 의식에 많은 부분을 차지하고 있다는 죄의식이 정신적 외상을 형성한 것이라고 판단해야 좀 더 정확한 것이 될 것이다. 교과서에 나온 '아카이도리 고도리'를 열심히 따라 읽었으며, 일본 군가를 자주 불렀다고 하는 체험이 아니라, 그것이 유년기의 기억과 연결되어 있으며, 그러한 행위를 하면서 즐거웠다는 것이 사후적으로 보아 정신적 외상

---

6 김윤식, 「관념의 한계－최인훈론」, 『한국현대소설비판』, 일지사, 1981, 9면.

7 정신적 외상에 관한 것은 프로이트의 「쾌락원칙을 넘어서」(박찬부 옮김, 『예술, 문학, 정신분석』(전집 14)), 열린책들, 1994)를 참조했다.

이 되는 것이다. 자아는 그러한 체험들을 무의식 속에 가두어 두려고 한다. 자아가 불쾌한 것으로 판단되는 기억들을 억압하여 의식으로 떠오르는 것을 막는 것이다. 그러나 이러한 경험들은 자아의 통제가 느슨해졌을 때 의식의 부면에 반복적으로 떠오른다. 즉 술에 취했을 때 일본 노래가 나온다거나, 아이를 재우려 할 때 실수 행위처럼 무의식적으로 일본 군가가 튀어나온다는 식이 된다.[8] 이러한 억압된 무의식이 억압을 뚫고, 자아의 검열을 거쳐 등장한 것이 『총독의 소리』의 소설적 장치이다.

> 충용한 제국 신민 여러분. 제국이 재기하여 반도에 다시 영광을 누릴 그 날을 기다리면서 은인자중 맡은 바 고난의 항쟁을 이어 가고 있는 모든 제국 군인과 경찰과 밀정과 낭인 여러분.[9]

이 소설에는 두 가지 음성이 섞여 있다. 가상의 지하 조선총독의 음성과, 독립되었지만 여전히 신식민지 상황을 겪고 있다고 주장하는 작가의 음성이 그것이다. 이 두 목소리의 긴장이 『총독의 소리』를 이루는 기본적 축이다. 이 소설이 이채를 띠는 것은 후자인 작가의 관념 때문이 아니라, 전자인 가상의 지하 조선 총독의 음성 때문이며, 이것이 이 소설의 장치이다. 작가는 이 소설에서 조선 총독의 음성을 정확하게 재현해낸다. '충용한 제국신민', '일억 전원 옥쇄', '귀축미영' 등의 단어를 사용하는 것이 그것이다. 이는 그가 식민지 교육을 통해서, 라디오 방송을 통해서 수없이 들어왔던 어투이다. 작가는 이러한 어투를

---

8 김윤식은 작가와 이런 경험을 공유한 기억을 적고 있다(김윤식, 「최인훈론—유죄판결과 결벽증명의 내력」, 『작가와의 대화』, 문학동네, 1996, 13면).

9 최인훈, 『총독의 소리』, 문학과지성사, 1980, 77면.

전혀 풍자적으로 사용하지 않고 소설의 마지막 부분까지 끌고 나간다.

그러나 이 소설의 전체적인 주제는 작가의 관념 속에서 드러난다. 여전히 외세에 종속되어 있고, 민족적 · 정신적 · 물질적 독립을 이루지 못하고 있는 지금의 상태를 신식민지로 규정하며 비판하는 목소리가 우위에 있다. 작가는 이러한 주제를 가장 효과적으로 드러낼 수 있는 소설적 장치로 가상의 지하 조선총독의 시점을 택했다고 판단된다. 그렇다면 작가의 논술, 즉 관념의 개진과 논리의 전개가 이 목소리를 얼마만큼 통제하고 있는가가 이 소설의 관건이 될 것이다.

이 소설에서 의식의 상태인 논술의 전개가 일단락되면, 조선 총독의 상투어가 다시 등장한다. 이러한 상투어는 논리의 진행을 돕는 것 같지만, 실상은 글의 흐름을 차단한다. 앞의 인용에서 본 조선 총독의 음성으로 시작해서, 점차 비판적인 작가의 음성으로 넘어가다, 독자들이 완전히 작가의 음성으로 넘어갔을 때, 이 상투어가 등장한다. 이렇게 함으로써 이 소설이 총독의 지하 방송이었다는 것이 환기된다. 이 과정을 반복하다가, 마지막에 "조선총독부 지하부의 유령 방송인 총독의 소리"였음을 밝히면서 끝나는 구조로 소설은 이루어져 있다. 이 소설을 장악하고 있는 정신은 작가의 의식적 논술에 드러난 그것이다. 그러나 중간 중간 나타나 논리의 흐름을 차단하고, 자신의 목소리를 표상의 형식으로 드러내고 있는 것은 총독의 소리, 즉 최인훈의 유년기 체험이다. 작가의 어린 시절의 기억에서 풀려 나온 욕망은 이러한 표상들을 통해서, 자아에 의해 왜곡된 형태이지만, 그 충족을 얻게 되는 것이다.[10] 유년기의 기억과 동전의 양면처럼 밀착해 있는 총독의 소리를 재현함으로써 유년기로 회귀하려는 충동과 이를 억압하는 자아가

10 프로이트, 정장진 옮김, 『창조적 작가와 몽상』, 열린책들, 1996, 92면.

타협해서 만들어낸 것이 『총독의 소리』에 사용된 소설적 장치인 총독의 지하 방송이라는 화자의 설정인 것이다.

3. 성적 욕망의 충족으로서의 책읽기

최인훈의 유년시절의 책읽기는 세상을 읽는 방식이 아니라, 거기에 하나의 세계를 건설하는 방식이었다. "그것은 일종의 거꾸로 선 세계, 물구나무선 마음의 나라였다. 이야기가 더 현실적이고 현실이 더 거짓말 같은 질서였다."[11] 그는 책을 읽음으로써 세계의 사물들을 새로운 질서에 맞추어 자신의 취향에 따라 배치하고 있다.[12] 이러한 점에서 그의 책읽기 행위는 놀이가 된다. 그에게 있어 책읽기는 어른들의 질서를 모방하고, 거기에 정의적 움직임을 쏟아 부을 수 있는 행위로 판단된다. 또한 책 읽는 행위를 현실세계에 끼워 넣는 것이 아니라, 현실세계를 놀이인 책읽기 속으로 끌어들여 상상적인 대상과 상황들을 보강하기를 즐기게 된다.[13]

> 소설의 세계는 여전히 나에게는 '현실의 거울'이 아니라, 현실에서 왔거나 말거나 말의 힘만으로 홀연히 있게 되는 '그 자신으로서의 현실'이었고 그렇게 길든 독서 방식은 여전히 나를 이끌었다.[14]

11 최인훈, 『회색인』, 문학과지성사, 1991, 26면.
12 프로이트, 앞의 책, 82면.
13 위의 책, 83면.

어른의 세계를 엿보는 행위로서 책읽기는 그 자신이 어른이 되기를 갈망하는 욕망이 상상적으로 충족됨에 의해 즐거움을 획득하게 된다. 최인훈이 즐겨 읽었던 소설은 "선량하고 용기 있는 소년이 세상을 이기고 씩씩한 청년이 되어 이쁘고 영리한 색시를 얻는 이야기"[15]였다. 그는 어른의 세계를 상상 속에서 소유하기 위해 책을 읽는다. 책을 "한 줄 한 줄 되풀이해서 읽을수록 그것들은 그의 마음속에 튼튼히 자리 잡게 되고 그의 소유권은 굳어"[16]지게 된다. 사춘기 최인훈의 책읽기를 충동했던 것은 어른들의 세계에 대한 욕망, 특히 성적인 욕망이었다. 그런 점을 염두에 두지 않으면 다음과 같은 사실은 잘 이해되지 않는다.

> 그가 머릿속에서 쌓아둔 온갖 재물과 인물, 강과 산(책 속의 세계를 의미함—인용자)은 그에게 외계에 대한 무관심을 가져왔다. 희고 빛나는 시멘트의 굴뚝을 빼놓는다면.[17]

소설 곳곳에서 이 "희고 빛나는 시멘트 굴뚝"에 대한 기억이 맥락 없이 등장하고 있는 것을 어떻게 해석해야 할까. 이는 어른 남자의 성기를 상징한다고 볼 수밖에 없다. 사춘기는 오이디푸스를 지나간 시기이며, 정상적인 성장과정을 거쳤다면 아버지와 자신을 동일시하고 있는 단계에 해당한다. 따라서 사춘기 소년이 남자 성인의 성기를 갈망하는 것은 자연스러워 보이며, 그것의 상징으로 '희고 빛나는 시멘트 굴뚝'을 해석해도 무리는 아닐 것이다.

---

14 『화두』 1, 65면.

15 『회색인』, 38면.

16 위의 책, 38~39면.

17 위의 책, 39면.

이러한 성적 욕망은 가족인 누나에게로 향해진다. 최초의 실제 성적 체험인 '방공호 체험'에서 그는 누나를 떠올린다. "따뜻한 팔. 뜨거운 뺨. 살 냄새. 그것들은 누님의 것과 같으면서도 달랐다."[18] 성욕동이 강렬하게 자기 주장을 하는 사춘기에 근친상간적 대상이 다시 새롭게 떠오르게 되며 부모 형제 이외의 대상으로 욕망이 돌려지기 전에 이러한 현상은 지속된다. 이것이 유아기의 근친상간적 충동과 다른 것은 죄의식이 동반된다는 점이다.[19] 그는 "죄의 기쁨을 위해서는 값을 치러야 한다는 것"[20]을 알고 있다. 그러한 '죄의 기쁨'은 그가 책을 읽을 때의 상태와 유사하다는 점에서 그의 글읽기와 성적 충동은 밀접하게 연관되어 있다.

> 어머니는 그저 준이 아무 책이나 들고 있으면 공부하는 줄만 알고 몸이 상하겠다고 늘 말했다. 그럴 때 그는 사람을 속이고 있다는 죄의식을 느꼈다. 그것은 아마 그 자신 분명히 죄스럽다고 느낀 맨 처음 감정이었다. 죄의 기쁨 속에서도 이야기의 세계는 여전히 매력이 있었다.[21]

그러한 죄의식의 기쁨은 어른들의 세계를 엿봄으로써, 성적 욕망을 상상적으로 충족시킴으로써 가능해진 것이다. 그는 책을 읽음으로써, 프로이트가 예술가에 대해서 말하듯이, 자신의 욕망의 대상을 자신의 공상을 통해 실제로 획득하게 되는 것이다.[22]

---

18 위의 책, 53면.

19 프로이트는 이것을 '의식하기에는 견딜 수 없는 것'이라고 표현하고 있다. 프로이트, 서석연 옮김, 『정신분석학 입문』, 범우사, 1990, 346면.

20 최인훈, 앞의 책, 26면.

21 위의 책.

22 프로이트, 앞의 책, 384면.

4. 정신적 외상의 형성—자아비판

식민지 교육과 책읽기라는 충족적인 유년기 체험은 정신적 외상이라고 불릴 만한 사건에 부닥치면서 지속되지 못한다. 식민지 교육에 대한 기억은 지속되지만, 죄의식과 결부되고, 책을 읽는 행위는 지속되지만, 이전과는 다른 의미로 행해지게 된다. 이러한 정신적 외상은 학교에서 경험한 자아비판에 의해 생겨난다. 형식은 자아비판이지만 실상은 타인에 의한 비판이다. 그는 사소한 이유로 자아비판을 하게 되는데, 그곳에서 그의 모든 것이 추궁 당한다. 그의 가장 내밀한 부분인 성적 욕망의 충족으로서의 책읽기와 식민지 교육도 예외는 아니다. 식민지 교육에서 무엇을 배웠으며, 무엇을 느꼈느냐는 질문에 그는 다음과 같이 생각한다.

> 무엇을 느꼈는가? 무엇을 느꼈는가? 대답하기 어려운 말이었다. 그때 이웃 나라의 나라 할아버지가 구름을 타고 내려오는 그림이 곁들어진 문장을 선생님의 지명으로 일어서서 신이 나서 읽었고, 아동의 수용력의 수준으로는 그 낭독의 경험에 이름을 붙인다면 '名文 경험'이라고나 할까.[23]

당시가 철모르는 아동이었다는 단서가 붙긴 했지만, 그 당시의 경험을 "신이 났다"라고 할 수 있는 것은 "지금 질서가 자연스럽다고 믿어지는 가장 자연스러운 계층에 우리 가족은 속해 있었다"[24]라는 것과

23 『화두』 1, 29면.
24 위의 책, 30면.

무관하지만은 않다. 어찌되었던 식민지 교육은 죄스럽게도 "신나는" 유년기의 기억과 결합되어 있는 것이다. 그렇기 때문에 식민지 교육은 정신적 외상의 형태를 띠게 되지만, 그것은 자아비판의 결과이며 그것의 한 부분에 불과하다. "아동의 수용력의 수준으로는"이라는 단서는 그러한 기억이 죄스러움을 동반하지 않고서는 나올 수 없다는 것을 증명한다. 식민지 교육에 대한 비판과 마찬가지로 책읽기에 대해서도 비판이 가해진다. 그가 어른들의 세계를 엿볼 수 있었던 소설들은 "인민의 적들이 만들어낸 야만적인 이야기"[25]로 판단 내려진다.

이러한 자아비판은 최인훈에게 정신적 외상으로 각인된다.[26] 이 경험은 '방공호 체험' 다음으로 자주 반복된다. 사회적이며 언어적인 폭력으로 인해 한 개인이 받은 정신적 상처는 사춘기 소년의 의식으로는 처리할 수 없는 것이었다. 그것이 폭력적이었을 뿐만 아니라, "느닷없"는 행위라는 점에서 그러하다. 자아가 충분히 대비할 수 없었다는 의미에서 그것은 '경악shock'이라 할 수 있다. 최인훈은 그러한 경험을 스스로에게 반복적으로 상기시킴으로써 정복하려 한다.[27] 이러한 불쾌한 경험을 반복적으로 재현하는 것은 경악이었던 자아비판을 예기하거나 준비하기 위해서이다.

최인훈 소설에 나타난 사회주의 비판을, 이러한 자아비판에 대한 '결백 증명'으로 해석하는 것은 이러한 점에서 나름대로 의미가 있다.[28] 자아비판에 대한 답변서를 준비하는 것, 그럼으로써 자아비판에

25 최인훈, 『서유기』, 문학과지성사, 1994, 198면.

26 많은 논자들이 최인훈 개인에게 끼친 자아비판의 중대한 의미에 대해서 지적했다. 그 가운데 정신적 외상으로 이를 규정하고 해명하려는 시도는 김윤식의 「최인훈론—유죄판결과 결백증명의 내력」으로 대표된다.

27 정신적 외상을 반복적으로 재현함으로써 그러한 경험을 정복하려는 노력에 관해서는 프로이트의 「쾌락원칙을 넘어서」와 「두려운 낯설음」(『창조적인 작가와 몽상』(전집 18), 열린책들, 1996)을 참조했다.

충분히 대처할 수 있는 상태를 만드는 것이 정신적 외상에 대한 치유의 하나로 볼 수도 있다. 사회주의를 비판하는 상징으로 등장하는 '광장'은, 자아비판의 장소인 '교실'의 복제판이다. 정신적으로 그러할 뿐만 아니라, 공간상의 비유로도 그러하다. "광장에는 기관총이 걸려있다"라고 할 때, 기관총이 자아비판에서의 '말'의 비유라면, "광장에는 꼭두각시만 있다"라고 할 때 이 꼭두각시란 지도원 선생의 들러리를 서는 급우들에 대한 비유이기 때문이다.

> 그러나 재판을 끝낼 수 없었다. 재판은 현실에서도 진행되었기 때문이며 나날의 생활이, 나의 작가로서의 생활까지를 포함하여 모두 그 재판과 관련된다는 의미에서도 그렇지만, 더 간략한 표현을 한다면, 검찰관은 '북쪽 정권'이라는 모습으로 엄존하고 있다는 뜻이다.[29]

이러한 '광장=교실'이라는 공간적 비유는 뒤에서 보게 될 '밀실=방공호'라는 공간적 비유와 짝을 이룬다. '밀실=방공호'가 개인의 욕망을 은밀히 작동시키는 공간이라면, 광장은 그러한 욕망이 자아비판을 맞이하는 공간이다.

---

28 김윤식의 앞의 논문 참조.

29 『화두』 1, 21면.

5. 타나토스로서의 퇴행

최인훈에게 최초의 성적 체험으로 기록되고 있는 '방공호 체험'은 전쟁 기간에 이루어진다. 뜨거운 여름, 비행기 공습을 무릅쓰고 그가 거리로 나갔을 때 마침 공습이 시작되었고, 어디서 누님 또래의 여자가 나와 그의 손목을 끌고 방공호로 대피한다.

> 그때 부드러운 팔이 그의 몸을 강하게 안았다. 그의 뺨에 와 닿는 뜨거운 뺨을 느꼈다. 준은 놀라움과 흥분으로 숨이 막혔다. 살 냄새. 멀어졌던 폭음이 다시 들려왔다. 준의 고막에 그 소리는 어렴풋했다. 뺨에 닿은 뜨거운 살. 그의 몸을 끌어안은 팔의 힘. 가슴과 어깨로 밀려드는 뭉클한 감촉이 그를 걷잡을 수 없이 헝클어지게 만들었다.[30]

책읽기에서 그가 상상적으로 충족시킬 수 있었던 성적 욕망, 즉 근친상간적 욕망이 외부에서 실제 대상을 발견한 것이라 할 수 있다. 그가 책에서 읽은 것은 "유리 하나 저편의 일이었다. 방공호에서 일어난 일은 몸으로 겪은 일이었다."[31] 이 체험은 성적 대상을 가족 외부에서 구하려는 충동으로, 즉 사춘기에 재현되는 근친상간적 경향이 극복된 것으로 생각될 수도 있겠지만, 사실은 그 반대이다. 그는 이 체험에서 누님을 연상한다. "그것들은 누님의 것과 같으면서도 달랐다."[32]

이후로도 그는 이 상황을 반복적으로 재현하고 싶어 한다. 그는 폭

30 『회색인』, 50면.
31 위의 책, 54면.
32 위의 책, 53면.

음이 들리면 이때와 똑같은 상태를 만들어내기 위해 이불을 뒤집어쓴다. "캄캄한 이불 속에 하얀 얼굴이 보였다. 따뜻한 팔. 뜨거운 뺨. 살 냄새."[33] 이불 속의 어둠은 그 방공호의 어둠을 재현시키며, 뜨거운 살을 연상시키는 것이다. 여름→폭음→방공호→여성의 육체라는 연상 축은 그의 무의식 속에 저장된다. 이 가운데 어느 하나만 떠올라도 자연스레 그 상황을 연상하게 된다. '여름', '폭음', '방공호를 연상시키는 공간'은 성적 충동의 표상인 셈이다.

그는 이러한 체험에 고착되며, 그 이후 여성과는 관계는 모두 이 체험으로 환원된다. "그는 그 일 이후에 어느 여자든 그 여름날의 여자와 비교해보는 버릇이 생겼다."[34] 심지어는 다른 여자를 방공호 속에서 만났던 여자로 착각하기까지 한다.

> 그 여름날의 여자는 성숙한 욕망을 가진 어른이었고 그는 아직 어린 소년이었다. 지금 그는 어른이었다. 그런데 여자는 여전히 그 나이대로였다. 여자는 기다려 준 것이다. 그는 시간을 거꾸로 달려서 그 여름으로 돌아갔다.[35]

성적 본능에서 쓸 수 있는 에너지 전체를 리비도라 부른다면,[36] 최인훈의 리비도는 모조리 기억 속의 여자에게로 향해져 있다. 이를 대상 리비도 집중이라 프로이트는 이름 붙였다.[37] 이러한 대상 리비도 집중 때문에 그의 연애는 번번이 실패한다. 기억 속의 여자는 하나의 '원형'[38]이었던 것이다.

---

33 위의 책.
34 위의 책, 156면.
35 위의 책, 113면.
36 엘리자베트 라이트, 권택영 옮김, 『정신분석비평』, 문예출판사, 1989, 21면.
37 프로이트, 「자아와 이드」, 『쾌락원칙을 넘어서』, 1997, 115면.

실제로, 혹은 상상적으로 이 체험을 반복함으로써 최인훈이 지우고 있는 것은 누님과 어머니의 얼굴이다. 그는 방공호 속의 여자를 하나의 원형으로까지 기록하고 있는 것이다. 그러나 방공호 속의 체험에서 주요하게 역할하고 있는 것은 대상으로서의 그 여자라기보다, 그 상황이다. 이 체험을 반복함으로써 그가 실제로 돌아가고 있는 지점은 누님의 품, 혹은 어머니의 품속에 있었던 유아기이다. "그녀의 가슴과 머리카락을 더듬는 손길에서 그는 어머니를 보았다."[39] 더 거슬러 올라가면, 방공호가 상징하고 있는 안온한 어머니의 자궁 속이다. 이 언저리를 배회하고 있는 이드의 욕망과, 그것을 억압하고 있는 자아가 타협한 결과가 방공호 속의 여자를 '원형'으로 만들고 있는 것이다.

『서유기』는 이 체험을 찾아가는 여행으로 구성되어 있다. 이유정의 방에서 나와서 자신의 방으로 나있는 계단을 올라가는 짧은 순간에 이루어지는 이 여행은 상상 속의 여행이며 어린 시절의 그 장소, 그 체험을 향해서 간다는 의미에서 기억 속의 여행이다. 대상 리비도 집중 때문에 이유정과의 관계에서마저 주저할 수밖에 없었고, 그래서 그냥 그녀의 방을 나와야 했던 그가 기억 속의 대상을 향해 여행을 떠나는 것은 자연스러워 보인다.

그러나 이러한 여행은 고착된 과거 지점으로 돌아간다는 의미에서 퇴행이며, 그 퇴행의 끝에는 죽음이 있다.[40] 그러한 퇴행은 누님에 대한 연상으로 나타나는 근친상간적 욕망을 거쳐, '방공호'의 공간적 비유라 할 수 있는 어머니 자궁에까지 이른다. 퇴행을 거듭하여 결국은

---

38 위의 책, 156면.

39 『광장』, 147면.

40 프로이트, 『쾌락원칙을 넘어서』, 77면.; 타나토스, 에로스에 관해서는 이 글과 「자아와 이드」의 견해를 참조했다.

무생물의 상태에까지 이르려는 이러한 충동을 '죽음 본능', 즉 타나토스라 할 것이다. 그러나 인간에게는 주어진 생명을 보존하려는 생명본능, 즉 에로스가 있다. 따라서 그곳은 그가 결코 도달할 수 없는 곳이기도 하다. 그는 이 여행이 끝나지 않기를 바라며, 자신이 도달해야 할 곳에 도착할 수 없기를 바라는 것이다.

> 길은 늘 어디론가에 닿는 길이라는 데 인간의 슬픔이 있다는 것을 그는 알고 있었다. 어디로도 닿지 않는 길, 자꾸 가는 길, 가는 것만이 기쁨인 그런 길, 그것이야말로 모든 사람이 삶 속에 바라는 희망이지만 불가능한 일이다.[41]

사람이 살아가는 길의 끝에는 죽음이 놓여있다. 마찬가지로 소설의 끝에도 죽음이 놓여있다. 모든 사람들이 죽게 마련인 것과 마찬가지로 소설도 끝나게 마련이다. 소설의 끝으로서의 죽음과, 퇴행의 종착지로서의 죽음이 이 소설에서는 일치하고 있다. 『서유기』에는 이러한 죽음을 연기시키기 위한 숱한 장애물이 설치되어 있으며, 이 장애물들은 주인공이 목적지에 이르지 못하도록 방해한다. 자신과 결혼을 해서 머물러 달라는 논개, 남아서 같이 훌륭한 역(驛)을 가꾸자는 역장 등이 그런 장애물이다. 그들의 제안은 재생산의 욕망이거나, 유토피아적 욕망이며, 에로스의 소산이다.[42] 죽음에까지 이르려는 타나토스적 욕망과 그것을 저지하려는 에로스적 욕망의 긴장이 이 소설을 이루는 기본 구조이다.

41 『서유기』, 14면.
42 프로이트의 앞의 글을 참조할 것.

6. 남은 문제들

이상으로 최인훈 소설에서 반복적으로 변주되어 등장하는 유년기 체험을 정신분석학으로 읽어보았다. 이 논문의 제목을 '연구'가 아닌 '읽기'라고 한 것은 무의식이 학문적 대상이 되기에는 실증적 근거를 결여하고 있다는 판단에 의해서이다. 그것은 오직 '흔적'으로만 남을 뿐 실체로는 존재하지 않기 때문이다. 이 논문은 그러한 '흔적'들을 다시 읽고 그것을 소설의 구조에 삽입하려고 했다. 이를 통해서 몇 가지 이야기들이 가능해진다.

첫째는 식민지 체험이 최인훈에게, 나아가 동세대의 한국인에게 어떠한 정신적 외상을 남겼는가 하는 점이다. 유년기에 식민지 체험을 한 동세대에게 그것은 알 수 없는 매력으로 남는다. '총독의 소리'라는 것은 그러한 매력이 분출되는 방식일 것이다. 그러한 매력과 공식적 역사의 충돌이 정신적 외상이 된다는 것이 이 논문의 입장이다. 이 점은 포스트 콜로니얼 이론, 특히 정신분석학적 입장에서 식민지 문제를 다루는 호미 바바 등의 견해를 참고하여 더욱 이야기를 진전시킬 필요가 있을 것이다.

둘째는 책읽기가 성적 욕망의 충족과 연관된다는 점이다. 특히 소설 읽기가 그러한데, 이를 통해 어린이는 어른의 세계를 대리 체험한다. 그것은 금지된 것을 위반하는 체험과 유사하다고 할 것이다. 그러나 성적 욕망이 금지된다면, 책읽기는 금지와 허용 사이를 요동한다. 책읽기야말로 가장 위험한 행위이면서도 또한 체제 내적 행위이기도 하다. 경계를 넘나드는 경험으로서 책읽기를 위치 지을 수 있을 것이다.

셋째는 유년기로 돌아가려는 퇴행이 죽음 충동, 즉 타나토스에 의한 것이라는 점이다. 어머니 자궁으로까지 거슬러 올라가려는 이러한 욕망은 최인훈 소설을 이루는 기본 원리 가운데 하나이다. 최인훈 소설에 나타나는 반유토피아적 지향은 이러한 죽음 충동에 의한 것이라 할 수 있을 것이다.

4부_ 대화/소통

역사의 과잉 의미화와 비의미화를 넘어
국어는 이념이다
'친일문학'을 해소하기 위해
소수적 지식인의 연대
다시 인젠 바다 위에 성좌가 있을 필요가 없다
재조 일본인 문예 활동 연구의 초석

역사의 과잉 의미화와 비의미화를 넘어

한상일 · 한정선, 『일본, 만화로 제국을 그리다』(일조각, 2006)

1. 카탈로그식 역사 서술

일본 후지 TV의 〈트리비아(trivia)의 샘〉에서 힌트를 얻은 것이 틀림없는 KBS의 〈스펀지〉라는 프로그램은 현대 사회에서 새로운 정보가 유통되는 한 형식을 잘 보여주고 있다. 이 프로그램은 예외적인 것, 상식밖의 것, 사소한 것(트리비아)을 아무런 연관 없이 보여주는데, 그것이 인기의 비결이다. 총체적 앎이라는 것과는 정반대의 발상으로 인기를 끌고 있는 것이다. 지금 가지고 있는 지식의 총체에서 빗겨 있는 정보가 마치 상품 카탈로그처럼 나열되어 있는 것이다. 시청자들은 하나의 정보에서 다른 정보로 이동하는 데 어떤 상상력이나 추리도 발휘할 필요가 없이 그저 그때그때의 정보를 소비하기만 하면 된다. 그렇기 때문에 이 방송을 다 보고 나서도, 그 내용은 기억 속에 저장되지 않는다. 오로지 신기함과 놀라움의 감정이 남을 뿐이다.

각각의 정보가 서로 연관되지 않는 것은 곧 그것을 연관시킬 수 있는 현재의 총체적 시각이 부재하기 때문인데, 이와 비슷한 발상이 일상사 연구이다. 일상사 연구가 원래 그랬던 것은 아니지만, 최근 서점가의 역사 코너를 뒤덮고 있는 이 분야의 서적을 독자들이 소비하는 방식은 〈스펀지〉와 그리 다르지 않다. 상품의 카탈로그를 보듯이 각각의 정보를 그 자체로 소비하고, 그 정보가 상식밖의 것이라는 점에서 그러하다. 이러한 정보는 촘촘하게 엮여진 의미의 그물망 속에서 허우적거리고 있는 독자들에게 위로를 준다. 거대한 역사의 수레바퀴를 굴려오다 그것에 깔리기도 하고 그것의 회전에 눈이 어지러웠던 우리들에게는 어쩌면 이러한 '역사의 휴식'이 필요할지도 모르겠다.

그와는 반대의 발상이 사극으로 대표되는, 과거와 현재의 과도한 동일시이다. 낭만적 역사주의라 부를 수 있는 이러한 경향은 고대사에 대한 지나친 관심과 이어진다. 여기서 역사는 현대의 전사도 아니고 현재의 모습을 비추는 거울도 아닌, 현재 그 자체이다. 열강의 틈바구니 속에서 어찌할 바를 모르고 있는 한국이라는 국민국가의 강대국화에 대한 소망이 거기에 투영되어 있는 것이다. 말할 것도 없이 여기서는 과거에 대한 정보가 현재적 앎의 맥락에 의해 과도하게 의미화되어 있다.

그렇다면 이러한 과잉의미화, 비의미화라는 역사 인식의 양극화를 매개하는 것은 불가능할까. 이 책이 가진 장점은 거기에 있다고 할 수 있다. 우선 이 책은 과도하게 의미 부여된 역사 서술을 거부한다. 그것은 만화라는 주변부의 사료를 도입함으로써 가능해진다.

만화는 역사적 정보로서 예외적인 것이다. 지나친 작위성이 그 이유이다. 그런 점에서 이 책은 정통적인 역사서와 다르다. 시사 만화는 현실을 언급·지시하고 있지만, 그것을 그대로 옮겨놓지 않고, 공통 감각에 입각한 상상을 거기에 덧붙인다. 한 컷의 만화라 하더라도 하나의 사실만을 전달하는 것이 아니라, 여러 가지 연관된 정보를 한꺼번에 전달한다. 따라서 그것은 하나의 모티프가 아니라, 여러 모티프가 모인 하나의 서사이고, 자체적으로 완결된 텍스트라고 할 수 있다. 그 텍스트를 해석하는 것은 당대의 맥락 속에 자신을 투입하는 길뿐이다. 이 책이 하고 있는 작업은 만화라는 한 텍스트를 해석하기 위해 독자들을 시대적 맥락 속으로 던져 넣는 일이다. 그러나 기존의 역사서가 신뢰하는 역사적 정보는 그 자체로 완결되지 않는다는 점에서 만화와 다르다.

이 책은 각각 독립된 개별 만화들의 연쇄로 이루어져 있다. 각각의 만화를 연결해주는 것은 역사 의식이 아니다. 저자들은 개별 만화들을 역사의 흐름에 따라서 배치하고 있지만, 그러한 역사의 흐름이라는 것은 개별 만화의 강렬함에는 조금도 미치지 못한다. 이 책에 등장하는 만화들은 각각 그것이 배경으로 하는 역사적 사건과 함께 개별적으로 읽힌다. 역사 서술에서 한 사건은 다음 사건으로 이어지는 하나의 기능적 요소밖에 지니지 못하지만, 이 책은 한 컷의 만화 속에 응집된 개별 사건을 기능에서 떼어내어 그 자체로 보여준다. 이 책의 발상이 일상사 연구나 〈스펀지〉와 맥을 같이 하고 있다고 말할 수 있는 것은 그러한 점 때문이다.

이것은 이 책이 사료로 삼고 있는 만화가 가진 물질성 때문인데, 원래 사료라는 것은 일반인에게는 아주 먼 물건이다. 그것은 지금과는 다른 맞춤법과 세로쓰기, 한자같은 것으로 일반인의 접근을 막는, 학자들의 전유물인 것이다. 일반인들은 역사가의 번역에 따라서 그에 접근할 수밖에 없다. 그러나 이 책은 그럴 필요가 없이 사료를 직접 독자들의 코밑에 들이댄다. 이러한 사료의 물질성 때문에 독자들은 지금으로부터 100년 전의 세계로 고스란히 빨려 들어갈 수 있다. 작은 해석만 주어지면 독자들은 직접 사료를 해석하는 전문가가 될 수 있는 것이다. 이것도 또한 이 책이 기존 역사연구와는 다른, 일상사 연구와 맥락을 같이 하고 있는 점이라고 할 수 있다.

지금까지 〈스펀지〉와 일상사 연구, 그리고 『일본, 만화를 제국을 그리다』라는 전혀 다른 영역의 것들을 관통하는 현대적 심성의 일단을 설명해왔다. 그것은 거대서사의 과잉 의미화를 거스르는 탈의미화라고 할 수 있을 것이다. 이토 히로부미의 여성 편력, 김옥균의 능지처참이 도대체 역사와 어떤 관련을 가진다는 말인가. 관련이 되더라도 그것은 에피소드에 지나지 않을 것이다. 이렇게 반문하는 사람은 진보주의적 · 본질주의적 역사에 여전히 매달려 있는 것이다.

2. 시선의 정치, 서사의 정치적 무의식

그렇다고 해서 이 책이 〈스펀지〉나 속류 일상사 연구처럼 쇄말주의에 빠져 있다는 것은 아니다. 기존 역사 연구가 무시했던 만화, 우화를 있는 그대로 보여주는 것은 아니기 때문이다. 그것은 이 책이 개별적 사료와 정보를 배치하고 해석하는 데 있어 취하고 있는 태도에서 온다.

지금 한국에서도 많은 시사 만화들이 각종 신문이나 인터넷을 통해 독자들에게 전달되고 있다. 정치적 성향에 따라서 날카로운 풍자의 칼끝이 서로 다른 곳을 향하기 때문에 이것들이 서로 대립하고 있는 듯이 보인다. 같은 사안을 만화로 그리더라도 『조선일보』와 『한겨레신문』의 그것이 서로 다른 지점을 향하고 있다는 것은 모두가 잘 알고 있는 사실이다. 그러나 이들 신문을 100년 뒤나 외국인의 시선에서 본다면 어떠할까. 아마 그 시대의 공통 감각이나 공통적인 상상력이, 개별 사안에 대한 해석의 차이와 무관하게 눈에 띌 것이다. 이 책이 취하고 있는 태도는 바로 이것이다. 타자의 시선이라는 떨어진 거리에서 보면 내부에서는 보이지 않는 것을 볼 수 있는 것이다.

이 시선에서 보면 19세기 말, 20세기 초의 일본 시사 만화가 가진 공통 감각이 잘 드러난다. 시사 만화가 풍자를 통해 웃음을 유발해낸다면, 그러한 웃음은 공통적인 감성과 상상력이 없으면 불가능하다. 이러한 공통 감각과 상상력은 내부의 인간들에게는 자명하고 자연스러운 것으로 전제되어 있는 것이어서 대상화된 인식이 되지 못한다. 오히려 타자의 시선으로 볼 때만 웃음을 유발하는 일본인의 심성이 눈에 들어오는 것이다. 그러나 이것만으로 시사 만화를 '대중의례'라고 부를 수 있는 것은 아니다. 만화가 가진 상상력뿐만 아니라, 만화를 통해 유발되는 상상력, 공통 감각이 독자의 능동적인 참여에 의해서도 만들어질 때, '대중 의례'가 성립하는 것이다. 이 책은 그 점을 다음과 같이 설명한다.

> 만화는 이러한 대중 의례의 한 부분으로 나타났다. 만화라는 시각 언어를 이용한 풍자는 다양한 계층의 독자를 확보하면서 넓은 영역으로 신속하게 전파되어 나갔다. (…중략…) 생략과 간결에 의존한 만화적 표현 양식은 특정 사물, 특정인, 또는 특정 사건에 대한 최소한의 정보를 제공한다. 그러나 이러한 최소한의 정보 제공은 오히려 독자가 더 능동적으로 해석 과정에 참여하는 결과를 낳는다.(17면)

이를 통해서 보면 만화는 "독자들에게 제국으로 가는 길에 동참할 것을 촉구하는 '공공의 그림 초대장'"일 뿐만 아니라, 일본의 미래가 제국주의가 되는 것에 달려있다는 의식을 끊임없이 환기·주입하는 아이콘이기도 하다. 르낭이 "매일매일의 국민투표"라고 불렀던 것과 상통하는 이러한 국민의례를 통해서 공통 감각이 형성되는 것이다.

이 책이 시도하는 것은 그처럼 웃음을 유발시키는 공통 감각을 고고학적으로 캐내어 그 속에 들어있는 권력 의지를 들추어내는 것이다. 이는 우선 시선 속에 숨어 있는 권력 의지를 읽어내는 방식으로 나타난다. 이에 따르면 제국의 시선은 조선을 닭, 중국을 돼지, 러시아를 곰으로 그리고, 자신을 서양인과 비슷한 모습으로 그려냈다. 어린아이나 여성같은 여러 가지 변형태들이 있긴 하지만, 식민주의적 타자를 정형(stereotype)화하고 있다는 점에서는 동일하다. 이러한 정형들은 나태하고 게으르며 무지한 반면, 요염하고 가냘프며 아름답기도 하다. 그리고 그러한 양가적 정형을 통해서 타자를 식민화하는 것이 정당하다는 인식들이 형성된다. 시선은 바로 정치인 것이다.

공통 감각 속에 들어있는 권력 의지를 들추어내는 또 다른 방식은 만화를 서사화함으로써 화자가 가진 권력 의지를 보여주는 것이다. 한 컷의 만화라도 그 속에 서사가 들어있음은 앞에서도 지적했다. 그러한 서사란 독자들이 만화를 이해할 수 있는 계기가 된다. 전쟁의 경과를 모르고서는 전쟁을 그린 만화를 이해하기란 불가능하다. 어떤 사건을 그린 만화는 그 사건을 전체적으로 이해하고 있음을 전제하고 있다. 그렇기 때문에 만화는 하나의 서사를 담고 있으며, 그 서사를 어떻게 해석해야 하는가 하는 시각도 들어있다. 독자들은 상상력을 통해 그림의 틈새를 메우면서 해석을 완성하지만, 그러한 해석에 이르는 길은 이미 만화 속에 내재되어 있다. 이 책은 한 컷의 만화에 담겨진 서사를 될 수 있으면 개별 만화가 품고 있는 지도를 따라서 이야기하며 그것에 들어있는 정치적 무의식을 분석해낸다.

이러한 이 책의 방법론은 〈스펀지〉나 속류 일상사 연구와 이 책을 구별시켜주는 것이기도 하면서, 쇄말주의로 빠지지 않고 개별 만화들을 관련시켜 사고할 수 있게 해준다. 물론 그러한 관련성은 선행하는 것이 그 뒤에 오는 것을 촉발시키는 기능적・인과적인 것이 아니라는 점에서 기존 역사 연구와 차이점을 지닌다. 그것은 반복되어 소비됨으로써 일본인들로 하여금 타자에 대한 정형과 자신에 대한 신화를 만들어내는 것이다. 개별 사건과 그 사건을 해석하는 만화, 그리고 만화를 읽는 독자의 행위야말로 "매일매일의 국민투표"인 것이다.

> 일본의 만화가와 불특정 다수의 독자는 시사 만화라는 대중 매체를 통해 청일전쟁과 러일전쟁에서의 일본의 승리는 문명의 승리이고, 조선 병탄은 진보하는 역사 속에서 필연적으로 일어난 지극히 당연한 사건이라는 의식을 자연스럽게 공유했다. 이런 인식의 공유는 제국을 건설하는 데 필수적인 일반 국민들의 지속적인 관심과 능동적인 참여를 이끌어냄으로써 근대 일본 제국 발전의 밑거름이 됐다.(288면)

만화는 추상적인 국민 의식과 추상적인 제국 의식을 주입하는 것이 아니라, 그것을 주체로 하여금 스스로 참여해서 재현하게 함으로써, 국민=제국 의식을 일상화시켰다. 말판의 그림이나 친근한 물건으로 치환하여 그린 그림이 그것을 보여준다. 전쟁이나 식민지를 안방에까지 끌어들인 것이 만화였던 것이다. 여기서는 거대한 이야기(전쟁, 식민지, 제국)가 아주 사소하고 작은 것(일상)과 곧장 연결되고 있다. 이 책은 각각의 만화를, 그리고 그 속에 그려진 일상사를 독자들이 그 자체로

소비하지 않도록 한다. 오히려 아주 작은 것 속에서도 권력의 시선이 스며들어 있음을 보여준다. 이것이 앞에서 제기한, 과잉 의미화와 비의미화라는 역사 연구의 양극단을 매개하는 방법이 아닐까하고 나는 생각해본다.

3. 타자의 시선으로 주체를 내파하기

소수자의 문학은 정치적일 수밖에 없다고 말한 것은 들뢰즈였던 것 같다. 똑같은 방식으로 말하면 타자의 시선은 정치적일 수밖에 없다. 이 책도 타자의 시선에 섰기 때문에 시사 만화의 정치성을 명확하게 짚어낼 수 있었다고 할 수 있다. 일본의 시사 만화가 타자를 바라보는 시선은, 시선의 대상이 되는 타자의 관점에서 보면 그것이 가진 권력 의지가 잘 보이는 것이다. 그러나 어쩌면 아주 간편하게 취할 수 있는 입장에서 일본의 시사 만화를 비판적으로 바라보는 것만으로는 부족하다는 생각이 든다.

마치 우리가 이 책에 실린 만화를 통해 일본인의 시선을 느꼈듯이, 일본인은 조선인・한국인을 미개로 표상하면서도 서구인이 자신을 마찬가지로 바라보는 시선을 느꼈을 것이다. 오히려 그러한 시선에서 발생하는 열등감을 해소하는 방식이 조선인・한국인을 야만으로 표상하는 것이었을 터이다. 나는 만화에 대해서는 잘 모르지만, 30년대 후반 조선인들이 소설을 포함한 여러 담론을 통해 만주를 표상하는 방식이 그와 비슷했다고 할 수 있다. 제국주의처럼 노골적이지는 않지만, 동북공정을 접한, 중국에 대한 우리들의 시선도 마찬가지가 아닐까 한다. 이러한 시선의 일방성은 문명에서 야만을 향해 끊임없이 확대 재생산되는 것이고 한 사회 내부에서도 마찬가지이다.

이 책은 그러한 시선의 일방성을 반대 방향으로 되돌린 것이라 할 수 있는데, 그러한 역시선을 우리 내부로 돌리면 어떨까. 그것은 타자의 시선을 내재화하는 것이라 할 수 있는데, 중국이나 동남아시아 출신 노동자의 시선을 내재화시키면 떠도는 제국주의의 망령이 일본의 문제만은 아니라는 것을 알 수 있을 것이다. 이것도 이 책에서 배워야 할 점이라고 말하면 실례가 될까.

국어는 이념이다

이연숙, 고영진 · 임경화 옮김, 『국어라는 사상』(소명출판, 2006)

국내에서 외국어를 배운 사람들이 현지에서 가장 큰 곤란을 겪는 것은 해당 언어의 복수성이다. 도착하는 순간 문법책을 통해 배운 단일한 체계와 규범이 사실은 일부 지역과 계층에게만 해당된다는 것을 금방 깨달을 수 있기 때문이다. 아니 똑똑한 사람이라면 그것이 규범으로만 존재하지 실재하지 않는다는 것을 알고 문법책을 던져 버리고 현지인들과의 접촉에 나설 것이다.

이처럼 내부인이 망각하고 있는 자국어의 복수성에 대해서 타자는 민감하게 반응할 수밖에 없다. 언어의 복수성을 억압하고 그것을 하나로 표상하는 '국어라는 사상'에도. 이연숙이 『국어라는 사상』에서 사용하고 있는 방법론은 베네딕트 앤더슨의 국민국가론도 언어사회학도 아닌, 타자와 비국민의 시각이다.

이 시각에서 바라보면, 국어란 국가 공동체에서 유통되는 언어 통일체가 정말로 존재하는가라는 회의와 의심을, 힘으로 부정하기 위해 근대에 창조된 개념일 뿐이다. 저자는 일본에서 국어 개념이 창조(날조)

되는 기원을 계보학적으로 탐색하여, 일본이 국민국가를 형성하는 동시에 제국주의로 발전하는 계기가 된 청일전쟁과 러일전쟁이 여기에 가로 놓여있음을 증명한다. 이 시기에 언문일치 문제가 집중적으로 논의되면서 국어가 자명한 어떤 것으로 떠오르게 된다는 것이다.

언문일치는 단순히 입말과 글말을 일치시킨다는 의미에서 중요한 것이 아니라, 어떠한 입말과 글말을 선택할 것인가 하는 과정 속에서 국어를 국가 의식과 결부시키고, 국어를 시간적으로도 공간적으로도 자연스러운 존재로 만든다는 점에서, 국어 이념의 형성에서 중요한 위치를 점하고 있다. 여기에서 언어의 기능성을 중시하는 입장(개혁파)과 언어의 정신성을 중시하는 입장(국수파)이 서로 갈리지만, 전자가 공간적으로 단일한 일본·일본어를 구상하는데 반해, 후자가 시간적으로 단일한 일본·일본어를 구상한다는 차이밖에 가지지 못한다. 오히려 저자에 따르면 언어를 소통의 수단으로만 생각하는 언어 도구관과 언어를 민족 정신의 정수로 간주하는 언어 민족주의는 동일한 언어 인식의 쌍생아인 것이다.

그 가운데 이 책에서 집중적으로 다루는 것은 언어 도구관을 대표하는 두 인물, 우에다 가즈토시, 호시나 고이치이다. 일본의 구식민지였던 한국 출신의 저자가 이들에게 관심을 갖는 것은 어쩌면 당연하다고 할 수 있는데, 그것은 언어 도구관이 국어의 공간적 통일성에 중점을 두기 때문이다. 언어 도구관을 가진 개혁파들은 일본 제국의 확장에 따라 식민지마저 시야에 넣어 국어를 구성하지 않을 수 없었던 것이다.

그러나 식민지로 일본어를 보급하려고 하면 할수록 더욱더 깨달을 수밖에 없는 것은 일본 내에서도 언어가 통일되어 있지 않다는 국어의 결여였다. 그렇기 때문에 일본어의 확장은 국어의 개혁과 다시 연계되었다. 식민지야말로 식민지 본국을 새롭게 바라보게 하고 그것을 새롭게 구성하는 거울이었던 것이다. 국수파에 밀려 자신의 정책을 실현할 수 없었던 언어 도구주의자들이 빛을 발하는 것은 오히려 패전 후였다. 그들이 주장한 기능어로서의 국어가 실현되는 순간이었다. 그러나 그 속에는 식민지를 거느렸던 제국의 어두운 그림자가 그늘을 드리우고 있다.

언어의 복수성을 억압하고 국어를 자명한 것으로 표상하는 '국어라는 사상'이 일본어의 문제만은 아니다. 고쿠고(國語)를 '국어'로 번역하여 사용하고 있는 한국어에도 그 그늘을 드리우고 있는 것이다. 한국어의 세계화라는 말속에서 그 그늘이 더욱 짙어지고 있음을 느끼는 것은 기우일까.

친일문학을 해소하기 위해

한수영, 『친일문학의 재인식』(소명출판, 2006)

1940년대 전반기에 조선인에 의해 생산된 문학을 '친일문학'이라 불러왔다. 현재에도 통용되는 이 명칭은 임종국의 『친일문학론』(평화출판사, 1966)에 의해 정착된 듯하다. 그 전에는 백철도, 조연현도 모두 '암흑기 문학'이라는 명칭을 사용했다. '암흑기 문학'이라는 명칭은 타자를 공백으로 설정한다는 점에서 소극적이다. 그것은 한국 근대문학사의 중심에 민족문학을 두지만, 그것의 타자를 동일자와 적극적으로 대립시키지 않는다. 이 시기와 이 시기 문학에 대한 기억은 민족이라는 동일자의 역사로서의 근대문학사를 위협하는 것인 동시에, 스스로 1940년대 문학의 한 담당자였던 백철, 조연현의 자기 정체성을 위협하는 것이기도 했기 때문이다.

개인적 정체성과 민족적 정체성을 동일시하는 것은 임종국도 마찬가지였다. 그가 『친일문학론』에서 「서문」 대신 「자화상」을 써야 했던 것도 그 때문이다. 「자화상」은 자기정체성의 역사에 대한 서술로 읽을 수 있는데, 그는 '천치'로부터 벗어나는 순간에 가졌던 분노를 자기정체성의 기초로 삼는다. 자기 내부에 있던 타자를 외화(外化)하여 동일자와 대립시켜야 자기정체성이 유지되는 것이다. '친일문학'이라는 명칭은 그러한 적극적 대립을 드러낸다. 그러나 그러한 타자 / 동일자의 이분법, 친일문학 / 민족문학 · 협력 / 저항의 이분법은 두 대립항을 의존적 관계로 만든다. '친일문학'을 비판하는 임종국이 '국민문학'을 장려하는 모순은 이렇게 해서 생긴다. 이미 과거의 유령이 되어버려 아무런 힘도 가지지 못한 '친일문학'을 끊임없이 환기시켜온 것은 현재적 의미를 지니고 있었던 것이다. 과거의 친일문학자는 여전히 힘을 가지고 있었지만, 그들도 1940년대 전반기를 살고 있지는 않았다. 그러나 자기동일성 문학의 타자로서 '친일문학'은 끊임없이 환기되어야 했다. 이러한 이분법은 독재와의 대립항으로서 '민족문학'을 설정함으로써 더욱 증폭되었다.

『친일문학론』을 처음 읽었을 때 느꼈던 분노와 전율을 나는 아직도 잊을 수가 없다. 그 당시에도 그리 흔치 않은 세로쓰기로 된 『친일문학론』이 보여주는 그 긴 작가의 목록과 그들의 작품이 가지고 있는 자극적인 언어는 고등학교 때까지 품어왔던 한국 근대사와 한국 근대문학사에 대한 생각을 뒤흔들어 놓기에 충분하였다. 그 목록이 중 · 고등학교 교과서의 작가 목록과 그리 다르지 않다는 사실 때문에, 그리고 그 내용의 노골성 때문에 교과서적 지식에 대한 반감은 더욱 높아지게 되었고, 아마 그것이 문학회 신입생 세미나 교재로 『친일문학론』을 선택한 선배들의 의도였을 터이다. 최소한 나에게 그 책은 광주 항쟁 비디오를 보았을 때와 비슷한 충격으로 다가왔다. '구국의 영도자 전두환', '보통사람 노태우'가 살인마였다는 사실에 대한 자각과, 위대한 시인 · 소설가들이 친일파였다는 사실에 대한 자각은 동격이었고, 그것은 사고의 전도를 가져오기에 충분했다. 「자화상」을 서문에 붙인 임종국과 마찬가지로 나는 "나를 그토록 천치로 만들어 준 그 무렵의 일체를 증오하지 않을 수 없었"던 것이다. '친일문학'에 대한 인식의 역사는 이러한 증오를 바탕으로 형성되어 왔다. 최소한 7, 80년대를 살아온 세대에게 '친일'과 '친일문학'은 질문이 허용되지 않는 측면을 가지고 있었다. 그것은 당위였고 또한 맹목이기도 했다. 천치였음에 대한 분노로 인해 또 다른 천치가 되었던 것이다. 맹목은 통찰력이기도 했지만, 또한 통찰력은 맹목에 바탕을 둔 것이기도 했다.

'친일문학' 연구의 새로운 장을 연 것으로 평가받는 『문학속의 파시즘』(삼인, 2001)도 이러한 맹목에서 자유롭지 못했다. 이 책은 다른 여러 가지 의미를 가지고 있지만, '친일문학' 연구에 관한 한, 기존에 존재해 왔던 '친일문학'에 대한 증오를 등에 업고서야 자기 사고의 정당성을 입증할 수 있었다. '친일'의 범위를 무한히 확장한다는 비판은 이 책으로 대표되는 파시즘 문학론에 대한 무지에서 비롯된 오해이지만, 또한 그에 대한 정당한 이해이기도 했다. 이 책은 '친일' 개념과는 다른 층위를 문제 삼고 있음에도 불구하고, 그렇기 때문에 이분법의 해체를 통해 '친일' 개념을 부정하는 것임에도 불구하고, '친일'이라는 개념의 자장 하에서 이해되었던 것이다. 작가의 의식 · 지향으로서의 '친일'과, 작가의 무의식 속에 각인된 사회와 담론의 구조로서의 '파시즘'은 다른 층위에 놓여 있다. 김재용과 김철, 홍기돈과 김예림의 논쟁이 그런 점에서 각자가 섬기는 신들 사이의 논쟁에 불과했음에도 논쟁이 이루어진 것은 그러한 오해 때문이다.

거칠게 말하면 의식과 무의식의 협력과 동화는 다른 차원의 것임에도 불구하고, 제국주의 담론과의 연속성의 측면에서 보면 동일하게 보인다. 한수영, 그리고 최근의 권명아, 차승기의 논의는 이러한 연속성에 대한 반기로 보인다. 그들은 일본 제국주의의 논리로의 동화로서

'친일' 혹은 '협력'을 보기를 거부한다. 제국주의 담론에 대한 단속(斷續)적 대응을 통해 조선의 담론장을 구성했음을 증명함으로써 타자 / 동일자, 친일 / 민족, 저항 / 협력의 이분법을, 파시즘 문학론과는 다른 방식으로 해체하고자 한다. 그 가운데 한수영이 주목하는 것은 문학의 사상적인 측면이다.

이 글을 쓰고 있는 나도 그들의 논리에 기대어 겨우 한마디 하는 처지이기에, 한수영의 『친일문학의 재인식』(소명출판, 2005)에 대한 서평을 쓰기에는 적당하지 않은 듯하다. 그럼에도 불구하고 내가 이 글을 쓰는 것은 편집자의 독촉에 의한 것이기도 하지만, 그에 대한 학문적 존경을 드러내기 위한 것이기도 하다. 그런 이유로 이 글은 서평이 되지 못하고 단순한 요약에 그칠 것이다. 그러나 어찌 알랴. 내 부족한 이해로 빚어진 오해가 새로운 이야기를 가능하게 할지.

『친일문학의 재인식』은 모두 세 개의 부로 구성되어 있다. 제1부는 '근대소설과 신체제'라는 제목으로 이태준, 채만식, 박태원의 신체제론을 살펴보고 있고, 제2부는 '안수길 소설과 재만 조선인 문학의 특수성'이라는 제목으로 안수길의 소설을 중심으로 재만 조선인 문학을 살펴보고 있으며, 제3부는 '식민주의와 식민지 주체의 균열'이라는 제목으로 김동인, 김동리, 채만식, 한설야의 소설을 다루고 있다. 제3부가 식민주의를 다루고 있고 또한 흥미로운 논문들로 이루어져 있긴 하지만, '친일문학'과는 다소 동떨어져 있다고 판단하여, 1부와 2부만 문제삼기로 한다.

제1부를 가장 잘 드러내는 말은 '친일은 사상이다'라는 주장일 것이고, 제2부를 가장 잘 드러내는 말은 '내부자의 시선으로 보아야 한다'라는 것일 터이다. 각각 조선 내부의 담론과 만주의 담론이라는 점에서 그 대상에 차이가 있으나, 그 둘을 바라보는 공통적인 시선은 내부

자 시선이다. 필자는 제2부에서만 내부자 시선을 강조하고 있으나, 실제로는 제1부의 작가에게도 내부자 시선을 적용하고 있다. '과정'에 대한 주목이 바로 그러한 내부자 시선을 보여주는 것이다.

> '친일(문학)'은 언제나 '역사'의 '법정'에서 움직일 수 없는 '피고'였으며, '피고'를 변호하려는 쪽이나, 그를 단호히 단죄하려는 쪽이나 똑같이, '피고'의 '행위'의 결과만을 중시할 뿐, 그 '과정'에 주의를 기울일 생각은 하지 못하고 있는 것이다. 한국 근대문학과 작가들을 사랑한다면 그들의 행위의 '결과' 못지않게 거기에 이르는 '과정'을 살피는 일이 중요하지 않을까.(5면)

이러한 과정에 대한 주목은 한국 근대문학과 작가들에 대한 사랑 때문이기도 하지만, 그보다 더 크게 필자가 "'민족주의'가 독점해 왔던 '친일(문학)' 논의의 협애함을 인식"(4면)한 것에서 온다. 외부적 시선에 볼 때 사상의 변화라는 결과만 보이지만, 해당 작가의 시선, 당대의 시선에서 볼 때에는 사상의 미묘한 균열 지점이 보이는 것이다. 이것은 만주 거주 조선인의 담론을 내부적 시선에서 보아야 한다는 말과 겹친다. 결국 그것은 각각 내부자 시선을 시간적·공간적으로 변형시킨 것이다. 제1부가 지금의 시선에서 1940년대 전반기의 담론을 보아서는 안 된다는 시간적 내부자의 시선이라면 제2부는 조선의 시선으로 만주라는 공간을 보아서는 안 된다는 공간적 내부자의 시선이라 할 수 있다. 이것은 또한 각각 1940년대 전반기 조선에서는 일본과도 다르고 지금과도 다른 독특한 담론장이 있었음을, 마찬가지로 이 시기 만주에서는 조선과는 다른 독특한 담론장이 있었음을 말하는 것이다. 어느 곳으로도 환원되지 않는 고유의 담론장을 탐색한다는 점에서 나는 그것을 '고고학적 탐색'이라고 부르고자 한다. 물론 그것은 푸코의 작업과 같이 (탈)구조주의적인 것은 아니다.

내부자의 시선에서 보면 만주 거주 조선인은 "피식민인이면서도 식민주의의 영향력의 그늘 아래에서 생존을 도모해야 하는, 대단히 모순적인 위치에 놓여 있었"(150면)음을 알 수 있다. 그와 마찬가지로 조선 거주 조선인은 "식민 지배 담론의 자장 안에서 그것을 넘어서"려는 "이중적인 노력", 그러니까 "'강요'와 '헤게모니' 사이를 헤쳐 나가는 힘겨운 고투의 과정"(51면) 속에 있었다. 각각의 담론장을 고고학적으로 발굴하는 것이 필자의 작업인 것이다.

필자가 보기에는 만주 거주 조선인의 내부적 시선을 가장 잘 드러낸 작가는 안수길이다. 안수길의 『북간도』는 만주 체험의 고유의 맥락 위에 사후의 민족주의적 시선이 덧씌워진 소설이다. 그렇다면 『북간도』에서 민족주의적 시선을 걷어내면 바라보이는 만주 체험의 고유한 맥락이란 무엇인가.

> 그가 경험했던 만주 체험의 실상은, 민족적(民族籍)과 국적(國籍)의 혼란, 개척지와 고향에 대한 모순적인 지향, 민족적 아이덴티티와 법적 지위 사이에 생겨나는 균열과 갈등이며, 이러한 균열과 착종을 가로지르는 삶의 안정과 뿌리내리기를 절대적인 소망으로 설정하고 있었다.(133면)

그동안 만주 문학을 바라보는 시각은 '저항 / 협력'의 이분법 아니면, '식민주의적 무의식'이라고 하는 구조주의적인 분석틀이었다. 전자가 '친일문학론'의 분석틀이라면 후자는 '파시즘 문학론'의 연장선상에 있다. 「벼」에서 농민들이 일본 영사관에 도움을 요청한 것을 두고 전자는 친일 행위로 규정함으로써 민족주의적 시각을 드러낸다. 또한 후자는 이 장면을 만주 거주 조선인이 식민 주체를 꿈꾸어 일본 제국주의의 시각에 자신의 시각을 일치시키는 것으로 파악한다. 이 '친일문학론'과 '파시즘 문학론'은, 방향은 다르지만 만주 거주 조선인의 담론을 일본 제국주의 담론에 흡수·동화시킨다. 그러나 위의 인용문에서 보듯 필자는 일본 영사관에의 도움 요청이라는 결과만을 보아서는 안 되고 거기에 이르는 과정 속에 내포된 균열과 갈등을 보아야 한다고 주장한다. 그러한 균열과 갈등은 「농군」을 쓴 이태준 같은 조선 내의 조선인에게는 포착되지 않는다. 오로지 안수길 같은 내부자의 시선에서 보아야 포착될 수 있는 것이다.

외부적 시선에서 결과만을 보아서는 안 되고 내부적 시선에서 과정에 주목해야 된다는 주장은 같은 시기의 조선의 신체제론자에게도 해당한다.

> 당시의 '국민문학'에 대한 '동의'를 전부 일본의 논리에 흡수 동화된 것이라고 판단하는 것은 단순한 논리이다. 이태준의 '동양론'이나 '조선문학의 특수성'에 대한 인식 또한 이 미묘한 경계 위에 존재하는 것이다.(45면)

이태준, 채만식, 박태원은 신체제를 경계로 하여 신체제론과 접속하며 자신의 생각을 바꾸어 가는데 그것은 결과적으로 보면 신체제 옹호, 혹은 신체제론에의 함몰로 보이지만, 그 과정은 그리 간단하지 않다. 겉으로 신체제론으로의 동화로 보이는 것 내부에 상당한 갈등과 균열이 내포되어 있다. 예를 들어 이태준은 "'서구'라는 보편의 '미망'으로부터 벗어나야 한다는"(41면) 일관된 인식을 가지고 있었고, 그러한 인식이 신체제론과 어느 지점에서 공명했다. 그러나 그러한 공명은 매끈한 일치가 아니었다.

'신체제론'의 '대동아공영주의'가 표방하는 '동양주의'는 '서구'라는 보편을 벗겨내고, 그 자리에 '일본의 동양', 즉 일본이 또 다른 '보편자'로서 기능하는 모순율로 구성되어 있다. '동양론'을 매개로 한 이태준의 '신체제론' 수용에 미묘한 균열이 생기는 것은 바로 이 지점에서이다. 그가 신체제론의 '동양론'을 부분적으로 수용한 것은 '서구'에 의해 타자화된 '동양'을 인식했던 때문이었다. 그러나 그 '동양'이 '일본주의'라는 '전체성'에 의해 또 다른 '보편신화'로 탈바꿈하는 것에는 결코 동의할 수 없었다.(41~42면)

그러한 매끈하지 않은 일치는 '전유'라는 말로 표현된다.

신체제가 등장하는 1940년대 전후의 이태준은 그가 이해하고 인식하는 범위 안에서 식민지배 담론인 신체제론을 주관적으로 '전유'하며(따라서 식민지배 담론의 헤게모니에 동의하며), 그 '전유'의 과정에서 식민지배 담론이 지닌 논리적 체계의 공백과 비일관성의 틈새를 통해 '저항'한다는 것이다.(22면)

신체제론에 대한 동의가 매끈한 일치가 아니라, 자기 욕망을 실현하기 위한 전유 행위였다는 분석은 채만식과 박태원 소설의 분석에도 고스란히 이어진다. 신체제론과 어느 지점에서 공명했으며, 그것의 어떤 부분을 전유하여 자기 욕망을 실현하려고 했는지가 다를 뿐이다. 채만식에게 그것은 '자본주의적 현실의 부정'이며, 박태원에게는 '근대 세계의 도구적 합리성에 대한 부정'이었다. 이는 일본 제국주의 담론에의 전적 동의로 보는 '친일문학론'이나 그것에의 구조적 포섭이라고 보는 '파시즘 문학론'과는 구분되는 견해라 하지 않을 수 없다.

제국주의 담론의 바깥이 존재할 수 있고 그것이 민족주의와 접목된다는 '친일문학론'의 시선에서 보면 그러한 불일치는 사소한 것이라 할 수 있거나 "이화(異化)의 규정성은 언제나 동화의 지배를 받을 수밖에 없는 것"(박수연, 「포스트 식민주의론과 실재의 지평」, 『민족문학사연구』, 2007.4, 55면)으로서 '실재의 지평'은 여전히 동의를 지칭하고 있다고 할 수 있다. 또한 제국주의 담론의 바깥은 존재할 수 없고 그것의 전일적 지배만이 존재한다는 '파시즘 문학론'의 시각에서 보면 그러한 균열마저 평탄화의 운명이 예비된, 그러니까 "정반대의 성향이나 이념을 자신 안에 끌어들여 종합하는"(『문학속의 파시즘』, 19면) 야누스적 파시즘으로 흡수될 운명에 처해 있다. 이 두 담론은 제국주의 속에서 제국주의를 파괴하는 균열과 갈등을 인정하지 않거나 그것의 존재 의의를 무시한다는 점에서는 똑같다고 할 수 있다. 그것이 '파시즘 문학론'에 대한 이해와 오해의 기반이다.

현재 이 글을 쓰고 있는 나라면, 경박하게도 '내파'라는 개념을 써가며 이러한 균열과 갈등을 당장 저항으로 위치 짓겠지만, 필자는 그렇게 하지 않는다. 필자는 강요와 헤게모니 사이를 헤쳐 나가는 작가들의 힘겨운 고투의 과정을 섬세하게 읽을 따름이다. 그러나 필자도 전유가 저항으로 통할 수 있는 통로를 막아 두지는 않고 있다. 이태준에 대한 논의의 끝맺음을 다음과 같이 하고 있는 것에서도 이 점을 볼 수 있는데, 또한 결국 그러한 갈등과 균열이 저항과 통할 수 있는 길을 모색하려는 생각이 없었다면 아예 그것을 논제화하지도 않았을 터이다.

> 식민주의와 근대문학에 관한 논의가 '저항'을 매개로 하지 않는 한 아무런 의미가 없다는 주장은 대단히 중요하며, 그러한 '탈식민 주체의 형성'에 관한 문제가 식민주의와 우리 근대문학을 논의하는 데 있어 가장 중요한 의제임은 재론의 여지가 없다. 다만, 그런 '저항 주체'의 형성과정은 전일

적이거나 순연하지 않다는 점이 전제되지 않으면, 이러한 '저항 주체'의 논리는 의제의 정당성만큼 큰 설득력을 얻기 힘들다.(51면)

그러나 필자는 균열과 갈등이 저항으로 이어지는 통로를 모색하는 작업에는 관심이 적은 듯하다. 오히려 필자의 관심은 사상의 연속성 쪽으로 향하는 듯하다. 즉 당대 작가들의 욕망이 무엇이었으며 그것이 어느 점에서 충족되었고 어느 점에서 충족되지 못한 채 이월되었는가에 관심을 두고 있는 듯하다.

그들이 식민 지배 담론에 투사시켜 실현코자 했던 역사적 지향은, '일본 제국주의'가 패망한다고 해서 없어지거나 원인 무효가 되는 그러한 성질의 것이 아니었기 때문이다. 그들은 '근대'와 '자본주의' 그리고 '서구 중심주의'를 극복할 대안을 지향했던 것이며, 그러한 역사적 지향은 거대 식민 지배 담론(예컨대 신체제론)이 등장하기 훨씬 이전부터 창작의 추동력이자 철학적 바탕을 이루고 있었던 것이다. 그와 더불어 이러한 역사적 지향은 '일본 제국주의'의 패망 여부와 상관없이, 고스란히 이후의 역사에 미해결의 과제이자 미완의 기획으로 이월・계승된다.(6면)

'친일'을 돌발적이고 예외적인 현상으로 보아서는 안 되고 '역사적 합목적'으로 보아야 하는 이유는 여기에 있는데, 그것은 해방 이후의 사상과 문학을 이해하는 준거틀을 '친일문학'에서 새롭게 얻는다는 학문적 호기심을 넘어서고 있다. 필자의 작업이 실천적인 의의를 띠고 있음은 가라타니 고진의 말에서도 눈치 챌 수 있을 것이다.

종교는 환상이다. 그러나 이 환상 가운데 현실에 대한 항의와 요구가 포함되어 있다. 그렇다면 이른바 종교를 실현하지 않고 종교를 폐기할 수 없다. 거기서 시작하여 마르크스는 다음과 같이 말한다. 철학을 폐기하기 위해서는 그것을 실현해야 한다 라고. 이 경우 '철학'이란 헤겔의 『법철학』이고 사실상 네이션=스테이트를 의미한다. 그런데 마르크스는 다음과 같이 덧붙이고 있다. 철학을 실현하기 위해서는 철학을 폐기해야 한다 라고. 이 경우 철학을 네이션=스테이트로 바꾸면 네이션=스테이트를 실현하기 위해서는 그것을 폐기해야 한다. 또한 종교로 바꾸면 종교를 실현하기 위해서는 종교를 폐기해야 한다.(가라타니, 「제국과 네이션」 마지막 부분)

위의 인용에서 '종교'나 '철학'을 '친일'로 바꾸면 이렇게 된다. '친일'에는 '친일'의 이유가 있다. 현실에 대한 항의와 요구가 거기에 포함되어 있다. 그렇기 때문에 그것은 반민족적이라고 하는 외재적인 비판으로 해소되지 않는다. 그 이유를 내재적으로 파악해 그 욕망을 해소해야지 '친일'은 해소된다. '친일'을 해소하기 위해서는 '친일'을 실현해야 하는 것이다. 내재적 시선이란 '친일'을 해소하기 위해서도 반드시 필요한 것임을 알 수 있을 터이다.

마지막으로 필자의 논리를 요약하느라 숨 가쁘게 달려오면서 누락된 나의 몇 가지 견해를 첨가하면서 글을 맺기로 하자. 이것은 『친일문학의 재인식』에 대한 비판에 해당되지만, 이 책에 대한 중요한 비판은 나의 오해 속에 포함되어 있고 큰 틀에서는 나의 견해와 일치되고 있기 때문에, 사소한 지적에 그칠 것이다.

앞의 인용문에서 보았듯이 필자는 "식민 지배 담론이 지닌 논리적 체계의 공백과 비일관성의 틈새"를 비집고 제국주의 담론을 전유한다고 했는데, 이 책의 서술에서는 이러한 공백과 틈새는 서술되지 않는다. 신체제론에 대한 자세한 소개는 있지만 그것이 어느 지점에서 공백과 틈새가 존재하는지는 보여주지 못한다. 다만 일본 제국주의가 보편성을 부정하면서도 스스로 보편성으로 돌아가는 모순에 대한 서술이 있을 뿐이다.

제국주의 담론에서도 동아신질서론과 대동아공영권론이 다르며, 동아신질서론도 동아연맹론과 동아협동체론이 다르다. 또한 일본 민족의 순수성을 지키자는 순혈주의에서 동아 제 민족과의 결합을 주장하는 혼합민족론까지 다양한 스펙트럼을 가지고 있었다. 당대의 작가가 마주한 것은 신체제론이라는 거대한 한 덩어리의 담론이 아니라, 그때그때 역사적 사건과 사안을 둘러싸고 분출되는 개별 담론들이었다. 어떤 경우에는 일본 내부의 논쟁에 편승하여 그 가운데 하나의 논리로 다른 논리를 비판하기도 하고, 그러면서도 자신이 편승한 논리와도 거리를 두는 복합적 양상을 보였다고 할 수 있다.

이러한 제국주의 담론 사이의 모순과 갈등, 균열을 파악하지 못하면, 당대 조선인 작가의 욕망도 세밀하게 추적할 수 없다. 필자가 설정하는 각 작가의 역사적 지향, 즉 반서구주의・반자본주의・반도구적 합리성보다 더 세밀한 분석을 위해서는 그러한 작업이 필수적이라 할 수 있다. 해방 이후의 사상을 해명하기 위해서도 제국주의의 담론이나 식민지의 담론을 분석하는 그물코를 더욱 촘촘하게 할 필요가 있다. 그러나 이러한 작업은 후학들이 앞으로 해야 할 몫이기도 하고 또 실제로 하고 있기도 하다. 『친일문학의 재인식』은 '친일문학' 연구의 새로운 틀을 제시하여 후학들에게 큰 자극이 되었다는 점만으로도 자신의 역할을 충분히 하고 있다고 할 것이다.

소수적 지식인의 연대

'한일, 연대21'의 시도가 의미하는 것

한국 언론이 일본의 우경화나 한일 간의 과거사 문제 등에 관해 보도할 때 빠지지 않고 등장하는 것이 소위 일본의 '양심적 지식인'이다. 일본의 우경화나 과거 회귀에 대한 내부적 저항 세력을 그렇게 부르는 것인데, 그들은 한국 언론에 의해 그렇게 호명됨으로써 식민주의의 부활에 저항하는 한국의 내셔널리즘에 복무하게 된다. 반일 내셔널리즘의 굳건한 동맹자로서 일본의 '양심적 지식인'이 배치됨으로써, 그러한 '양심적'이라는 수사는 한국 내셔널리즘에 의해 횡령된다. 그러한 사정은 한국 내셔널리즘을 비판하는 한국 지식인의 경우도 마찬가지다. 일본 언론은 '양심적'이라는 수사 대신 "식민지 시대에 대한 '공평한' 평가를 했다"라는 식으로 '공평', '공정'이라는 수사를 그들에게 부여한다.

한일 내셔널리즘에 의해 횡령되어 온 '양심적'이고 '공평한' 지식인이 한 자리에 모였다. '한일, 연대21'이 그들이다. 그들이 한 자리에 모인 것이 그들 위에 씌어진 '양심'과 '공평'이라는 수사를 걷어내고 양국의 내셔널리즘에 의한 배치에 저항하기 위해서라는 것은 이번에 출간된 『한일 역사인식 논쟁의 메타히스토리』(뿌리와이파리, 2008)의 서문과 '모임의 경위'에 잘 드러나 있다. 고모리 요이치(小森陽一)는 "한국의 청중 앞에서 일본에서와 동일한 내용과 어조로" 일본의 내셔널리즘을 "비판하는 것만으로는 진심이 전해지지 않는다"(10면)라는 것을 배울 수 있었다고 말한다. 그렇다면 양국의 청중에게 진심이 전해지는 "극히 곤란한 언어적 실천"(같은 쪽)은 어떻게 가능할까.

'양심적'이지만 '불공평한' 일본의 지식인과, '공평'하지만 '비양심적'인 한국의 지식인이 연대함으로써 그러한 '극히 곤란한 언어적 실천'의 단초가 마련된다. 말장난 같지만 양국의 내셔널리즘에 의해 부여된 '양심'과 '공평'이라는 배치를 뒤흔드는 작업에서 출발하지 않으면 안 될 것이다. 그런 점에서 '한일, 연대21'의 첫 시도는 그들의 담론이 가진 깊이나 폭보다도 그들의 글이 나란히 묶였다는 점에서 의미가 있다. 일본 지식인의 일본 내셔널리즘 비판은 한국 지식인의 한국 내셔널리즘 비판과 나란히 읽힘으로써 한국의 내셔널리즘으로 온전히 포섭(횡령)되지 않으며, 그 반대도 마찬가지다. "식민지 시대를 왜곡"(한국 언론)하면서도 "식민지 시대를 공평하게 다룬"(일본 언론) 『대안 교과서—한국 근현대사』(교과서포럼 저, 기파랑, 2008.3)를 이끈 이영훈의 글이, 일본 제국주의의 상징인 야스쿠니 신사를 근본적으로 비판한 다카하시 데쓰야(高橋哲哉)의 글과 나란히 읽힐 때 그 의미는 달라진다.

한국에서든 일본에서든 탈-내셔널리즘은 새로운 담론이 아니다. 그러나 양국의 탈-내셔널리즘 담론이 나란히 놓임으로써 상대방 국가의 내셔널리즘으로 흡수되지 않는 탈-내셔널리즘의 소수성을 확인했다는 점에서 '한일, 연대21'의 시도가 의미를 가진다. 그러나 그들의 첫 시도는 그 이상도 그 이하도 아니다. 『한일 역사인식 논쟁의 메타히스토리』라는 책에 실린 글들을 읽으면서, 또한 '한일, 연대21'이 개최한 심포지엄에 나 자신이 토론자로 참석하면서, 한일 양국 지식인들 사이에 대화가 이루어진다는 느낌을 받은 적은 없었다. 탈-내셔널리즘을 공유하면서도 각기 다른 관심과 사회적 맥락에 묶여 있는 독백이라는 생각에서 벗어날 수 없었다. 관심과 사회적 맥락이라는 장벽, 이것은 어쩌면 이데올로기로서의 내셔널리즘이라는 장벽보다 더욱 뛰어넘기가 곤란한 내셔널리즘적 장벽인지도 모르겠다. 그러나 이 장벽을 뛰어넘지 못한다면 진정한 연대란 불가능해 보인다. "극히 곤란한 언어적 실천"이란 이 장벽의 처리와 관련되어 있을 터이다.

이 점에 관해서 시마무라 데루(島村輝)는 "'민족 감정'이라는 애매한 단어의 위험성은 충분히 인식하면서도 그런 종류의 단어로 표현될 듯한 집단적 심리나 행동의 기제를 경시하지 않고 명확히 해가는 노력"(50면)을 요구하고 있으며, 강가람은 "국가의 동원 체계에 휘말리지 않고 개인이 정치적인 책임을 다하는 방식은 과연 어떻게 가능한가에 대한 논의를 시작"(209면)해야 한다고 말한다. 장벽의 존재를 또렷이 인식하면서도 거기에 갇히지 않는 언어적 실천, 진정한 탈-내셔널리즘적 연대는 여기서 시작해야 할 것이다.

다시 인젠 바다 위에 성좌가 있을 필요가 없다

와타나베 나오키 외, 『전쟁하는 신민, 식민지의 국민문화』(소명출판, 2010)

일본에 잠시 동안이라도 체류한 적이 있는 한국문학 연구자라면 "예술, 학문, 움직일 수 없는 진리…… / 그의 꿈꾸는 사상이 높다랗게 굽이치는 동경 / 모든 것을 배워 모든 것을 익혀, / 다시 이 바다 물결 위에 올랐을 때, / 나는 슬픈 고향의 한 밤, / 홰보다도 밝게 타는 별이 되리라. / 청년의 가슴은 바다보다 더 설레었다"(임화, 「해협의 로맨티시즘」)라는 구절에, 무한한 용기를 얻고, 또 동시에 깊은 절망을 맛보았을 것이다. 슬픈 고향의 한 밤에 밝게 타는 별이 되기 위해 고향을 슬픈 밤으로 만든 본거지로 가서 그 논리를 익히지 않으면 안 된다는 식민지인의 모순은 "낭만적이기보다는 잔혹한 것"(『전쟁하는 신민, 식민지의 국민문화』, 10면-이하 면수만 표기)이었기 때문이다. 이제 고향은 슬프지도 않고 밤도 아닌 어엿한 주권 국가이지만, 그러한 주권을 넘어 작동하는 위계화는 식민지 이후의 한국문학 연구자들에게 식민지 지식인의 그림자를 드리운다.

제도(帝都)이자 적도(敵都)인 도쿄를 통과해 또 다른 세계의 수도들에 진입하려 했던 한 시기의 열망과 고통. 그것들은 각 논문들이 분석 대상으로 삼고 있는 텍스트 뿐 아니라, 필자들 스스로의 존재론적 고민 속에서도 수렴되어야 하기에, 식민지(말) 연구는 물리적으로뿐 아니라 심리적으로도 매우 어렵고 위태로운 작업이다. 때로는 연구자 스스로가, 때로는 동료들의 도움으로 적극적으로 이와 같은 상황과 대면하며, 서로의 언어 장벽과 그것에 얽혀 있는 식민지 문학 연구의 폐색 현상을 깨뜨리려고 노력하였다. 어떤 작가들에게는 열망이었고, 다른 작가들에게는 적도였던 도시에서 공부하고 있다는 자의식, 왼손으로 왼손을 꺾어야 했던―'남의 말'로 '남을 나무라야 했던' 시간들에 대한 묘한 기시감, 언어들 속에서 생각하되 그 위계화에 스스로 저항해야한다는 강박 등이 연구회를 지배했다.(10~11면)

이 책의 저자들인, 일본을 경유지로 선택한 한국문학 연구자들에게 묘한 기시감을 주는 위계화는 언어, 곧 담론의 위계화에서 온다. 이광수, 임화에게서 '현해탄 콤플렉스'를 발견했던 김윤식에게 그것은 '네 칼로 너를 치리라'라는 말로 표현되었다면, 이들에게는 '남의 말로 남을 나무라리라'라는 말로 표현된다. 전자가 주권성에 갇혀 있다면, 후자는 담론에 갇혀 있다. 주권의 바깥은 존재하지만, 담론의 바깥은 없다. 그러기에 이들의 작업은 "존재론적 고민 속에서" 이루어지는 "매우 어렵고 위태로운" 것이다.

식민지와 식민지 이후의 연속성을, 그리고 식민지와 제국의 연속성을, 담론의 위계화 혹은 식민화로 포착한 이들 연구자에게 그러한 위계화(식민주의)를 벗어나는 길로 제시된 것은 연속성 속에서 단절과 틈을 발견하기 혹은 절합(articulation)의 경계에 서기이다. 그것은 이 책의 방법론일 뿐만 아니라, 이들 연구자들의 태도이기도 하다. "도쿄라는 공간이" 이들에게 종착지나 시발점이 아니라 "한국 근대문학 연구를 위한 '경유지'로서의 성격을 가진 곳"일 수밖에 없는 것도, 또 이들의 만남이 모임이 아니라 "마주침"인 것도 물리적인 이유 때문만은 아니다. 그런 의미로 보면 이들은 고향 산천을 가슴에 품고 현해탄을 건넌 유학생이라기보다 고향을 떠나 몰래 제국의 수도에 잠입한 밀항자에 가깝다. 다시 임화의 표현을 빌면 "국법을 어기는 명백한 음향이 / 현해 어둔 바다 하늘 위에 떨린다." 그러기에 이들에겐 "다시 인젠 / 바다 위에 성좌가 있을 필요는 없다." 이들에게 별은 갈 길을 비춰주기도 하지만, 또한 개인을 국가로 회수하기 위해 "눈 밝은 경비선을 안내"(「다시 인제 천공에 성좌가 있을 필요가 없다」)하기도 하기 때문이다.

'밀항' 연구자들이 밀항 문학자에 관심을 갖는 것은 당연하다. 김사량이 바로 그다. 동원하고 이용하고자 하는 제국의 호명에 맞서 재현의 난제를 짊어진 김사량이야말로(권나영, 「제국, 민족, 그리고 소수자」) 경계에 선 밀항자의 전형인 것이다. 조금 더 나아가 말하자면, 제국의 "국법을 어기는", 주권을 넘어선 존재가 바로 김사량인 것이다. 루쉰의 아큐 정신과 김사량의 소설을 비교 분석한 황호덕의 논문 가운데 다음과 같은, 내가 아는 한 김사량 문학에 대한 가장 예리하고 깊은 분석이 나온다.

> 풍자 대상에서 지식인 주체와 그 범주에 포함된 자신을 빼어주지 않는 정신. 계속 문지방 공간에 위치하는 정신은 이처럼 풍자 대상과 저자를 분절하지 말라고 말하고 있다. 그리고 바로 이 점이야말로 '아큐적인 것'이다.(198면)

이러한 김사량의 경계 지우기는 제국과 식민지 사이에서도 일어난다. 그러나 그것은 "경계들 위에 머물면서 그 경계 자체를 애매한 것으로 만드는 일, 또 곧바로 현재적 분할 자체를 보여주는 일", 즉 "테두리 짓기의 원리 자체를 보여주는 것"(204면)이다. 황호덕이 말하는 "테두리 짓기의 원리 자체"란 발터 벤야민이 말하는 법정립적 폭력을 말하는 것인데, 경계 자체가 폭력에 의해 구획되어 있다는 것을 보여줌으로써 경계 자체를 애매하게 만드는 것을 의미한다. 김사량은 조선/조선어라는 예외를 상례화시킴으로써 정치적·계급적·언어적 분절/폭력을 보여주는 동시에 그 분절 너머에 존재하는 주권(법정립적 폭력)을 잠재하고 있다는 것이다.

법정립적 폭력이라는 개념을 통해 경계를 구획/소멸시키는 작업은 이영재의 「무법과 범법, 쿠데타 이후의 주먹들」에서도 이루어지고 있다. 여기서 경계는 공간적이면서도 시간적인 것이다. 대상이 되는 영화들은 모두 식민지 이후, 그러니까 1960년대 이후에 제작된 것이기 때문이다. "1960년대, 이른바 '한국 영화의 황금기'로 불리는 이 시기의 영화담론"을 보면서 이영재는 그것과 "1930년대 말 조선 영화가 당면했던 문제와 1940년대 이후의 전개 상황과 겹쳐"지는 "기이한 기시감"(439~440면)을 느낀다. 그러나 한국 액션 영화에서 1960년대 초반에 분명한 경계선이 그어지며 그것은 법정립적 폭력에 대한 태도에서 그러하다는 것, 그 사이에 박정희 정권의 혁명 담론이 존재한다는 것이 이 글의 논지이다. 이에 따르면 법정립적 폭력의 설정이 내부에서 가능했던 시기(60년대 전반기까지)와 법정립적 폭력의 설정이 외부(만주, 일제 시기)로 제한되는, 따라서 법정립적 폭력의 설정이 불가능해지고 법유지적 폭력만을 상정할 수 있는 시기(60년대 후반 이후)로 경계가 그어질 수 있다. 이 논리를 확장하면, 영화에 한정되긴 하나 재현의 차원에서 주권이 확립된 것은 박정희 정권의 등장 이후이며, 그러니까 영화와 국가의 접속은 1945년 이전의 담론을 반복하면서 가능해졌으며, 1945년부터 1960년 초반까지 애매한 경계의 시기와 공간이 존재했다는 것이 된다.

연속과 단절이 경계의 특징이라면 공간적으로 식민지와 식민지 본국의 경계를 사상과 문학, 그리고 제도의 연쇄를 통해 보여주면서, 동시에 지운 논문은 차승기, 와타나베, 이종호의 논문이다. 차승기(「'사실의 세기', 우연성, 협력의 윤리」)는 '사실'이라는 키워드로 유럽－일본－조선으로 이어지는 사상적 연속과 단절을 잘 보여주고 있다. 발레리에게 "'사실의 세기'란 자유의 가능성의 조건을 망각한 정신이 초래하는 역설적이지만 필연적인 귀결"(27면)이었음에 반해 가와카미 데쓰타로(河上徹太郎)에게 그것은 "비로소 '일본적 현실'에 기초한 새롭고도 진정한 사상이 시작될 수 있는 기회이기도"(30면) 했다. 그러나 조선에서 '사실의 세기'란 "주체 / 세계의 관계를 재설정"하는 계기로서 문학 행위를 윤리화했다(56면).

> 간단히 말해서, 백철이 흔히 '사실수리'의 입장을 대표하는 논자로 거론되었음에도 불구하고 아이러니적인 태도 속에서 정치에 관여하면서도 실은 탈정치화된 주체의 위치를 끝까지 보존하고자 했다면, 이상 / 현실의 괴리 사이에서 늘 이상의 편에 서고자 했던 임화는 '사실'의 재인식을 통해 '생활'에 주목하면서 지성의 개조를 각오하고 주관의 예단과 편견을 초과하는 세계에 대면하고자 했다. 이에 비해 유진오는 기존에 존재했던 주관적·이데올로기적 가상을 비판하며 '시정' 속으로 들어가고자 했고, 김남천은 이에서 더 나아가 철저한 '몰아성'을 견지하면서 객관 세계의 '관찰'에 몰두하고자 하였다.(57면)

와타나베 나오키(「식민지 조선의 프롤레타리아 농민문학과 '만주'」)는 '재발명된 농본주의'라는 루이즈 영의 개념과 '만주 유토피아니즘'라는 개념을 통해 만주와 식민지 조선의 연속과 단절을 고찰하고 있다. 이기영과 한설야의 농민소설 혹은 노동소설이 만주로 건너가 개척 소설이 된 것은 만주가 가진 고유한 공간적 특성 때문이라는 것이다. 또한 그 고유한 특성이란 계급 대립이나 도농 대립을 배제한 농본주의, 즉 재발명된 농본주의에 있다는 것이다. 그러나 "그것은 루이즈 영이 주장하는 '재발명된 농본주의'의 사상을 그대로 재현하거나 고취한 것이 아니었고, 좀 더 복잡한 구조를 가진 서사로서 제시되었다."(134면) 그러나 일본인의 '재발명된 농본주의'와 조선인의 그것의 단절은 재현의 영역에서 발견되지 않는다. "'식민지적 무의식'과 '식민주의적 무의식'이 동일하게 실현되는 장소"가 만주였다는 지적으로 보건데, 연속성 쪽이 강조되고 있는 것이다. "'식민지적 무의식'이 두만강을 건너감으로써 '식민주의적 의식'으로 바뀐다"라는 말에서 볼 수 있듯이 경계는 조선과 만주 사이에서 그어 / 지워진다.

이종호(「출판 신체제의 성립과 조선 문단의 사정」)는 출판 제도를 대상으로 하여 제국 일본과 식민지 조선이 일제 말기에 어떻게 접속하고 또 단절되는가를 보여주고 있다. 이 논문은 출판 유통이 어떤 과정을 거쳐 광역화되며 출판 생산이 어떤 권력 관계를 통해 지역에 머무르는가에 대한 상세한 실증적 고찰이 빛나는데, 이에 그치지 않고 이러한 제도적 변화를 당대의 문학적 공간과 연결시키고 있다.

> 이와 같이 신체제 아래에서 조선문학의 공간은 내지 일본을 경유하여 대동아공영권으로 확장되고 있었으며, 출판 시장 역시 일본어라는 언어를 매개하여 조선이라는 지역적 경계를 벗어나고 있었다. 조선문학자의 시

> 선, 그리고 문학의 물적 현현자인 출판업 관련 종사자의 시선도 이미 외부, 적어도 대동아공영권을 향해 열리고 있었다.(386면)

이외에도 마해송(곽형덕, 「일제 시대 마해송의 행적과 일본 잡지」), 일본어 시(김응교, 「일제 말 조선인이 쓴 일본어 시의 전개 과정」), 국민 연극(이재명, 「식민지 조선의 국민 연극 연구」)에 대한 실증적 연구는 그동안 충분히 알려지지 않았던 새로운 사실을 풍부하게 담고 있으며, 「최재서의 order」(미하라 요시아키), 「김종한의 전향 과정에 대하여」(심원섭)는 개별 작가 내부에 경계는 어떻게 그어질 수 있을 것인가를 탐구한 것이다. 특히 미하라의 논문은 일본과 영미의 영문학에 대한 지식을 한 몸에 갖고 있어야만 나올 수 있는 통찰을 보여주고 있다.

이 책에 수록된 열세 편의 논문은 각기 다른 대상과 색깔을 가지고 있다. 분명 이 말은 편자들의 파토스를 따라 읽은 감상문에 불과한 이 글에 대한 변명이다. 그렇지만 편자들도 이미 "책 전체의 지향을 분류하여 요약하기는 실로 어렵다"(5면)라고 실토하고 있지 않은가. 그러나 오히려 이러한 통합되지 않음, 요약되지 않음이 일본에서의 한국문학 연구가 새로운 차원을 맞고 있음을 보여주는 것이라고 하면 과장일까. 이 점에서도 다시 인젠 바다 위에 성좌가 있을 필요가 없는 것이다. 그러나 그것도 와타나베 나오키라는 경유지가 있음으로 해서 가능했음을 밝힐 필요는 있다.

재조 일본인 문예 활동 연구의 초석

식민지 일본어 문학 · 문화연구회 옮김, 『완역 일본어 잡지 '조선' 문예란』(문, 2010)

한국의 식민지 시대 연구 가운데, 필요하지만 가장 연구가 이루어지지 않은 것이 식민자(colonizer)인 재조 일본인에 대한 연구이다. 그들을 '식민 지배자'라고 하지 않고 '식민자'라고 하는 것은 조선이 정착형 식민지였기 때문인데, 착취형 식민지에 비해 정착형 식민지에는 다양한 계층의 사람들이 말 그대로 '식민(植民)'해왔다. 서울의 남산이라는 공간은 그러한 계층화된 식민자 사회를 단적으로 보여주는 사례라 할 수 있다. 가장 높은 곳에 '성(聖)스러운' 조선 신궁이, 그 아래에는 현세를 관장하는 총독부, 맨 아래에는 상업 지구인 혼마치(本町)와 가장 '성(性)스러운' 신마치(新町)가 위치했다. 신관에서부터 관료, 군인, 상인은 물론, 매춘부까지가 모두 식민자 사회를 구성하고 있었던 것이다.

통치 행위에 직접 참여하지 않았기 때문에 '식민 지배자'라고 하기 어려운 부류의 식민지 본국인들에 대한 연구는, 군사 및 행정, 경제를 중심에 놓은 식민지 연구를 문화와 담론을 중심으로 전환시킨 포스트콜로니얼리즘에 의해 가능해졌다. 이제 군사적 침략이나 통치 행위 및 경제적 착취보다 그것을 가능하게 만든 무의식적 구조가 더욱 중요하게 된 것이다. 그것은 주권(主權)에 대한 침해 없이 타지역에 대한 영향력을 행사하는 식민지 이후(post-colony) 사회의 기원을 보려는 현재적 욕구에서 나온다.

1905년 11월 17일 을사늑약이라 불리는 제2차 한일협약이 체결된 후 일본 정부는 그 전보다 더욱 적극적으로 이민 장려 정책을 펼친다. 중앙정부뿐만 아니라 현(縣) 정부, 그리고 민간에서도 적극적으로 이민을 추진했는데, 통계에 따르면 1905년 말 42,460명이던 재조 일본인은 1906년에는 88,228명, 1910년 말에는 171,543명으로 대폭 늘어난다. 일본 거류민의 증가와 거류지의 확대는 재조 일본인의 교류와 단합의 필요성을 제기했고, 그에 따라 이사청(理事廳)이 설치된 부산, 마산, 목포, 군산, 한성, 인천, 평양, 진남포, 원산, 성진, 대구, 신의주, 청진에는 일본인 거류민단이 결성되었고, 주요 지역에는 거류민회나 일본인회가 결성되었다. 월간지 『조선』(1908~1911)은 그러한 배경 하에서 발간된 재조 일본인의 매체였다.

이번에 번역된, 창간호에서 1909년 2월까지의 문예란을 보건대, 단연 중심은 하이쿠와 한시이다. 한시는 동아시아 지역 공통의 문화였기에, 여기서는 한일 지식인 사이의 중세적인 문화 교류를 볼 수 있다. 도쿄 청나라 공사관에는 한시를 배우려는 일본 지식인들이 많이 방문했다고 하는데, 여기서도 「스에마쓰 군이 성관산장의 모임 석상에서 한국의 김 중추원 의장에게 지어 보여드리고 각하께 바로 잡아줄 것을 청하다」에서 볼 수 있듯이 대체로 "정은 은근하고 예법은 너그러"(386면)웠다.

일본인 사회, 특히 지방이나 식민지의 문예 가운데 대부분을 차지하는 것이 하이쿠나 센류(川柳)였다. 1943년 개편되는 조선문인보국회에서도 하이쿠부나 센류부가 중요한 위치를 점하고 있었고, 그것은 그 기관지인 『국민시가』에서도 마찬가지였다. 근대문학 혹은 근대 시라는 표면적인 잔물결 아래에서 도도하게 흐르는 이러한 흐름에 대한 연구는 앞으로의 과제라고 할 수 있다. '온돌회'라는, 언제 · 어디에서나 있을 법한 재조 일본인 하이쿠 모임에 대한 연구가 그 시작이 될 수 있을 것이다.

근대문학이라는 관점에서 보면 여기에 실린 것들은 '작품'이라 불리기에 한참 수준 미달이다. '근대문학'이란 근대의 엘리트인 부르주아의 전유물이기 때문인데, 그것은 국민국가 혹은 민족 단위로 이루어지는 국민(민족) 문학으로서 그 중심은 도쿄이거나 서울이다. 식민지에 거주하는 식민자의 문학은, 식민지 본국인은 물론 식민지인들이 보기에도 시간적으로, 또 공간적으로 중심에서 한참 벗어난 지방 문학에 불과하다. 여기에 실린 근대적인 산문이나 운문을 문학 작품이라는 관점이 아니라 글쓰기라는 관점에서 볼 필요가 있는 것은 그 때문이다.

식민자의 근대적 글쓰기에서 식민지는 어떻게 재현되는가. 이 관점이, 이 책의 편집자나 필자 모두가 생각하기에, 이 책을 읽는 데 가장 적절한 관점이 될 터이다. "짐, 어가를 방방곡곡에 대여 / 진화의 영광을 옮겨 심으리라"(229면)라는 시구에서 드러나듯이 식민화는 기본적으로는 '천황의 은혜'=진화=문명을 전파하는 행위이다. 이에 비해 한국민은 "이 땅을 불결하고 추하게 만드"(182면)는 야만적 행위를 서슴지 않으며, 더군다나 일본의 문명 전파를 저해하는 자들이다. 의병에 대한 악의적 묘사나 그들을 진압하는 행위에 대한 묘사가 산문의 상당 부분을 차지하고 있는 것이다. 그러나 시선을 식민자 내부로 돌리면 그 심리는 착종되어 있다. "모국의 낙오자"와 "신천지의 자유"인 사이를 오락가락한다(지쿠우 표객, 「연락선」). 그 모순과 양가성을 해소하기 위해 스스로를 '문명'으로 위치 짓는 것이 식민자였다.

식민자가 모두 식민 지배자는 아니었다. 그렇지만 군사 침략이나 식민지 지배 행위가 식민자에 의해 뒷받침되었던 것은 틀림없는 사실이다. 실제로 물질적인 억압과 착취에 관여했던 식민 지배자나 그렇지 않았던 식민자가 모두 공유하고 있던 의식과 무의식의 구조, 이를 해명하기 위해 재조 일본인 연구는 필수적이고, 그렇기에 이번에 발간된 『완역 일본어잡지 '조선' 문예란』은 그것을 향한 소중한 한걸음이라 할 수 있다. 나머지 부분에 대한 번역을 간절히 기다리는 것도 그 때문이다.

찾아보기

출전

Ⅰ. 국민/문학
1940년대 '국민문학'—『새민족문학사강좌 02』, 창비, 2009.5.
한국 근대문학 연구의 새 영역—『역사비평』, 2007.2.
친일 청산의 의미와 한계—『플랫폼』, 2007.4.
서사를 통한 기억의 억압과 기억의 분유—『현대소설연구』, 2007.6.
일본과 일본인을 바라보는 분열의 시선, 단일한 시선—『대산문화』, 2006.9.

Ⅱ. 언어/번역
조선어의 '마지막 수업'—『한국학연구』, 2008.5.
1930년대 말 임화의 언어론—『우리말글』, 2009.4.
1940년대 한국문학에서의 번역—『민족문학사연구』, 2007.4.
경성의 공간 분할과 정신 분열—『국어국문학』, 2006.12.
친일문학과 문학교육—『문학교육학』, 2011.4.

Ⅲ. 작가/텍스트
일본이라는 거울—『일본비평』, 2010.8.
아카데미시즘과 현실 사이의 긴장—『우리말글』, 2006.4.
김기림 시론에서의 '과학'—『한국근대문학연구』, 2006.4.
최인훈 소설의 정신분석학적 읽기—『한국학연구』, 2007.5.

Ⅳ. 대화/소통
역사의 과잉 의미화와 비의미화를 넘어—『황해문화』, 2006.11.
국어는 이념이다—『동아일보』, 2006.11.18.
'친일문학'을 해소하기 위해—『사이』, 2007.11.
소수적 지식인의 연대—『플랫폼』, 2008.4.25.
다시 인젠 바다 위에 성좌가 있을 필요가 없다—『황해문화』, 2011.3.
재조 일본인 문예활동 연구의 초석—『일본연구』, 2011.8.